운 좋은 사람으로 가는 길
아우의 비밀 창고

아우의 비밀 창고

초판 1쇄 인쇄	2024년 04월 12일
초판 1쇄 발행	2024년 05월 02일

신고번호	제313-2010-376호
등록번호	105-91-58839

지은이	한목 김용민

발행처	보민출판사
발행인	김국환
기획	김선희
편집	이상문
디자인	김민정

주소	경기도 파주시 해올로 11, 우미린더퍼스트@ 상가 2동 109호
전화	070-8615-7449
사이트	www.bominbook.com

ISBN	979-11-6957-068-8 03110

· 가격은 뒤표지에 있으며, 파본은 구입하신 서점에서 교환해드립니다.
· 이 책은 저작권법에 의하여 보호를 받는 저작물이므로 무단 전재와 복사를 금합니다.

야우의 비밀 창고

한목 김용민

서론

**"편안한 친구처럼 내면의 힘과
또 다른 나를 이야기하는 책"**

　우리가 살아가는 세상은 뜻대로 되지 않은 일도 많거니와 속상하고 답답한 내 심정을 이해해주는 사람을 만나기란 쉬운 일이 아니다. 그래서 사람들은 또 다른 무언가를 통해 욕구불만을 해소하고자 기를 쓴다. 돈을 벌기 위해 일에 몰두하기도 하고, 피곤을 잊기 위해 술에 의지하고, 취미활동과 운동에 힘을 쏟기도 한다.

　김용민님의 「아우 비밀 창고」는 살아가면서 궁금하고 풀리지 않은 수수께끼를 풀어주는 귀중한 열쇠를 넌지시 쥐여주는 책이다. 우리 각자의 내면에 간직된 보이지 않는 또 다른 나를 찾아가는 과정에서 알기 쉽게 작가님의 생각을 글로 표현하였다. 난 작가님의 4번째 여동생이며, 우리 집은 딸부잣집이다. 오빠의 책 출판을 응원하면서 이 책을 접하신 모든 분께 감사를 전합니다.

당신의 삶을 바꾸는 몇 마디

 내가 지금껏 배운 가장 중요한 교훈은 생각과 말의 중요성이다. 우리의 생각이 우리의 나를 만든다. 우리의 정신자세는 우리의 운명을 결정짓는 중요한 요소 중 하나이다.
 '우리의 인생은 우리의 생각대로 만들어져 진다.'
 나는 사람들의 생각만으로 걱정·두려움·다양한 질병을 없앨 수 있고, 사고방식을 바꿈으로써 삶도 바꿀 수 있다는 것을 알게 되었다. '자기 자신을 다스릴 줄 아는 사람은 한 도시를 정복하는 자보다 강하니라.' 했다. 저는 제 생각을 저에게 유리하도록 조정하려고 노력한다. 저에게 고통을 준 것은 외부 문제가 아니고 상황을 바라보는 제 시각이라는 것을, 나의 모든 고통과 문제는 남이 아닌 나로부터 시작한다. 외부 조건은 우리의 행복과 아무런 상관이 없다. 정신은 그 자체가 세계이니 그 안에서 지옥과 천국을 만들 수 있고, 나에게 평화를 주는 것은 당신 자신밖에 없다. 위대한 철학자는 우리가 우리 몸에서 종기와 종양을 제거하는 것보다 우리 마음에 나쁜 생각을 제거하는 것에 더 힘써야 한다고 말한다.

자신을 알고 자신의 모습을 지켜라

내 것이 맞지 않는 틀에 나를 억지로 끼워 맞추려고 했던 것이 내게 스스로 불행을 가져다주었다.

'무슨 일이 있어도 자신의 모습대로 살아라.'

우리 안에 내재되어 있는 가능성에 비하면 우리는 절반만 깨어 있다. 우리가 가진 극히 일부의 신체적, 정신적 능력만을 사용할 뿐이다. 인간은 자신의 잠재력에 한참 못 미치는 삶을 살아가고 있다. 다양한 능력이 있지만, 이것을 사용을 못하고 살아간다. 내가 다른 사람과 같지 않다고 1초도 낭비하지 말자. 당신은 이 세상에 유일무이한 나이며 존재자이다. 태초부터 당신과 똑같은 사람은 없고 앞으로도 없을 것이다. 자신이 무엇을 할 수 있는지는 자신만이 알 수 있으며, 해보지 않고는 자신도 알 수 없다.

'인간이 가진 능력 가운데 가장 놀라운 것은 마이너스를 플러스로 바꾸는 능력이다.'

'사람은 자기 자신과 싸움을 시작할 때 가치 있는 사람이 된다.'

이 책을 접하신 모든 분은 또 다른 나을 찾아서 책을 보고 강의를 듣고 해도 답을 찾지 못해 방황하시는 분들을 위해 천천히 읽어보길 바래본다. 이 책을 읽는 사람들이 자기 자신에 대한 이해를 통해 심적 부담에서 벗어나 자유롭고 여유로운 마음으로 인생을 살아갈 수 있기를 진심으로 바래본다. 부족하지만 이 글을 쓸 수 있게 해준 것에 대해 감사하며, 항상 모든 일에 감사하는 마음으로 살아가려고 노력합니다. 항상 응원합니다.

2024년 3월 3일
인천에서 **김미선**

차례

서론   4

01	구성	14
02	보낸 이의 나	17
03	외면의 나와 내면의 나	20
04	나 마음과 자 마음	29
05	큰 자와 어린 자, 첫째와 둘째	31
06	산 자와 죽은 자	37
07	저승사자의 안내	41
08	긍정의 몸 만들기	45
09	몸은 우주다	51
10	무엇이 나를 죄짓게 하는가?	58
11	깨어남을 경험한 사람들의 심적 변화	61
12	할 임무가 있다	67
13	내 몸 자가 치유하기	71
14	도움 요청하기	79
15	신의 정신력으로 도전한다	82
16	부를 찾아서	86
17	좋은 관계로 개선하기	90
18	나를 잘 활용하는 지혜	96

19	고리 사슬로 연결되어 있는 삶	102
20	사랑받기 위해 태어난 나	106
21	양심을 속이다	109
22	내면에서 올라오는 불안	112
23	다람쥐 쳇바퀴 도는 인생	115
24	인생 숙제	123
25	나라 운은 민심이다	128
26	자갈밭을 흙밭으로	134
27	흔적	141
28	감사는 내 삶의 에너지다	144
29	말씀이 곧 하나님	152
30	세상은 꿈이다	159
31	자아실현의 성장	166
32	감사를 체험으로 경험한 사람들	175
33	책은 또 다른 나	182
34	사람이 꽃보다 아름다워	189
35	사람보다 귀함은 없다	201
36	사람들은 새것을 좋아해	203
37	인생 3번의 기회	206
38	참 나	210
39	깨어나지 않으면	217

40	주세요, 는 결핍을 끌어당긴다	223
41	건강 유지	226
42	결혼이란	230
43	진정한 자유란	234
44	인생 덧없다	240
45	운칠기삼	243
46	인간은 두 번 나야 한다	251
47	부의 근원	255
48	외로움을 즐겨라	258
49	인간은 자수성가형	263
50	인생 그림	266
51	내 삶은 내가 끌어당긴 삶이다	269
52	이순신 장군의 후예	271
53	인생 역학과 사주	273
54	사주가 주는 의미	279
55	인간은 반복적인 실수를 한다	285
56	자 찾기	288
57	어느 동화 속 그림 이야기	297
58	운 좋은 사람 되기	299
59	큰 그림의 방향성을 보고 가라	308
60	부와 관운 찾아보기	314

61	성공이란 자가 추구하는 목적에 계속 도전하는 것	320
62	혼백 자 영혼 = 뿌리 씨앗 근원	324
63	우주는 인간이 원하면 모두 들어준다	325
64	한목(翰睦)	327

결론 331

운 좋은 사람으로 가는 길

아우의 비밀 창고

01

구성

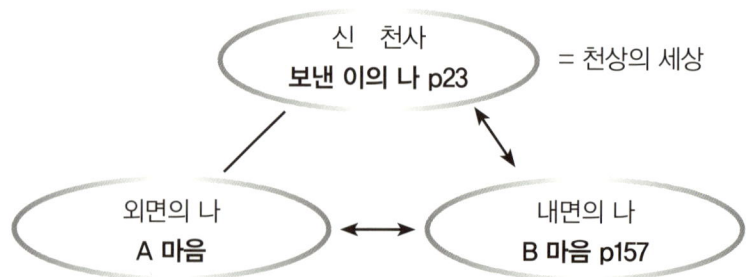

육	⟷	영혼
자기실현	⟷	자아실현
깨우침	⟷	성장
감사	⟷	감사
땅	⟷	하늘
마음이 둘 이상	⟷	마음이 하나
	⟶	수호자
	⟶	사명
	⟶	보물창고 p157, 159
	⟶	끌어당김

현실의 삶		진짜 내 삶
깨어 있으라 p448	⟷	내면의 소리
큰 자	⟷	어린 자 p307
첫째	⟷	둘째
형	⟷	아우
첫 사람	⟷	둘째 사람 p123
육으로 심고	⟷	신령한 몸으로 태어남 p123
썩은 것으로 심고	⟷	썩지 아니함 다시 살아남 p124
죽은 자	⟷	산 자 p491
죽음	⟷	육신 밖으로 이탈 – 안내자 대기
나	⟷	자
땅에 아버지	⟷	하늘에 아버지 p259
100년	⟷	900년 p123
정신적 부활	⟷	차원적 부활
	⟶	천사

한목 감사 백서

보낸 이의 나 — p23

A 마음 B 마음 — p157, 159

깨어 있으라 — p370, 448

큰 자와 어린 자 — p307

첫 사람과 둘째 사람 — p123

육으로 심고 신령한 몸으로 — p123

썩은 것으로 심고 썩지 아니한 것으로 살아남 — p124

죽은 자와 산 자 — p491

땅에 아버지 하늘에 아버지 — p259

나이 — p123

02

보낸 이의 나

성경중문 요약본에서

누구든지 내 이름으로 어린이 하나를 영접하면 곧 나를 영접함이요. 누구든지 나를 영접하면 나를 영접함이 아니요 나를 보내신 이를 영접함이니라.

어린이 하나를 영접한다는 것은 나를 영접한다는 것으로 나를 보낸 이를 영접한다는 얘기다. 대수롭지 않게 생각해버리고 머리 한 번 갸우뚱해버리고 말지라도 그 속에 많은 것을 내포하고 있음을 알 수 있다. 나를 보내는 이가 있다는 의미 있는 얘기다. 보내는 이는 그냥 보내지 않을 것이다.

보낸 이유를 찾아내는 것이 임무이고 완수할 수 있는 시작점에 접근하는 것이 노력이 되고 깨우침이다. 스스로 자신을 귀한 자로 바로 세워야 하는 것도 그것 또한 깨우침이다. 지혜를 얻고 깨우치는 것에 다하고 지혜롭게 잘 사는 것과 그냥 잘 사는 것은 분명하게 차이가 있음을 알아야 한다. 무엇을 하든 분명하게 명분이 있고 해야 할 것이 있기 때문일 것이다.

우리가 심부름을 갈 때 분명하게 목적을 가지고 심부름을 간다. 아버지의 음료 심부름, 어머니의 조미료 심부름 등 우리부터도 애들로부터 심부름 보낸다. 그 애는 심부름의 목적을 달성하기 위해서 마트로 가서 음료나 조미료를 사오면 부모님들은 칭찬을 해주실 것이다. 가는 길에 무엇을 사오라고 했지 하며 까먹을 때도 있다. 그러면 우리의 아이는 분명하게 다시 물어볼 것이다. 우리 인생도 보낸 이의 부름을 받고 해결하고자 하는 일이 있어서 사명을 가지고 지구라는 별로 내려온다. 그 사명을 가지고 왔지만 그 사명이 무엇인지 우리는 알지 못한다. 모를 경우에는 물어봐야 한다. 어떻게 물어봐야 하며 물어보면 천천히 답은 다가오게 될 것이다. 다녀오면 물어볼 것이다. 어떤 답을 해야 할지도 생각해봐야 할 과제일 것이다.

각자는 스스로 정해진 운명을 가지고 세상의 지구별에서 살아간다. 노력 여하에 따라서 다른 삶을 살 수도 있지만 어떤 사람을 인연으로 만났는가도 내 삶의 질이 달라질 수도 있다. 사람이 죽을 때는 운명대로 살다가 운명대로 돌아갈 것이다. 사람 운명은 하늘에서 내리는 정해진 운명대로 살아가고, 그 운명을 바꾸지는 못할지라도 또한 내가 생각하고 말하고 상상하고 실천하고 행동하는 대로 내 삶은 전개되며 운명은 흘러갈 것이다. 하늘과 나 사이는 규정이라는 백서가 있다. 백서의 삶을 살지 못하면 시련과 고통은 반복된다는 의미로 그것이 인간이 가지는 숙명이기도 하다. 그 숙명에서 좀 더 자유롭고 더 진보적인 삶으로 전환할 수 있는 것은 스스로의 깨어낳음과 거듭낳음이 있어야만 더 질 좋은 삶으로 전개되어 갈 것이다. 깨우침에 다가가는 것은 지식이고 지혜이고 자기실현의 자에서부터 출발할 수 있을 것이다.

  무엇이든 하고자 하면 할 것이고, 하고자 하지 않으면 할 수 없을 것이다. 사람은 누구에게나 수호천사가 같이 한다. 눈에는 보이지 않지만 항상 같이 하는 수호천사가 한 몸이 되어 같이 행동을 하게 된다. 나와 또 다른 내가 합심을 해야 하며, 아무리 노력해도 안 되는 것은 아직 때가 아니기 때문일 것이다. 때가 되면 세상 밖으로 들어내기 시작하게 될 것이다. 그것은 보낸 이가 있기 때문이며, 보낸 이는 우리의 일거수일투족을 보고 있으며 잘 견디어내고 성장해가기를 기원할 것이다.

03

외면의 나와 내면의 나

외면의 나와 내면의 나는 한 몸 한 구성으로 되어 한 사람으로 움직이지만 그 내면에는 외면의 나와 내면의 나로 분명하게 분류됨을 알며 더 구체적으로 들어가 보면 자아실현은 내면의 나이고, 자기실현은 외면의 나로 분류될 수 있다. 자기실현은 육의 나 외면의 나로부터 출발하며 자아실현은 내면의 자로부터 시작한다.

지식백과에서 보면

자아실현 : 하나의 가능성으로 잠재되어 있는 자아의 본질을 완전히 실현하는 일

국어사전에 보면

자기실현 : 자아의 본질을 완전히 실현하는 일

이렇게 되어 있음을 알 수 있듯이 자기실현을 위해서는 자아실현의 본질을 알아야 할 필요가 있다. 자아실현을 하기 위해서는 내면에 잠재되어 있는 자아의 본질을 완전하게 깨우치는 일이 될 것이다. 내면의 자는 어디에서부터 왔으며 어디로 가는지를, 어디에서부터 시작되었으며 시작과 끝은 어떻게 연결되어 있는지를 알아야 한다. 시작이 있으면 끝이 있듯이 분명하게 우리의 삶 또한 시작과 끝이 있음을 알 수 있어야 한다. 자기실현의 자는 독립개체로 행동을 하지만 자아실현의 개체는 독립보다는 자기실현의 개체에 의해서만 실현이 가능해진다는 것을 내포하고 있다. 그것은 더 쉽게 얘기하면 자아실현의 나는 자기실현의 나의 육의 옷을 입고 있기 때문에 육의 지배를 받는다는 것을 의미한다.

 자아실현을 하기 위해서는 반드시 자기실현의 나가 깨우치며 거듭나야만 가능하다는 의미이다. 사람은 반드시 두 번 나야 한다. 한 번은 엄마로부터 태어남이 되고, 또 한 번은 독수리의 두 번의 삶처럼 인생 2번째 거듭남이 있어야 한다. 자아실현의 나는 무한한 지적 능력을 겸한 자이다. 육이 지식을 가지고 깨우치면 그의 지혜를 가져다 쓸 수 있는 지혜로는 자기실현의 나로 다시 태어날 수 있다. 그것이 거듭남이다. 자아실현의 나는 수백 년을 살아온

나다. 여기서 성경에 나오는 말을 인용해보면 저자는 구백 세의 나이를 기록하고 있다. 과연 구백 세의 의미는 무엇을 의미하고 있는지를 알 필요가 있다. 저자는 우리에게 무슨 의미 있는 메시지를 주고 있다. 천사는 인간과 신의 사이에서 수호자 역할을 하며, 인간의 신이 천 년이 되면 천사로 승천되며, 더 이상 지구에는 오지 않음을 의미하고 있음이다.

　어느 별 동화 속 세계 아름다운 동화나라 아름다운 무지개 그림자 속의 나라에 자아실현의 나는 수백 년의 에너지 빛의 영체가 기다림의 세월을 보내며 지구로 귀화하기 위해 기를 생성시키고 있다. 사랑만 존재하는 곳이며, 일곱 무지개 빛의 천상의 공주들만 사는 동화 그림 같은 꿈속 나라이다. 이곳에는 마음이 유리알 보석처럼 빛나며, 빛에너지로 쌓여져 빛만 존재하며, 빛의 그림자가 없으며, 어둠이 없는 천상의 세계. 의사전달의 소통이 무언으로 이루어지며, 서로의 사랑이 보석처럼 빛나며, 말하지 않아도 마음이 통하고 서로의 마음이 보이는 나라 동화의 세상이다. 동화의 세계에서부터 사랑은 시작된다. 그 사랑은 어둠이 없는 사랑으로 사랑만 존재해 그 사랑을 더 감동적으로 희로애락을 끌어내기 위해서는 지구별이라는 육을 선택해서 지구로 내려와야 한다. 천상에서 짝이 된 사랑은 지구별의 모성을 택하고, 긴 터널을 지나 여자의 질에 입궁하는 순간부터 육의 지배를 받게 되며, 천상에서의 사고가 육의 통제 속으로 들어가 천상에서의 기억을 기억할 수 없게 된다.

10여 개월의 시간이 흘러 세상의 빛을 보면서 새로운 지구별에서의 삶이 시작된다. 내면의 아이의 기억 속에서 잠깐 잠깐씩 천상에서 기억들이 떠올라오지만 그 기억은 순간의 직감으로 촉으로 영감으로만 표현된다. 천상에서의 사랑의 인연의 고리를 찾아가는 과정은 쉬운 일이 아니지만 그 과정이 어려운 과정이라고 할지라도 천상에서의 사랑을 결국 지구별에서도 연결시키고자 하는 열망은 천상에서의 사랑의 감성이 풍성한 실체가 있는 사랑으로 탄생시키고자 하는 마음의 사랑의 감정의 깊이가 너무 크기 때문이다. 지구별은 감성이 풍성해 기쁨도 슬픔도 아픔도 고통도 희로애락을 다 느낄 수 있는 복합적 감정이 차고 넘치는 우주별 중에서 가장 감동의 사랑의 깊이를 느낄 수 있는 곳으로 감정 표현이 분수같이 폭발적으로 일어나는 곳으로 안성맞춤이기 때문에 지구별을 찾아온다. 사랑을 찾아가는 것은 동시에 고통과 시련이 슬픔이 함께하고 감성을 느낌으로 동반성장하는 과정으로 마음이 하나뿐인 천상에서의 기쁨의 감정의 맛을 찐하게 느껴보고, 그 감동을 경험하고 싶어 지구별에서 사랑을 하고 싶은 꿈이 들어 있는 곳이 지구별이기 때문이다. 또한 천상에서 하고 싶은 꿈이 있고 계획이 있으며, 그것을 달성하기 위해서는 꼭 지구별의 감성이 필요하며, 성공이든 실패든 사랑이든 이런 힘든 시련의 모든 과정들이 자아실현의 성장으로 연결되기 때문이다. 천상에서의 인연들이 그대로 지구로 내려온다. 형제자매의 인연은 같은 부모를 선택하고, 부부 인연은 다른 부모를 선택해서 지구에서 다시 만남을 언약하고 모든 계획을 가지고 지구별로 내려오게 된다.

　어느 비 오는 날에, 어느 함박눈이 내리던 날에, 어느 따스한 봄날에, 어느 장미꽃이 활짝 피는 오월에, 어느 코스모스 하늘거리는 구월에, 단풍잎이 물들어가는 시월에, 12월 성탄의 즐거움을 가지고 내면의 아이들은 지구별을 선택해 찾아 세상의 빛으로 태어난다. 지구의 빛을 보면서부터 사랑을 알아가고 무거운 짐을 등에 어깨에 지고 머리에 이고 손에 잡고 하고자 하는 것들이 많아서 다리도 아프고 손도 아프고 머리도 지근거리며 실체의 경험으로 알아가고 고통을 인내하고 슬픔을 감내하고 인생의 쓴맛을 받아들이며 인내하고 알아가고 기쁨을 사랑으로 채워 천상에서의 사랑을 찾아가고, 또는 목표를 찾아가는 인생의 길은 흘러간다. 천상에서의 기억은 망각 속으로 사라지지만 그 기억은 가끔 동화책 속 그림자처럼 살아났다 사라진다. 그 기억을 찾아내기까지는 많은 시간과 고통과 시련과 기쁨과 인내가 필요하다.

　인생 삶의 여정은 그다지 길지 않은 100년의 짧은 인생은 천상에서의 못다 한 사랑과 모든 삶으로 표현해내기에는 너무 짧은 시간들이다. 우리 육의 삶은 자기실현의 삶으로 내면의 자의 성장에 묻어가는 육이 가지는 숙명이며, 천상에서의 사랑을 완성하기 위해서 지구별을 찾아오지만 천상에서의 사랑이 잘 기억으로 나타나지 않는다. 감으로 느낌으로 직감으로 꿈으로 여러 가지의 촉으로 인연의 기억을 찾아가야 하며, 생의 목표를 찾아가는 일은 어려운 일이 아닐 수 없다. 우리는 고개를 좌우로 자주 돌리며 무엇을 찾고 있다. 천상에서 인연의 짝의 기억을 찾기 위해서, 어떤 무엇인가를 찾는 자연스러운 행위이다. 천상에서의 짝이 아닌 사람과도 사랑을 하게 되고 헤어지고 서로에게 아픔을 주고 원한을 남기기도 한다. 원한으로 남을 수도 있는 것은 육에게는 선과 악의 본질이 있기 때문이다.

　육은 아무리 몸부림쳐도 육이므로 흙인 자연으로 돌아간다. 고통과 아픔을 주는 사랑도 사랑으로 성장을 하게 되고, 달콤한 멜로도 달콤한 사랑으로 성장을 준다. 힘든 시련도 아픔도 모든 과정이 성장을 하기 위한 조건들이며 깨어남도 성장이고, 잘 지혜롭게 대처해가는 것도 성장이고, 그것을 대처하지 못하고 온몸으로 다 받아내며 몸으로 시련과 고통 속에서 깨우침을 얻게 하는 것도 그만큼 큰 고통과 시련은 마음속 감성이 오랜 기억되는 지혜로 내면의 자아실현의 성장이 되기 때문이다. 인생에서 무엇의 고통을 겪어보지 않고서는 그 고통을 얘기할 수 없다. 사랑해보지 않고는 아픔과 기쁨을 얘기할 수 없다. 성장하지 않고는 고통을 얘기할 수 없다. 길게 가는 사랑도 성장이고, 짧게 끝난 사랑도 성장이다. 질병으로 고생하는 것도 성장이며, 성장 중에는 여러 가지 성장이 있지만 그중에 사랑의 아픔과 기쁨과 시련이 그 성장통이 감성의 풍성함이 열매로 제공되어 준다. 성장한다는 것은 배움을 얻고 지식을 얻는다는 것이다. 고통을 주는 것도 배운다는 것이다. 시련과 고통이 크다는 것은 배움도 크지만 깨우침도 크다는 것이다. 우리는 기쁨도 고통도 슬픔도 다 겪으면서 온몸으로 배우고 깨우쳐간다. 그 과정들을 겪어내지 않고서는 그 배움을 그 깨우침을 내면아이의 마음에 오랜 기억으로 남게 할 수 없다. 큰 고통은 큰 대로 큰 의미를 가지고 있고, 작은 고통은 작은 대로 의미를 가지고 있다.

오감이 가지는 자기실현이며, 눈이 인식하고 바로 보고 가야만 내면아이의 자아실현은 성장의 길을 열어주는 열쇠가 되어준다. 곧 그것은 나의 성장이다. 예쁜 여자를 보면, 잘생긴 남자를 보면 마음이 미미하게 움직이기 시작한다. 그것은 내 안에 나도 그만큼 예쁘고 잘생긴 나를 기억한다는 의미이다. 까마귀 노는 곳에 백로야 가지 마란 말이 있듯이 겉이 까맣다고 속까지 까맣지 않다는 마음을 의미할 것이다. 사람을 겉만 보고 표현하지 말라는 말이 있듯이 우리 모두의 내면의 나는 태초에 천사와 같은 마음을 가진 유리알 같은 보석 같은 마음을 가진 천상의 나라 동화 속 공주의 나라에서 왔기 때문이다.

일련의 모든 상황들을 다 알고 있는 이가 있다. 그는 나를 보낸 이다. 천상에서의 모든 기억들을 알고 있으며, 때를 기다리고 있으며, 인연으로 만날 사람은 어떤 인연으로든 연결되며 천 년에서의 사랑을 지구에서도 꽃을 피우고, 열매로 결실을 맺게 해준다는 의미가 들어 있으며, 결코 만날 사람은 어디에 있던 만나게 된다. 우리는 고정관념에서 벗어날 필요가 있다. 밖을 보는 시야에서 내면을 볼 수 있는 시야를 가져야 하며 외면의 한 인격체와 내면의 한 인격을 두 인격체로 분류해서 보는 시점으로 고착화시켜야 한다. 사람 속에 사람 있고, 그 사람 속의 자를 자로 내 삶의 현실상의 주소로 의미를 가져야 한다. 외면의 나가 내면의 나를 성장시키면 성장한 아이가 보낸 이의 나를 끌어당긴다. 보낸 이의 나의 끌어당김 속에는 물질의 부도 행복도 모든 일련의 일들이 있으며, 인연의 사랑이 나의 존재가치를 가지며, 가치 있는 위대한 존재로 거듭나게 할 것이다.

04

나 마음과 자 마음

나 마음 :
싫어하는 마음, 미워하는 마음, 질투의 마음, 화난 마음, 찡그린 마음, 좋아하는 마음, 사모하는 마음, 감사의 마음, 고마운 마음 등

자 마음 :
하늘의 마음, 신의 마음, 영적 마음, 보물 창고의 마음, 우주의 마음, 무한 창조의 마음, 내면의 마음, 영혼의 마음 등

나의 마음은 두 마음을 가지고 있으며, 하고자 하는 마음과 하지 말자는 긍정과 부정의 두 마음을 가지고 있다. 좀 더 크게 보면 두 마음속에는 여러 마음을 가지며, 또 다른 무수하게 많은 마음을 가진다. 여러 마음들이 반복하며 유

지 지탱되며, 갈등 속에서 무한 반복된 삶을 살아가는 것이 인간의 나 마음이다. 자의 마음은 하나의 마음을 가지며, 나의 마음을 따라가는 것이 자의 마음이다. 나의 마음은 자의 마음을 유도하지만 자의 마음에 지배당하게 되어 있으며, 내 삶은 자의 마음의 현주소이며, 삶의 결과물이 된다. 그래서 우리가 신경 써야 할 곳은 자의 마음이다. 자의 마음은 나의 마음에 따라서 정해지기 때문이다.

나의 마음에 좋은 씨앗을 심으면 자의 마음에 좋은 씨앗이 자라게 되어 있으며, 나의 마음에 나쁜 씨앗을 심으면 자의 마음에 나쁜 씨앗이 자라게 되어 있기 때문이다. 자의 마음은 나의 마음과도 파이프라인이 연결되어 있지만 천상에 신선과도 연결되어 있어서 도움을 받는다. 그래서 마음을 바르게 쓰지 못하면 하고자 하는 일이 잘 풀어지지 않으며, 내 삶이 힘든 생을 살게 된다.

05

큰 자와 어린 자, 첫째와 둘째

　이 손수레를 보면 어릴 적에 가을 수확을 위해서 논에 벼를 베어 볏짐을 리어카에 가득 싣고 아버지는 앞에서 끌고 나는 뒤에서 밀며 볏짐을 집으로 옮겨서 탈곡했던 생각이 많이 나게 하며, 앞에서 끌고 있는 아버지와 앞이 전혀 보이지 않는 내가 뒤에서 따라가는 것이 인생 내면의 나를 추억으로 연상하게 한다.

　첫째는 손수레를 앞에서 끌고, 둘째는 뒷바퀴에는 짐을

가득 싣고 따라간다. 첫째아이가 앞에서 손수레를 끌면 뒤 칸에 짐을 가득 실은 둘째아이는 그대로 따라가며 좌로 갈지 우로 갈지도 직진할지 앞에 돌이 있는지, 장애물이 있는지, 없는지도 모르고, 흙탕물도 정처 없이 따라만 간다. 스톱을 하지 못한다. 그만 가라고 하지도 못한다. 갈 때까지 가버린다. 시궁창이던 진흙탕이던 끝없이 간다. 멈출 수가 없는 것이다. 둘째아이도 쉬고 싶다. 가기 싫을 때가 있다, 라고 외치고 싶을 것이다. 바보가 아닌 이상 그만이라고, 멈추고 싶다. 왜 멈추지 못할까? 그것은 첫째아이의 옷을 빌려 입고 있는 숙명이기 때문이다. 모든 행해지는 일들이 첫째가 하는 것으로부터 시작되기 때문이다. 첫째가 긍정적으로 선택을 하면 둘째아이도 긍정으로 선택하고, 부정으로 선택하면 둘째도 부정으로 선택하며, 둘째는 선택할 권한이 없기 때문이다. 첫째가 강한 긍정으로 선택하면 둘째도 강한 긍정의 선택을 받게 된다. 첫째의 의지가 강하면 강한 의지가 둘째아이 마음에 씨앗으로 심어져 무럭무럭 잘 자랄 것이다. 반대로 부정적으로 사물을 보고 비판적이면 둘째의 마음은 부정적인 마음으로 무럭무럭 잘 자라게 될 것이다.

우리의 현실에 현주소로 나타난 결과물은 항상 언제나 반드시 둘째아이의 마음에서 나오는 결과물이 된다. 우리는 마음을 어떻게 써야 바른길을 갈 수 있음을 알게 한다. 내 삶의 정서가 긍정이라는 단어와 할 수 있다는 밑바탕이 새겨져 있다면 긍정의 부로 자랄 것이지만, 또한 그렇지 않다면 부정의 부가 자랄 수도 있다. 자라는 속도는 아주 작아서 티끌 모아 태산이다. 아주 천천히 쌓이고 쌓여서 오랜 먼 훗날에 나의 삶으로 나타나게 된다. 바로 나타나게 된다면 우리는 그런 생각이나 행동을 하지 않겠지만 바로 나타나지 않는 것이 우리를 착각 속에 살도록 만드는 함정이다.

아우의 내면아이 마음은 형의 외부의 마음에서 결정되며 그대로 따라 답습한다. 아우의 내면아이 마음은 하나뿐이라서 선택할 수 있는 권한을 가지고 있지 않다. 큰 자가 하는 대로 행하는 대로 아무 탓하지 않고 불만 없이 착하게 잘 따라간다. 어린 자는 편안함을 추구하며 싸울 일도 없으며 싸울 시비도 하지 않는다. 형과는 절대로 반항과 싸움을 하지 않을 뿐더러 시키는 것을 잘 실행해 나아간다. 아우는 아무 생각 없이 사는 것 같지만 그 속에는 커다란 숨은 비밀이 숨어 있다. 이 비밀을 잘 다스리고 잘 키워나가는 지혜를 가진다면 우리는 편안한 삶과 경제적 물질을 추구하고 이승에서의 삶이 경제적 물질을 누리며 살아갈 수 있게 될 것이다.

　어느 도시 마을에 새댁 부부가 살고 있었다. 두 부부는 매일 킥보드를 타고 목적지를 향해서 가고 있다. 남편은 앞에서 운전하고 아내는 항상 남편의 등 뒤에 바싹 붙어 있다. 남편의 등이 너무 커서 아내는 앞을 볼 수 없다. 남편의 등에 바싹 붙어서 따라만 간다. 킥보드 핸들을 남편이 쥐고 있기 때문에 남편이 가는 쪽으로만 갈 수밖에는 없다. 남편이 세게 가든 느리게 가든 아내는 따라만 간다. 가는 길이 힘하고 거칠어도 뒤에 탄 아내는 따라갈 뿐이다. 뒤에 탄 아내는 어느 쪽으로 가라고 얘기할 수 없는 처지다. 킥보드가 어느 정도 속도가 붙고 세월이 흘러가면 아내는 뒤에서 밀어줄 수 있는 힘이 생기기 시작한다. 더 가속도가 붙으면서 세월이 흘러가면서 앞에서 끌어줄 수도 있는 형편이 된다. 남편은 아내의 협조로 조금만 노력을 해도 덤으로 더 많은 것을 얻을 수 있어서 좋다. 부는 아내의 손에서부터 결정되어 남편에게 삶을 풍요롭게 제공한다. 아내는 살림을 잘해서 부를 창출해낸다. 남편은 아내의 협조로 조금만 노력을 해도 덤으로 더 많은 부를 얻을 수 있어서 좋을 것이다. 집안 살림은 아내의 손에서 나온다. 부가 일어나는 것도 아내의 몫이다. 아내의 부가 나의 부로 나타나 나의 현실이 된다.

아내가 뒤에서 따라만 오는 것 같지만 뒤에서 밀어주기도 하고, 앞에서 끌어주기도 한다는 의미를 함축하고 있다. 육의 인격체가 가는 방향으로 따라만 가는 것이 우리의 내면의 나이다. 내면의 나는 마음이 하나이기 때문이다. 육의 인격체가 어떤 방향성을 가지고 가느냐가 매우 중요하다. 육의 인격체가 비방으로 가도 따라가고, 정방으로 가도 따라갈 것이다. 방향성이 정해지면 그 인격체는 같은 방향으로 가려는 관성의 성질을 가진다. 관성의 성질은 정지하고 있는 물체는 계속 정지하려 하고, 움직이고 있는 물체는 계속 움직이려 하는 성질을 말한다. 목적지를 향해서 가는 것은 육의 인격체이지만 뒤에 따라온 아내의 마음이 계속 앞으로 가려는 관성의 성질을 가지면 앞에서도 끌어줄 수 있는 마음의 움직임을 말하며, 그것이 부의 성질을 가지면 그 부가 형성되어 내 현실에 그 결과값으로 나타난다. 차를 운전할 때 처음 출발할 때는 페달을 쎄게 밟아도 차가 잘 앞으로 나가지 않음을 느낄 수 있다. 차가 속도가 붙게 되면 페달을 가볍게 밟아도 차는 쉽게 앞으로 잘 나간다. 이런 현상은 뉴턴의 가속도 법칙과 같이 우리 일상생활에도 뉴턴의 가속도 법칙이 적용됨을 알 수 있다. 뒤에서 따라만 오던 아내의 생각이 같은 방향으로 가속도가 붙게 되면 쎄게 앞으로 나가려는 관성의 성질을 가지게 된다. 그래서 내가 노력한 만큼보다 훨씬 더 큰 수확이 되어 나의 삶을 윤택하게 해준다. 그래서 마음 씀씀이를 어떻게 쓰느냐에 따라서 끌어당김의 현상이 일어난다는 마음 쏠림 현상의 원리이다.

모든 삶은 내가 끌어당기는 삶이다.
모든 삶은 내가 말하는 대로 되어가는 삶이다.
모든 삶은 내가 상상하는 대로 되어가는 삶이다.
모든 말에는 근원의 큰 힘을 가진다.

06

산 자와 죽는 자

성경중문 요약에서

육으로 심고 신령한 몸으로 다시 태어나며, 썩은 것으로 심고 썩지 않는 것으로 다시 태어나며, 첫 사람은 땅에서 났으며 둘째 사람은 하늘에서 났으며, 흙에 속한 자는 흙에 속한 자와 같으며 하늘에 속한 자는 저 하늘에 속한 자와 같으니.

　자연은 자연으로 돌아갔다가 다시 자연으로 돌아온다. 죽은 자는 자연으로 돌아갈 것이며 산 자는 산 자의 품으로 돌아간다. 소나무 씨앗이 땅에 떨어지면 씨앗은 땅에 기운과 하늘에 기운의 조건이 최적 조건에 맞게 되면 씨앗은 싹을 트고 어린순으로 다시 태어난다. 이 모든 자연이 윤회를 하며 자연의 섭리대로 같은 방법으로 살아간다. 사람도 자연이다. 사람도 한 자연의 일원으로 윤회를 하며, 자연의 방식대로 우주의 법칙에 벗어나지 않으며, 육은 흙의 자연으로 돌아가며, 영혼은 다시 천상 세상으로 돌아가 다시 오게 된다는 얘기다. 신께서 자기 형상대로 육을 흙으로 만들었기 때문에 흙으로 돌아가는 것은 자연스런 현상이다. 영혼은 육이 생을 마치면 밖으로 나오며 영적 장의 본향인 고향으로 돌아가는 것은 지극히 자연적 현상이며, 우주의 법칙대로 흘러가고 있는 자연의 우주 법칙이다.

 신은 사람의 시종 시작과 끝을 기억할 수 없도록 만들어 놓았으며, 신의 울타리에서 벗어나지 않고 살아갈 수 있도록 금을 그어놓고 방목하는 것이 인간의 삶이다. 방목하는 과정에 인간이 겪어야 할 모든 경험들을 겪게 되며, 그 속에서 여러 형태의 목자로 거듭나며 육이 정신적 깨어남으로 거듭나고 깨어 있음의 알아차림을 알 때가 정신적 첫 번째 부활의 단계이며, 정신에서 정신적 차원으로 다시 태어나고 깨어낳음으로 깨우침을 얻는다. 육이 수명을 다하면 육 밖으로 이탈함을 두 번째 차원적인 영적 세계로의 부활이며, 세 번째 부활은 새로 장가가는 것도 아니고 새로 시집가는 것도 아니며, 하늘에 계신 천사와 같음이 되는 부활에 의미를 두고 있음이다. 우리가 다시금 태어나게 역할을 해주고 있는 것이 수호천사들이 있기 때문이다. 수호천사는 때가 되면 예시몽으로 내면의 소리로 나타내며 도움을 주며 가는 길을 안내하기도 한다.

사람이 시종을 기억할 수 없게 만들어 놓았다는 것은 전에 이미 있었다는 의미를 가진다. 전에 있었지만 기억을 못한다는 것은 높은 자의 더 큰 자의 일과 작은 자의 일을 구별해놓기 위함이시다. 하지만 우리가 종종 기억해낼 수 있는 것은 영혼아이가 성장을 할 때 잠깐씩 잠깐씩 내면의 소리로 기억하게 해놓은 신의 조화가 있음이다. 내면의 자는 모든 것을 알고 있지만 스스로 표출해낼 수 없게 만들어진 신의 조화이며, 이미 알고 있는 자에게 육이 정신적 깨어남으로 지식이 더해지면 그 자는 더 지혜로운 자가 되며, 그 지혜를 가져다 쓸 수 있는 자는 육인 자기실현의 나 자신이다. 육은 얼마든지 지혜로운 나로 거듭날 수 있는 조건을 신께서 주신 축복받고 있는 나이다. 그것을 모르고 힘들다고 살고 있는 것이 육이다. 그래서 육은 반드시 정신적 차원의 깨우침에 목적을 두어야 하며, 깨우쳐 지식을 가지면 신의 축복된 아들로 거듭날 수 있다. 우리 모두는 이미 윤회해서 살고 있지만 기억을 못하고 있을 뿐이다. 우리 모두는 이미 부활해서 살고 있지만 기억을 못하고 있을 뿐이다.

성경중문 요약에서

칠형제가 있었는데 맏형이 아내를 취하여 살다가 죽으면 둘째가 그 여자를 취하고, 또 죽으면 셋째가 취하고, 이렇게 하여 일곱 사람이 부활할 때 누구의 아내가 되리이까, 했다. 예수께서 이렇게 말씀하셨다. 사람이 죽은 자 가운데서 살아날 때는 장가도 아니고 시집도 아니고 하늘에 있는 천사와 같으니라, 하셨다. 하나님은 죽은 자의 하나님이 아니라 산 자의 하나님이시니라.

　죽은 자의 하나님이 아니라 산 자의 하나님이란 자기실현의 육은 자연의 흙으로 돌아갈 자연의 산물인 죽은 자이며, 영혼은 하늘에서 온 산 자며, 하나님은 내 안에 하나님이시며, 스스로 위대함을 가져야 하며, 존귀함을 가져야 내가 존재자임을 알며 세상을 바로 보고 살아갈 수 있는 지혜를 가지게 된다. 내 안에 감사의 자아실현의 자는 감사로 성장하며 성장을 위해서 천상에서 온 또 다른 나의 존재이며, 존재의 자인 자이심을 알아야 한다.

07

저승사자의 안내

 우리 몸과 같이 살고 있는 생명의 영혼은 왜 내가 죽을 때 육신에서 빠져나가는 걸까? 한 번쯤은 의심을 가지는 시기가 있었을 것이다. 육신이 수명을 다하면 같이 소멸되어야 하지만 소멸되지 않고 육신의 밖으로 빠져나가는 이유가 분명 있을 것이다. 우리는 항상 이것을 궁금해하며 살아야 한다. 우리가 이승에서 어떻게 어떤 삶을 살았는지가 중요하지가 않으며, 어떤 삶으로 깨우침을 얻고 성장을 했는가가 더 중요하다. 우리 모두는 천상에 귀한 존재자들이기 때문이다. 그래서 이승에서 육의 생이 다하고 죽으면 천상에서 배웅하려 내려온다. 우리 모두가 귀한 존재이기 때문이다. 일상생활에서 우리에게 귀한 손님이 오게 되면 열일 제쳐두고 공항까지 배웅을 나가 반가움을 표시한다. 그것이 반가운 손님을 맞이하는 태도이며, 우리가 손님을 맞이하는 성의이고 취하는 행동이고 방식이다. 이와 같이 위치적으로 생각해보며 각자 본인이 귀한 존재임을 알아야 한다. 우리 모두는 보낸 이로부터 왔기 때문이다. 집을 떠나 객지에서 돌아온 아들을 보고 반갑게 맞이하는 것은 모든 부모님들의 마음일 것이다. 그래서 천상에서 마중을 나오는 것이다. 나 자신이 귀한 존재임을 알고 있다면 나 자신을 스스로 귀하게 모셔야 한다는 것이다. 육에서 탈의 옷을 벗어버리면 몸이 가볍고 아픔이 없고 마음이 확장되며, 기분이 상쾌하며 홀가분하여 미련 없이 고향으로 바로 가는 사람도 있고, 미련이 있어서 며칠 머무는 사람도 있다. 육의 옷을 벗어버리면 다른 차원의 세계로 본인은 사람들을 볼 수 있지만 육의 몸인 사람들은 그들을 볼 수가 없는 것이다.

영혼이 육을 떠나면 육은 자연인 흙으로 돌아가고, 영혼은 본향인 천상의 세계인 보낸 이의 품으로 돌아간다. 안내자의 저승사자를 만나면 지식이 없고 지혜가 없다면 저승사자 앞에서 무릎을 꿇고 한 번만 살려달라고 매달릴 것이다. 하지만 존재자임을 아는 자는 공주의 대접을 받으며 내가 지금 할 일이 있으니 조금 기다리게 할 것이며, 일이 다 마무리가 되면 이제 가세하며 옷자락을 툭툭 털고 앞서가면 옆에 보좌하며 따라나설 것이다. 안내 저승사자는 안내자의 역할로 마중 나오는 것이며, 강제로 끌고 가지 않는다. 안내자는 부모님이 되어 찾아올 수도 있고, 친한 친구가 수호천사가 안내자가 찾아올 수 있다. 내가 살던 고향으로 귀향하는 것이다. 상경해서 부를 이루고 고향으로 귀향하면 친척 부모님께서 축하파티를 해줄 것이다. 모든 것은 내 자유의지에 의해서 존중되며, 존재가치를 스스로가 스스로부터 받아야 한다는 것이다.

우주에는 영적 장이라는 영적 공간이 존재한다는 것이다. 영혼의 빛에너지장이 거미줄처럼 질서정연하게 흐르는 에너지장이 있다는 것을 말한다. 우주의 보물창고라고 말한다. 또한 신의 마음이라고도 한다. 영적 장은 전지전능하신 장으로 무엇이든 할 수 있는 지혜가 담겨져 있다. 이 영적 장과 연결될 수 있는 것은 우리의 영혼일 수밖에는 없다. 나와 영적 장과 연결시켜 줄 수 있는 것이 우리와 함께 살고 있다. 바로 자의 영혼이다. 우리는 영혼께 감사를 천 번 만 번 해도 타당하다. 영혼이 얼마나 고마운 존재자인지 모르는 이들에게 알려주는 일일 것이다.

우리는 우리 자신을 활용을 할 줄 모르고 살고 있다. 그리고 그렇게 살다 죽는다. 무지는 모르는 것이고, 모르는 것을 알려 하지 않는 것은 죄악이다. 육의 지식이 편향되어 있는 육은 앞에 있는 면만 보려 하고, 뒤에 있는 또 다른 진리를 보려고 하지 않는다. 내면의 자를 찾게 되면 하늘에 하나님이 보인다. 영혼의 자를 알면 인생의 문이 하늘로부터 열리기 시작한다. 허공에서 누구를 믿으라는 것도 아니며, 자신의 영혼의 자의 위치를 알고 찾고 또 찾고 바라보고 사랑하라는 것은 그다지 어려운 일이 아닐 것이다. 어떻게 보면 가장 쉽고 항상 자기와 함께한 분신을 사랑하고 감사하라는 것을 못한다면 그것은 가난 속에서 고난 속에서 고통에서 벗어나고 싶지 않다는 것이다. 살고자 하는 이유가 생기고 희망이 보이는 것은 자신의 자를 찾게 되면 또 다른 다음 세계가 있음을 알게 된다. 살아가는 것은 즐거움이다. 무엇이든 도전하는 것은 아름다운 것이다. 아름다움은 기쁨을 가져다준다. 인내하고 믿음으로 사는 인생은 내가 살 이유가 거기에 있는 것이다. 신을 보이지 않는 허공에서 찾으려고 한다면 그만큼 실망이 커질 것이다. 내부에서 나를 찾으려고 노력해야 하며, 내 자가 나를 더 귀한 존재자로 존재자임을 알게 해줄 것이다.

08

긍정의 몸 만들기

감사합니다, 의 지혜를 배워야 한다. 우리는 감사합니다, 라고 하며 살아간다. 누구로부터 도움을 받거나 물건을 받거나 하는 고마움을 표현한 단어로 사용을 한다.

지식백과 사전에서 보면

고마움을 나타내는 인사, 고맙게 여기는 그런 마음으로 되어 있다.

감사는 하늘에 내려온 감사의 실체가 있다. 감사의 속에는 모든 우주만물이 들어 있는 고맙고 귀한 존재의 자아실현 자 속에 들어 있는 마음으로서 감사가 하늘에 감사다. 감사가 하늘에서 온 이유가 여기에 들어 있다. 감사는 또 다른 감사를 끌어당긴다. 우리가 살아가면서 감사할 일은 너무도 많다. 숨을 쉬는 것만으로도 감사이며, 밥을 먹고

마시고 걷고 달리는 발이 있고 손이 있고 볼 수 있는 눈이 있고 코가 있고 얼굴이 있고 내가 존재하는 자체가 감사이다. 우리는 감사를 잃고 모르고 살아가는 경우가 많다. 어느 날부터 갑자기 감사가 들어옴을 느낀다, 던가 살아가면서 내게 감사가 들어온 자체가 감사임을 알게 된다는 것은 심적 기를 받고 있다는 것이다. 죽을 때까지 감사를 모르고 죽음을 맞이하는 사람들도 많다. 내가 세상에 온 자체가 감사이다. 감사의 의미가 내 몸에 들어온다는 것은 나를 알아가고 있다는 증거 중에 하나이다. 감사는 누가 무엇을 주어서 감사하는 것보다 더 중요한 감사는 자신에게 하는 감사가 더 값진 감사이다. 외면의 자기실현의 나는 내면의 나에게 감사를 해야 할 의무감을 가지며, 감사를 해야 하는 이유가 분명함을 알아가게 된다. 평상시에 부정의 생각이 자주 올라온다면 지금 내 몸은 부정의 인격체에 지배당하고 있는 몸이다.

감사의 표현을 자주 하게 되면 내면의 자아실현의 자는 감사로 자라며, 그 씨앗은 자라서 감사할 일을 찾아 가져다 줄 것이다. 모든 일이 습관이 되듯이 우리 몸에 습관화가 되어야 한다. 매일 감사하는 마음의 자세로 살아가는 습관화는 하루 이틀 만으로는 절대로 되어지지 않는다. 1년을 해도 2년을 3년을 해도 습관적으로 몸에 배일 때까지 감사가 몸에 들어오지 않을 수 있다. 그만큼 쉬운 일 같아도 쉽지 않음을 알게 된다. 하루에 1,000번 이상의 감사를 혼잣말로 해보는 습관화를 하는 암시적이고 인위적으로 오랜 세월 동안 몸이 자연스럽게 반응할 수 있도록 습관화된 몸이 되어야 한다. 처음부터 잘 될 수 없다. 하다가 그만두게 되고, 이런 것이 무슨 의미가 있겠는가 하며, 원상태로 다시 돌아갔다가 또 시작하고 반복되며 처음 마음같이 다시 시작하고, 또 다짐하고 실행하다가 그만두게 되고, 멀어지고 잊어버리고 살다가 또다시 시작하고 또 반복하게 되면 몸은 자연스럽게 반응하기 시작한다. 내면의 자에 감사로 채워지면 외면의 변화가 일어나기 시작한다. 그 변화는 몸의 세포의 변화가 일어난다. 부정의 세포가 긍정의 세포로 바뀌는 과정으로 부정의 세포는 지금까지 자라온 세월이 있기 때문에 그렇게 쉽게 빠져나가려고 하지 않는다. 부정의 세포가 빠져나가기를 싫어한다. 그 부정의 세포가 오랜 세월 동안 한 인격체로 자라서 내 몸을 지배하고 있었기 때문에 빠져나가는 것을 거부하게 된다. 이런 사람은 욱하는 성격이 내면에 자리 잡고 있기 때문에 무슨 일을 할 때면 자신도 모르게 자신에게 욱하는 화가 치밀어 올라오며 자신에게 화를 내고 있음을 알게 된다. 사탄이 외부에 있는 것이 아니라 내부에서 자신이 하는 일을 방해하고 있는 것이며, 상황이 좋지 않은 쪽으로 자꾸 유도해가는 현상을 보인다. 그 부정의 인격체의 사탄에 지배를 당하고 있으며, 그 인격체는 하나의 힘을 가진 나를 지배하게 된다.

　감정을 주체 못하고 불쑥 불쑥 화가 올라오고, 신문을 볼 때나 TV를 볼 때도 화를 내며 나쁜 기운이 자꾸 생각으로 올라오게 만든 현상이다. 내 몸이 그만큼 부정의 세포에 지배를 당하고 있음을 의미한다. 이 부정의 인격체는 그냥 빠져나가지 않는다. 부정의 한 인격체로 형성되면 내 몸은 부정의 인격체에 지배를 받게 되며, 부정의 인격체는 그냥 형성된 것이 아니며, 내가 불러들인 결과값이다. 내보낼 때도 내가 직접 내보내야 한다. 감사의 인격체가 새로 싹을 트고 자라면 부정의 인격체는 점점 힘들어하게 되는데 그 현상이 가위눌림으로 나타나게 된다. 부정의 인격체가 빠져나가기 싫어서 나타내는 자연스런 현상이다. 밤이 되면 가위눌림이 나타나게 된다. 그 가위눌림을 극복해야만 새로운 긍정의 세포로 거듭나게 된다. 경험적으로 감사로 채워가면 부정의 생각과 나쁜 생각이 점점 올라오는 횟수가 줄어들며 생각이 맑아지고 건강한 정신을 스스로 느끼게 된다.

　부정의 인격체가 빠져나가면 그 인격체의 빈자리를 빨리 매김할 수 없는 현상으로 몸이 여기저기 아픔을 가져온다. 감사의 인격체가 채워지면서 천천히 회복기를 맞이하게 된다. 감사는 우리가 자주 사용하는 감사로 여기는 것보다 감사의 실체를 알고 하는 감사가 얼마나 나에게 도움을 주고 있는지를 스스로 깨우쳐 가야 할 것이다. 감사는 에너지 중에서 가장 큰 에너지를 가지며, 그 에너지는 또 다른 감사를 가져다준다.

탈무드 설화에서

유대인 랍비선생은 길을 떠나기 위해서 토라(유대인 성경)를 챙기고 책을 볼 수 있는 초롱불과 시간을 알려주는 수탉을 말에 싣고 길을 떠났다. 저녁이 돼 어두워져 작은 시골마을에 들려 하룻밤 쉬어가기를 청했지만 잘 만한 곳이 없다며 거절당했다. 랍비선생은 분명 사연이 있겠지 하며 감사함을 표시했다. 다른 집에 들려 청했지만 그곳에서도 거절을 당했다. 분명 사연이 있을 거야 하며 감사를 표했다. 랍비선생은 할 수 없이 언덕지고 바람을 피할 곳으로 안성맞춤인 곳에 자리를 잡고 짐을 풀었다. 초롱불을 켜고 토라책을 보고 있는데 바람이 불어서 불을 꺼버렸다. 몸도 피곤하니 빨리 자라고 하는 일로 감사함을 표했으며, 잠을 청했다. 새벽녘에 되어 늑대 울음소리가 들렸다. 늑대 울음소리에 놀란 말과 닭이 도망쳐 버렸다. 랍비선생은 그 또한 감사함을 표했다. 아침이 되어 마을에 가보니 마을 사람들이 다 죽어 있었다. 어젯밤 사이에 마을에 도적 떼가 들어와 마을 사람들을 다 죽이고 모든 것을 강탈해간 것이다. 랍비선생은 생각했다. 내가 어젯밤에 이 마을에서 거절한 이유를 알게 되었다. 함께 있었다면 나도 죽은 목숨이었음을 알고 더 큰 감사를 표했다. 초롱불이 꺼지지 않았다면, 말이 닭이 도망가지 않고 내 곁에 있었다면 불빛과 닭 우는 소리에 발견되어 이 상황을 피할 수 없었을 것이다. 이 모든 나쁜 상황에서 감사를 표한다는 것은 더 큰 감사를 가져온다는 것을 말해준다.

09

몸은 우주다

　자연은 자연대로 흘러가고 우주는 우주대로 흘러간다. 세월은 세월대로 흘러간다. 흐르지 않으면 죽음과 같다. 물이 흐르고 세월이 흐르고 돈이 흐르고 세월의 나이가 흘러간다. 몸속에 피가 흐르고 혈액이 흐른다. 극히 자연스러운 자연의 생리현상이다. 먹으면 배출하듯 기가 흐르고 운이 흐르고 죽고 삶도 생도 자연에 맞게 흐른다. 병이 들고 나는 것도 흐름이다. 아프다고 너무 슬퍼하지 말며, 없다고 괴로워할 것이 아니다. 있고 없는 것이 자연의 섭리이고 자연의 흐름이다. 자연의 이치를 알면 나를 알게 되고, 나의 자의 근원을 알게 되면 내가 찾고 있는 하나님이 보인다. 그 속에 부가 있음을 알게 되며, 모든 근원의 시작이 나임을 알게 된다. 병이 낫고 병이 들고 모든 것이 우주인 자연인 나로부터 시작된다. 자연대로 살아가는 것이 생과 사의 이치이며, 흘러가듯 살아가는 것이 세월 속 인생이다. 흘러가는 것을 막을 수가 없다.

자연은 자연대로 자연으로 흘러간다. 우리 몸도 흘러가고 순환한다. 먹으면 배설하고 주면 받고 받으면 주고 오고 가는 것이 자연의 이치이다. 오늘이 가면 내일이 오듯 해는 다시 우리를 찾아오며, 모든 위치는 자연대로 기의 흐름을 받으며 흘러간다. 기는 흐름이고 운도 흐름이며 에너지다. 모든 사물들이 기의 에너지를 가지며 순환한다. 물이 흐르고 피가 흐르고 세월이 흐르고 나이도 흘러가고 몸의 구조도 기의 순환을 받고 흘러가는 것이 돈의 흐름이고 경제의 흐름이다. 돈이 흘러가야 소비가 되고 경제가 활성화된다. 사람의 몸도 기를 따라서 흘러가야 좋은 운을 받는다. 돈이 부동산에 묶이게 되면 돈의 기의 흐름을 막는 경우가 되며, 돈이 흘러가지 않는다는 것은 내 생활도 어느 부분에서 기의 흐름이 막힌다는 것을 의미한다. 운이 술술 풀어진다는 것은 돈의 흐름이 흐른다는 것으로 내 운의 흐름을 좋게 한다는 것을 의미한다. 나이 먹어서 돈이 부동산에 묶이게 되면 운도 같이 묶이게 될 수 있으니 주의해야 한다.

흘러가야 썩지 않으며 흘러가야 새로운 물이 다시 차게 된다. 자연은 위대하다. 대자연의 우주 공간은 더 위대하다. 우주 공간에 행성들이 한 치의 오차도 없이 시곗바늘 돌아가듯이 대자연을 형성하고 있는 우주는 장관을 이루며, 지구의 생물체에 영향을 미치며, 자연의 생태계 속에 우리 삶에 영향을 미치고 기를 주고 있다는 것 자체만으로도 위대함을 느끼며, 대우주를 향한 우리 몸이 우주가 가지고 있는 모든 것을 소유하고 있다는 것이 신기하고 나를 알아가는 과정에서 더욱 놀랍고, 우리의 인체도 자연의 소유물로 소우주의 자연계로 형성되며, 우주로부터 많은 영향을 받으며 살아가고 있는 자체에 감사할 뿐이다.

대우주는 거대한 크기의 우주 공간을 말하며, 소우주는 내 몸을 말하고 있다. 심신이 지칠 때면 복잡한 도시를 떠나 자연을 따라 물이 있는 강으로 산으로 속세를 벗어나고 싶어 한다. 산도 좋고 강도 좋고 바다도 좋다. 어디를 가든 자연은 나에게 휴식처와 안식을 제공한다. 자연이 치료약이며 마음에 즐거움이 보약이다. 휴식처를 제공하며 새로운 기를 불어 넣어준다. 도시 속에서 살다가 자연에 몸을 맡기면 또 다른 삶의 휴식을 제공하고 에너지를 듬뿍 충전시켜 준다.

주말이 되면 항상 산으로 강으로 길을 떠난다. 나무 냄새도 좋고, 풀 냄새도 좋고, 흙 냄새도 좋다. 바위 냄새도, 물 냄새도 좋다. 추운 겨울에는 추운 대로, 여름이면 더운 날씨에도 더운 대로 좋다. 봄이 오면 더욱 봄바람의 향기로운 냄새는 코끝을 자극하고, 귀를 자극하며 상쾌함이 더할 것

없이 좋다. 우리는 살아가면서 스스로 몸의 변화를 감지하며, 그 변화에 의해서 경험을 하고 스스로부터 깨우쳐 간다. 몸의 변화를 시도해보고 싶다면 내 몸을 먼저 알아야만 변화가 보이기 시작한다. 사주 학문을 공부를 하고 음양오행을 알면 자연의 이치가 보이기 시작하며 나를 찾게 되며 성경의 학문과 사주 학문은 서로 밀접하게 연결되어 있음을 안다. 사주 학문을 이해하지 않고는 성경 글귀가 마음의 심상으로 들어오지 않는다. 우리 몸이 우주이기 때문이다. 우주인 내 몸의 이치를 이해 못하고, 자연의 이치를 이해 못하고, 내 자의 근원의 이치를 이해하지 못한다면 우물가에서 숭늉을 찾는 격이 된다. 우리는 부를 추구하고 기대하며, 언제나 나에게도 기회가 올까를 생각하며 살아간다. 부의 근원도, 학문의 근원은 다 나를 찾는 것이 시작점의 시초가 된다.

　우리 몸은 대우주처럼 한 치의 오차도 없이 서로 교신하고 적응하고 서로 융합하고 물물교환을 하면서 에너지를 주고 받고, 세포의 주기에 맞추어 활동하면서 서로의 우주의 기를 받으며, 또한 나로부터 대자연의 위대함을 알아가면서 느끼는 감정이 더 큼을 알 수 있다. 우리는 자연의 현 상태대로 살아가고 있지만 소우주인 우리 마음은 거대한 우주만큼 보다 더 큰 마음을 가지고 있다. 마음의 크기는 무한대이기 때문이며, 마음을 어떻게 먹는가가 삶의 질이 달라지며, 나를 알아가는 자체가 하나님의 근원을 알아가는 자체가 됨을 마음으로부터 깨닫게 되고 깨우침이 들어온다는 것은 나의 자를 느끼고 있다는 의미를 가지게 된다. 모든 것은 나의 존재 가치로부터 시작된다. 내가 세상에 없다면 그 존재 자체 가치가 무의미할 수밖에는 없기 때문이다. 사주 공부는 내면의 나를 알게 해주고, 자연을 알게 해주고, 자연으로부터 얻어지는 시야가 넓은 범위의 철학으로 연결되며, 모든 이치가 우주의 자연으로부터 이어지며, 나를 바로 알게 해주는 인문학이며, 자연의 이치를 알아보는 밝은 눈을 가지게 해준다. 눈이 밝아진다는 것은 세상이 보이기 시작한다는 의미이다. 세상이 보인다는 것은 방향성을 알 수 있다는 것이며, 어떻게 살아야 하는지를 알 수 있으며, 가는 길이 보이기 시작한다는 얘기가 된다. 지금까지 어두운 밤길을 걸어왔다면 나를 알게 됨으로부터 어두운 곳에서 빛을 따라갈 수 있는 길이 열린다는 것이다. 희미한 빛이라도 빛을 보고 가는 방향과 빛이 없이 가는 방향은 달라질 수밖에는 없을 것이다. 우리 몸의 기의 흐름을 알게 하고, 하늘과 땅 사이에 있는 우리 몸이 하늘의 기를 받고 땅으로부터 에너지를 받으며, 그 작용들이 어떻게 형성되어 우리 몸에 미치는가를 알게 되며, 나를 찾아가며 그 속에서 책 속 내용들이 눈에 들어오기 시작한다.

성경책 속에는 부가 들어 있었다. 그 부를 누구는 찾게 되고, 누구는 찾지 못할 것이다. 자연의 위치와 우주의 본질이 다 서로 인체와 연결되어 있음을 알게 해주며, 부를 찾을 수 있는 눈을 가지게 해준다. 어떻게 내 삶에 적용되는가를 알아가며, 어떤 삶이 바르게 살 수 있는 삶인지를 알 수 있는 지식과 지혜가 더해지며, 그 지식은 이미 알고 있는 자의 지식에 더해지며, 잠재되어 있는 지성은 육이 정신적 차원에서 깨어남으로 육의 첫 번째의 부활을 의미하며, 지혜의 도구로 활용될 수 있도록 고리 역할을 해준다. 눈으로 보고 귀로 듣고 행동하는 것은 두 번 속임을 당할 수 있지만 마음으로 듣고 마음으로 읽는 지식은 내 삶의 깊이가 더 있는 지혜를 가져다준다.

소우주인 우리 몸은 에너지원이다. 에너지를 받기도 하지만 주기도 한다. 내가 주고 싶어서 주기도 하지만 자연스럽게 자연의 법칙대로 행해지고 이루어지는 자연의 우주법칙이다. 자연 속에 속하는 우리 몸의 생체구조는 음과 양으로 자연의 법칙을 적용받으며 살아가는 생체구조를 가지고 있는 자연이다. 우주로부터 에너지를 받으며, 세상에 있는 모든 사람과 사물들인 모든 사물들은 각기 다른 고유 에너지 파장을 가지고 있다. 우리 몸은 이런 에너지 파장의 기에 영향을 받는다. 좋은 파장의 에너지를 받을 때도 있지만 나쁜 파장의 에너지를 받을 때도 있다. 자연의 모든 사물에도 에너지를 받는 것은 자연이기 때문에 생긴 자연적인 일이다. 사람 또한 자연이다. 흙에서는 흙 에너지를, 나무에서는 나무의 에너지를, 바위에서는 바위의 에너지를, 물에서는 물의 에너지를 받고 주고 자연의 법칙대로 음양오행의 기를 받으며 살아간다. 모든 것이 잘 되고 잘 풀린다는 것보다는 좋은 일도 나쁜 일도 있지만 좋은 일은 좋은 대로 잘 흘러갈 수 있도록 해주고, 나쁜 일은 내가 그 운을 리더해가면서 해결해갈 수 있는 마음의 자세를 말하며, 긍정으로 흘러갈 수 있도록 만들어주는 말하는 자세와 마음의 씀씀이를 말하는 것이다.

10

무엇이 나를 죄짓게 하는가?

　죄란 신체의 구속력을 가진다. 죄를 지으면 신체가 구속되고 자유로운 행동을 잃게 되며 실행에 제약을 받는다. 죄에는 육신이 실행하는 실행의 죄가 있으며 마음으로 행하는 생각의 죄가 있다. 행동으로 하는 죄는 행동에 제동과 억압을 받으며 국가의 법률과 규정에 따라 신체의 자유를 억압하는 것을 말한다. 국가가 규정하는 법률에 의해서 규정을 위반했을 때 반드시 국가로부터 신체의 자유에 대한 구속과 억압과 벌금이라는 배상을 해야 한다.

　모든 인간은 자유의지를 가진다. 자유의지란 인간이 누릴 수 있는 특권이며, 신이 주신 인간만이 가질 수 있는 선물이다. 모든 인간은 무엇이든 할 수 있는 자유를 가지며, 자유롭게 말할 수 있으며, 자유롭게 행동할 수 있으며, 자유롭게 먹을 수 있으며, 자유롭게 즐길 수 있다. 무엇이든 할 수 있는 자유는 반드시 어떤 방법으로든 스스로가 반드시 책임을 지게 되어 있다. 인간으로서 할 수 없는 것은 아무것도 없지만 반드시 해야 할 것과 하지 말아야 하는 것은 구별되어 있다. 반드시 책임이 같이 동반되는 것이 자유의지이다. 또 다른 자유는 생각의 자유이다. 생각의 자유는 무한대이다. 생각으로 행하는 자유는 생각으로 만족해야 하며, 생각만으로 실행한 생각도 생각으로부터 마음으로부터 제재를 받는다. 신제적인 신체의 구속력은 없어도 스스로로부터 스스로 제약을 받는다. 그것을 보이지 않는 마음의 죄라고 한다. 마음에 죄를 짓고 자신을 괴롭히고 힘들어하고 자책하는 것은 자의 마음에 데미지와 상처를 주는 행위로 나 자신에게 나 스스로에게 죄를 짓는 경우이며, 신에게 죄를 짓게 되는 경우이다. 그것은 자가 신의 아들이기 때문이다. 미워하면 미워할수록 미워함이 더 커짐을 경험해봤을 것이다.

정신적인 자해나 실제의 몸을 자해하는 경우는 더 큰 죄를 짓는 것이다. 자가 자의 성장을 하기 위한 조건을 방해하는 일이 되기 때문이다. 자의 마음은 하나이기 때문에 한쪽으로 편중되는 현상을 가지며, 쏠림 현상이 나타나게 된다. 간절하게 바라고 원하면 이루어진다. 기의 쏠림현상으로 몰입하게 되면 기가 모아지는 현상으로 기는 방향성을 제시하며, 우리 몸은 자연스럽게 그쪽으로 기를 보내는 현상으로 그 방향으로 움직이기 시작한다. 나를 미워하는 것,

자책하는 것, 남을 미워하는 것, 남을 탓하는 것, 자신에게 화를 내는 것, 자신을 탓하는 것, 남을 업신여기는 것, 나를 업신여기는 것, 초조한 마음 총총걸음 급한 마음 나쁜 생각이 나를 지배한다는 것은 그만큼 자의 생각을 타의 생각으로 몰아가는 현상으로 기의 움직임을 그쪽으로 이동시킨다는 것으로 결국에는 행동과 실행으로 옮겨진다는 것을 말한다.

 자신을 사랑하고 자신을 칭찬하고 격려하며 참 잘했어 너는 할 수 있어, 라고 반복적인 학습효과는 나를 긍정의 자로 만들어가며, 기의 방향을 모아지게 하는 현상으로 모든 삶의 근본은 나로부터 행함이 자로부터 행하여지게 되며, 자로 행하여짐은 신으로 이어지는 신과의 대화라고 할 수 있는 자의 존재의 자로부터 행해지는 현상으로 신으로부터 응답은 내면의 소리로 받게 됨을 경험하게 된다. 내면의 소리는 정신적 깨어남으로 지식을 하늘의 마음에 쌓아야만 들을 수 있는 소리이다. 여기서 하늘의 마음은 자의 마음을 얘기한다.

11

깨어남을 경험한 사람들의 심적 변화

    인간은 살아가면서 두 번의 깨어남의 경험을 겪게 되는데, 한 번은 사춘기 시절에 짧은 경험으로 나 자신에 대한 나를 찾게 되고, 나는 누구인가에 대한 호기심과 심적 변화로 혼자만의 시간을 보내는 경우가 생기며, 우울감에 빠지거나 죄책감에 사로 잡혀 방황하는 시간들을 보내는 경우를 경험한다. 또 한 번의 깨어남의 경험은 나이가 먹어가면서 죽음에 가까워가면서 대부분 사람들이 겪게 되어 있다. 깨어남을 심하게 겪은 사람도 있고, 덜 심한 사람도 있다. 깨어남은 세상이 밝게 보이고 어디로 가야 하는 방향성이 보이는 현상으로 좀 더 일찍 경험을 한 사람도 있고, 늦게 경험을 한 사람도 있지만 죽기 직전에는 누구나 다 경험을 하는 현상이다.

    보통의 경우 대운의 기가 들어오면서 또한 갑자기 찾아오는 병마를 겪으면서, 어떤 사고를 당하면서, 소중한 사람을 잃으면서 우울증에 빠지거나 극한 행동도 할 수 있게 되며, 세상이 갑자기 확 트이면서 밝아지는 현상을 경험한다. 어떤 예사롭지 않는 꿈으로부터 직감을 받으면 꿈은 5배열의 횡렬 법칙에 따라서 최소 5년은 노력하고 인내하고 고통과 시련을 겪어야만 결실로 보여진다는 것을 의미하고 있다. 자에 대한 관심과 내가 어디에서 와서 어디로 가는가에 대한 도치에 빠지게 되며, 나를 찾고자 하는 사의 세계의 의식이 들어오며, 혼자 있기를 좋아하고 깊은 생각에 빠지며, 남을 위해서 봉사하려는 생각도 깊어지며, 자기 자신을 돌아보는 경우가 잦아지는 현상들이 나타나며 혼잡스럽고 혼란스러우며 일이 잘 풀어질 것 같으면서도 어딘지 모르게 꼬여가는 느낌도 받게 된다. 내가 어디에서 와서 어디로 가는지를 마음에서 정립될 때까지 혼돈과 혼잡한 마음 상태를 그쪽으로 몰고 가기 때문에 더 힘든 삶을 살아가게 된다.

인간들이 나이가 들어가면 자연스럽게 찾아오는 현상으로 받아들여야 하지만 경험과 지식이 부족함으로 어디에서부터 어떻게 풀어갈지를 몰라서 갈등하고 심적 불안과 좌절감도 함께 경험하게 된다. 과도기의 경험들이 지나고 나면서 어느 때부터 감사가 들어오기 시작한다. 어느 날부터인가 갑자기 봉사를 하고 싶다거나 기부를 하고 싶은 마음이 들어오며, 작은 실천을 하게 된다. 미용실에 가서 머리를 하고 얼마라도 더 주고 싶어지고 음식을 먹으면서 머리를 하면서 내가 지금 몇 푼이라도 벌 수 있을 때 해야지 수입이 없어지면 하고 싶어도 못한다는 생각이 들어오며 길거리를 지나다 불쌍한 사람의 바구니에 선행을 하고 싶어진다. 남이 알아주는 선행보다 자신 스스로부터 받는 위안감이 더 크기 때문이다. 그런 행동의 유도는 다 자의 내면의 기의 행동이며, 외면의 나를 유도하는 자의 심적 변화가 일어나는 것을 의미한다. 자아실현의 내면의 기의 움직임이 일어나고 있으며, 스스로 본인의 행동으로 느끼며 내면의 소리가 직감적으로 들어옴을 스스로부터 느끼게 된다. 내면의 자가 하고 싶다는 의도를 육이 알아차리고 행동하는 깨어남의 초기 단계이며, 이런 경우에는 그 지식에 맞는 책을 봐야 하며, 자가 무엇을 추구하는지를 찾아야 하며, 장차 미래에 대해서 대비하는 자세가 필요하다.

갑자기 닥쳐오면 준비되어 있지 않는 상태에서는 많은 후회를 하게 되며, 내가 좀 더 빨리 알아차리지 못한 것에 대한 후회를 하게 된다. 우리 내면은 신선이 함께하고 있기 때문에 심적 변화를 유도한다. 신선은 장차 다가올 일을 미리 준비할 수 있도록 외면의 육에게 신호를 보내는 직감이며 내면의 소리이다. 육이 깨어 있지 못하면 이런 상황들을 헛되게 흘려보내게 된다. 자가 나에게 미치는 영향과 자가 가지고 온 소양이 어떤 것이며, 자가 세상에 온 이유와 사명을 찾아서 임무를 하나씩 수행해가는 것이 혼선에서 벗어날 수 있으며, 자가 정립되어 가면서 혼선에서 벗어나며 더 편안한 삶을 영위할 수 있게 된다.

주변 정리가 이루어진다

작은 생각이 마음을 변화시키고 삶을 턴하게 만들며 새로운 관심이 생기며 전혀 관심이 없던 것들이 관심으로 들어오고 다른 생각이 들어오며 주변 환경이 바뀌고 주변 사람들이 자동적으로 정리가 되는 현상이다. 이상할 정도로 깨끗하게 정리가 된다. 새로운 사람을 만나고, 새로운 일에 몰두하게 되고, 그 분야 사람들과 자연스럽게 모임이 생기고 새로운 정보를 얻는다. 모임에서 좋은 사람 귀인을 다 만난다는 것은 아니지만 그것들은 나를 한 단계 더 발전되어 가는 계기가 마련되기도 한다. 그것은 내가 가는 길에 스쳐가는 과정이 될 수 있고, 밑거름이 되어줄 과정들이다. 내가 갈 방향을 만들어가고 있는 과정들의 일부분이다. 그 일에 관심이 생기며 한 번도 보지 않았던 책을 보게 되고, 책에 대한 흥미를 가지며, 내가 이런 사람이 아니었는데 하는 끈기와 집념을 발견하게 되고 재미가 있어진다. 운이 바뀌는 징조로 알아차려야 한다. 그냥 무심하게 흘러버리면

들어오려는 운은 문밖에서 서성이며 오래 머물지 않는다. 탈무드 속담에 지혜가 없는 사람에게 행운이 찾아들어 오는 것은 구멍 뚫린 자루에 밀가루를 담아서 짊어지고 가는 것과 같다, 라고 했다. 운이 들어오는 것을 감지하고 아는 사람은 지혜가 있는 사람이다.

운이 들어오는 징조

1. 봉사를 하거나 베풂을 하고 싶어진다.
2. 흥미가 없던 책을 보게 된다.
3. 혼자 있는 시간을 가지며 깊은 생각에 잠긴다.
4. 신에 대한 관심이 생긴다.
5. 내 근원을 찾고 싶어진다.
6. 주변 정리를 깨끗하게 해준다.
7. 같은 생각을 하는 사람과 모임이 생긴다.
8. 새로운 것에 흥미를 가지며 집중력과 끈기가 생긴다.
9. 심적 내면에서 불쑥불쑥 예기치 못한 생각들이 올라온다.
10. 잘 될 것 같은 예감이 들어온다.
11. 예사로운 꿈을 꾸게 된다.
12. 얼굴 표정이 좋아진다.

운이 들어오게 하는 말버릇

1. 나는 점점 좋아지고 있습니다.
2. 나는 마음이 편안합니다.
3. 나는 나를 사랑합니다.
4. 나는 새로운 재능을 창조해냅니다.
5. 나는 나에게 감사합니다.

12

할 임무가 있다

    인간의 육은 반드시 두 번 낳아야만 하는 의무감을 가지고 있다. 육이 깨우치지 않아도 내면의 신선은 자연스럽게 보내는 신호이며, 내면의 자도 성장하고 싶다는 제스처이기도 하며, 지구에 온 사명이 있기 때문이며, 힘들어하거나 즐거워하거나 심적 부담으로 다가와서는 안 되며 하지 않아도, 해도 되는 스스로의 의지로 심적 변화가 일어나고 있음을 보여주고 있는 깨어남의 시초이다.

    아무리 힘들어도 힘들게 해도 힘든 역경 속에서도 살아날 사람은 살아남을 것이고, 때가 되면 날개를 펼칠 것이다. 그만큼 큰 고통은 더 큰 자로 다시 태어나기 위한 고통일 것이다. 추운 겨울에 인동초가 한파를 맞으며 꽃을 피우고 살아남는 것은 이유가 있어서 살아남는다. 인생은 숙명이지만 살아남을 숙명도 숙명이고, 살아남지 못할 숙명도 숙명이다. 하늘에서 숙명의 사명을 가지고 내려오면 반드시 그 숙명의 사명을 해내는 것이 내가 가지고 온 운명이고 숙명이다. 인간은 운명대로 살아간다. 인간은 숙명대로 살아간다. 정해진 짜여진 운명을 거역할 수는 없다. 사명을 가지고 임무를 수행하고 정해진 틀 속에서 살아가는 것이 육의 생이다. 다들 팔자라고 말한다. 타고난 심상과 타고난 운명의 실타래가 꼬일 때도 있고 풀어질 듯하면서도 다시 꼬이는 술술 풀어지지 않는다고 한탄만 하면 더 실타래는 엉킬 것이다. 정해진 운명은 정해진 대로 흘러가며, 내가 겪어야 할 일이면 반드시 겪게 되며, 그 운명을 받아들이고 운명대로 살아갈 인생이라면 더 즐겁게 더 재미있게 살아야 할 것이다.

육의 인생 길어야 100년이다. 짧은 인생이지만 무엇을 해야 할 인생이라면 지금 하게 될 것이고, 무엇을 해야 할 인생이 아직 아니라면 지금 아무것도 하지 않을 것이다. 스스로 느끼고 있을 것이다. 지금 내가 하고 있다면 지금이 할 때이고, 하지 않고 있다면 아직 때가 아닌 것이다. 억지로 해서는 절대로 안 된다. 우리 몸은 신선과 함께하고 있기 때문에 내면의 자는 할 때를 알며, 할 때가 되면 할 수 있도록 몸이 스스로 움직이기 시작할 것이다. 그것은 기를 받는다는 것으로 본인 스스로 알아차리는 것이 육의 깨어 있음이다. 거듭나지 않으면 하늘나라를 볼 수 없다고 했듯이 깨어 있으라, 깨어 있으라 했듯이 깨어 있지 않으면 그것을 알아차리지 못할 것이며, 육의 깨우침이 아직 미치지 못하고 있음일 것이다. 그것은 부정의 기가 긍정의 기를 압도하고 있기 때문이기도 하며, 감사로 긍정의 기를 상승시켜 주어야 한다. 할 때가 되면 내면에서는 요동을 치기 시작할 것이다. 자아실현의 자가 보낸 이의 숙명을 받기 때문이며, 사명이 있기 때문에 깨어 있는 몸은 스스로 찾을 길을 찾아가게 될 것이다.

  비 온 뒤에 땅은 굳어지고, 밟으면 더 굳은 땅이 되듯이 힘든 삶을 주는 것은 깨우침의 깊이도 깊게 느낌을 의미한다. 우리가 세상에 온 이유는 그 이유를 찾아서 임무를 수행하는 것으로 성장에 목적을 두고 있기 때문이며, 육은 깨우침의 육이며, 영혼은 성장의 영이다. 이승에서 육은 영혼과 합심하여 개척해가야 하며, 육은 그것을 해내기 위해서 깨우침을 얻고 정신적으로 깨어나야 할 것이며 육이 생명을 다하면 영혼은 밖으로 빠져 나오며 바로 본향으로 돌아가는 영도 있지만 영으로서 자유의지에 의해서 움직이기 때문에 모든 영이 본향으로 돌아가지는 않는다. 여러 형태의 영으로 지상에서의 할 일이 있기 때문이다. 이승에서 영으로 할 일이 남아 있다면 임무를 위해서 그 일을 해도 되고 안 해도 되지만 더 큰 뜻이 있다면 다른 육을 통해서 해야 할 임무를 수행하게 될 것이다. 그 임무는 필요로 하는 사람들에게 유익하게 하기 위함이다.

영혼이 계획을 가지고 지구에 왔지만 육이 깨우침 없이 움직이지 않는다면 다음 생으로 넘어가고 똑같은 삶이 다시 선택된다. 육이 악을 행하면 영혼은 감정의 상처가 남아 다음 생의 선택에서 성장만큼만 스스로 선택하게 되고, 업을 씻기 위해서 고난과 고통을 삶으로 짊어지고 또다시 지구별을 선택하게 된다. 영적 세계는 벌의 개념 자체가 없는 선만 존재하는 빛의 영적 공간으로 다음에 더 큰 성장을 기대할 수 있는 상생의 곳에 머물다 다시 인연 따라 지상으로 오게 된다.

13

내 몸 자가 치유하기

모든 생명을 가진 자연은 자가 치유 능력을 가지고 있다. 복잡하고 시끄러운 도시에서 벗어나 산이나 강으로 바다로 가면 우리 몸은 정신적인 자가 힐링을 받으며 기분이 좋아지고, 상쾌함과 쾌감을 느끼며, 정신적인 치유 효과를 받게 된다. 자연은 우리 몸을 살리는 마법을 가지고 있다. 자연의 숲에서 나오는 피톤치드는 세포에 활력을 주며 정신적인 생활에 변화를 준다. 피톤치드는 모든 식물들이 자기방어를 위해서 내뿜는 반응물질이며, 자율신경계에 안정화를 주며, 스트레스 해소나 공기의 질을 상쾌하게 해주며, 기분을 좋게 해주는 물질로 알려져 있다.

긍정의 마인드를 유지할 수 있는 것은 감사다. 암시적으로 인위적으로 감사를 해야 하는 습관화가 중요하다. 항상 긍정의 마인드를 갖고 있는 것이 중요하다. 나는 점점 더 좋아지고 있다. 나는 마음이 편안하다. 치유가 되었다. 다 낫다. 이와 같은 단어들은 뇌의 기능을 활성화시키며 그곳을 마음으로 바라보는 것만으로도 힐링을 가져올 수 있다. 근심, 걱정, 불안은 불안을 가져오며, 초조한 불안 증상을 끌어당긴다. 우리 몸 자체는 망각하는 망각의 동물적 구조를 가지고 있다. 우리 몸은 부정 근원이 더 우세해서 긍정보다 먼저 부정에 반응하며 뇌는 부정을 먼저 받아들인다. 그것은 자라면서 부정의 뇌로 더 노출되어 있었다는 것이다. 항상 긍정의 암시를 습관화해야만 부정이 올라오는 것이 절제되며 올라오는 횟수가 줄어든다.

화는 불이다. 불은 긍정과 부정의 양면성을 가지고 있다. 세포의 활동성이 떨어지게 하며, 몸이 지치고 의욕이 떨어지고 심신이 지치고 육체의 의욕이 저하되며, 몸의 세포의 구조물이 변해서 세포의 활동이 저하되며, 몸이 축축 늘어짐을 느끼게 된다. 화가 쌓이면 그 화가 불이 되어 세포의 생성활동을 망가뜨려 질병으로 나타나게 하기도 한다. 살아가면서 스트레스를 받지 않고 살아갈 수는 없지만 나름대로 해소하는 방법도 같이 습득하면 생활을 슬기롭게 즐기며 생활의 방법 또한 생활의 지혜가 된다.

후회와 자책은 마음 깊은 곳의 태양의 기의 흐름을 방해한다. 비판적인 사람은 긍정적인 사람보다 세포의 활성산소가 과하게 표출되어 더 빨리 늙어간다. 긍정적인 사람은 긍정의 에너지를 더 많이 받을 수 있어서 세포의 활동성을 높게 해줌으로 표정이 항상 밝아지고 피부 톤도 좋고 깨끗하다. 좋은 일이 생기면 금세 얼굴 전체로 퍼져 바로 다른 사람들이 알아차린다. 얼굴에 항상 미소를 짓고 있으면 이웃 사람도 편안함을 느낀다. 얼굴 표정에서 밝은 빛으로 나타나기 때문이다. 웃음과 이웃사랑, 남을 도와주는 활동으로 좋은 감정이 커지면 그 감정은 뇌섬엽에 전달되어 활동이 활발하게 확장되어 태양신경총을 확대 자극하여 태양의 에너지를 각 세포조직으로 발산하여 세포의 활동과 기분을 좋게 증대시켜 죽어가는 세포조직을 살리는 역할을 한다고 전해지고 있다. 새 세포의 생성이 활발하여 치유 효과를 극대로 나타나게 하는 방법으로 우리 몸은 자연 치유 능력을 갖고 있다. 자연의 모든 동식물들도 자연 치유 능력을 가지고 있으며, 나뭇가지에 상처가 나면 다시 나무껍질이 돋아 올라오듯이 모든 자연은 자연 치유 효과를 가지고 있다. 우리의 몸도 하나의 자연이다. 자연적으로 치유 효과를 보인다. 손을 베거나 상처가 나면 자연적으로 상처가 아물어가는 상태를 볼 수 있을 것이다. 이런 상처가 자연 치유가 됨을 알듯이 시선을 아픈 세포 쪽으로 바로 보는 것만으로도 치유 효과를 기대할 수 있다.

우주에는 태양이 있으며 태양의 에너지를 받지 않고 살

아남은 동식물은 하나도 없다. 태양의 에너지는 땅에 따스한 기운을 불어넣어 주며, 땅속의 씨앗들이 발화할 수 있는 조건을 만들어주며, 모든 동식물들의 에너지원이 되어준다. 우리 몸에도 태양과 같은 태양신이 존재함을 알 수 있다. 태양신경총이라고 하는 에너지원이 자리하고 있는 곳으로 우리 몸의 명치 부위이며, 자율 신경계의 덩어리이며 몸의 에너지를 주관하고 있는 곳이라고 해서 태양신이라고 말하고 있다. 태양신은 진동에 의해서 에너지의 자력을 만들어내어 온몸으로 보내는 에너지원이다. 태양신경총에서 부정의 에너지를 만들어내면 우리 몸은 질병으로 고생을 하게 되고, 긍정의 에너지를 만들어내면 세포들의 활동이 원활하고 충만함으로 차면 기분이 좋아지고 젊어지는 삶의 행복지수가 높아진다.

태양신경총은 태양과 같은 에너지를 공급한다고 해서 몸의 신이라고 부르기도 한다. 태양신경총이 위축되면 에너지를 공급하기가 힘들어진다. 위축되는 경우에는 심한 스트레스나 우울증, 누구로부터 큰 미움, 화, 질투, 자기 괴롭힘, 심한 자책, 초조, 불안 등으로 자율신경계가 위축을 받게 된다. 이렇게 오랫동안 위축받게 되면 세포조직에 지속적으로 치유 에너지 공급을 하지 못하므로 세포의 노화를 가져오고 활동을 저하시켜 조직을 상하게 하여 질병으로 유발시킨다. 태양신경총을 수축시키고 뇌 조직의 활동성을 저하시킨다. 마음이 철렁 내려앉은 느낌을 받는 경우를 경험해봤을 것이다. 큰 돌덩이를 가슴에 올려놓은 것 같은 느낌을 받는다면 마음을 다스리는 심상 공부가 필요하다.

태양신경총은 자율 신경계로서 진동 에너지에 의해서 전달되므로 자극을 받아 에너지가 확산 발산하게 된다. 이곳의 태양신경총은 에너지의 원천지이며, 공급처이며, 하늘의 태양과 같은 에너지를 가지고 있으며, 우리 몸에 태양과 같은 에너지원을 관장하는 곳으로, 우주의 마음으로 통하는 원천의 샘물 같은 기능을 가지며, 지성과 지혜와 치유 물질을 창조해내는 기능을 가지고 있는 마음의 보물창고이다. 이 영역을 바라보고 시선을 그곳으로 집중시키는 것만으로도 몸의 세포가 이완되며 긴장이 풀어지고 느슨해지며 몸의 세포의 미세 진동이 우주에 에너지 진동과 만나면 공진하며, 심한 진동현상을 일으키며 이때 확장되며 태양신경총의 에너지원을 다량 발산하여 세포조직으로 보내며 세포의 생성을 유도 치유 효과가 기대된다. 여기에 접근하는 방법으로 간절함이 첫 번째 조건이다.

본인 스스로 터득해가야 하지만, 그다지 쉬운 일은 아니다. 우리 눈에 보이는 시야의 모든 사물들은 뇌로부터 기억되어 보여주는 스크린의 영상 현상과 같다, 라고 한다면, 뇌의 활동을 한 차원 더 확장시켜 주는 상태라고 할 수 있다. 이와 같은 경지에 도달하면 온몸이 강렬한 상태의 진동으로 떨며, 우주의 에너지와 나의 세포 에너지가 서로 공진하여 몸이 심하게 떨며, 활 모양으로 구부러지는 듯 심한 진동으로 우주의 에너지를 끌어당겨 태양신경총에서 강력한 에너지가 발산되어 죽은 세포를 살릴 수 있는 생명력의 파장을 가지며, 이런 경지에 들어갈 수 있는 상태는 마음의 강렬한 의지가 있어야 만들어낼 수 있는 자가 힐링 치유법이다.

일상적인 상태에서는 태양신경총의 에너지는 평범한 수준으로 세포에 공급된다. 좋은 생각은 태양신경총의 태양 에너지를 확장시키지만, 나쁜 생각은 태양신경총 에너지를 축소시킨다. 두려움과 초초, 불안, 근심은 나쁜 에너지를 받아들이며, 여기서 벗어나기 위해서는 실체가 있는 믿음이 필요하다. 믿음은 인간 본초의 기본 바탕으로 믿음 없이는 아무것도 이루어낼 수가 없다. 실체가 있는 믿음은 하나의 큰 믿음으로 마음에 자리 잡을 수 있지만 허공에 있는 믿음은 그 믿음이 크지 않아서 믿음을 가지고 마음을 키우는 데 한계가 있다. 오직 믿음은 자기 자신의 심상에서부터 우러나는 깊이 있는 믿음이 스스로의 나를 만들어낼 수 있다는 것이다.

　우주는 진동 에너지의 진동파로 구성되어 있으며, 우리 몸의 세포조직도 미세 떨림 현상을 보이는 진동파로 구성되어 있기 때문에 가능한 일이다. 이러한 진동파와 직접적인 감정의 파장을 가지고 있으며, 신선과 연결되어 있는 내면의 아이 영혼이 있기 때문이다. 이 아이는 핵 포자라는 아주 크고 작게 응축되어 있는 진동파를 가지고 있다. 육의 외면의 나의 감정을 아이에게 진동파로 연결시키면 감정이 실린 감동을 가진 아이는 성장을 하게 된다. 아이가 성장하는 과정에서 진동파가 발산되며, 그 진동파는 치유의 능력을 가지며, 귀인을 끌어당기며, 나와 처지에 맞는 치유의 영이 들어오므로 치유의 효과를 극대화할 수도 있다. 우리 주위에는 우주공간에는 나를 도와줄 수 있는 에너지원들이 있다. 사람도 하나의 에너지원이다. 내가 도움을 요청하지 않아서 도움을 받지 못하고 있는 것이다.

　조용한 방에서 혼자 반듯하게 누워 반수면 상태에 진입하기를 유도하고, 아픈 부위를 바라보며 치유가 되고 있음을 마음으로 상상하며, 깊은 명상 속 상태로 유도하며 깊은 반수면 환상의 상태로 들어간다. 몸에 떨림이 일어나며 심한 진동이 발생하게 된다. 치유가 되었습니다, 를 계속 반복한다. (죽을 만큼 간절함이 첫 번째 조건이다) 모든 병은 병원치료가 우선이 되어야 하며, 병원치료와 자가 치유를 병행하게 되면 더 좋은 결과가 있을 것으로 사료된다.

14

도움 요청하기

　어려운 일이 있으면 반드시 도움을 요청해야만 한다. 혼자서 해결하려 하면 극한된 생각을 하게 되어 잘못된 결과로 일을 처리해버릴 수 있다. 반드시 해결책은 존재하며, 해결하기 위해서 있는 것이 문제이다. 문제는 문제로 해결된다. 어려움은 어려움으로 해결된다. 세상 살아가면서 쉬운 일만 있으면 재미가 없을 것이다. 가지고 싶은 것, 먹고 싶은 것, 하고 싶은 것 말만 하면 뚝딱 해결된다면 그 재미없는 요술은 지구상에 존재할 수 없다. 존재가치를 부여할 수도 없다. 있다와 없다, 가 분명하게 구별되어지는 곳이 지구이기 때문이다. 없는 것을 만들어내는 곳이 지구이다. 없어야만 없기 때문에 만들어지게 하는 곳이 지구이다. 있는데 더 좋게 만들어가는 것이 지구이다. 없는 것이 당연하며 자연스러운 현상으로 없는 것을 있게 만들기내기 위해서 내가 있는 것이다. 만들어내면 될 것이다. 없다고 자책할 필요도 없으며, 없다고 기죽어 살 필요도 없다. 무에서 유를 창조해내는 것이 지구이므로 모든 문제가 존재할 수밖에 없는 곳이 지구이다. 그 문제를 해결해가기 위해서 인간이 있어야 하고, 내가 존재한 이유이며, 존재 가치를 가질 수 있는 것이다. 그래서 인간은 무엇보다 누구보다 위대함을 가지는 존재자이다. 인간이 존재자임을 알아가는 것은 힘이다. 인간은 없는 것을 만들어내는 신의 창조물인 수호자이며, 신이 재목으로 쓰기 위해서 만들어 놓은 신의 창조물이다. 신은 인간을 신의 형상대로 신의 모양대로 만들었다. 왜냐하면 신의 재목으로 쓰기 위함이다. 지금까지 신이 원하는 대로 신의 재목대로 쓰여졌으며, 이어 내려오고 있으며, 신이 부합하는 조건에 맞게 앞으로도 미래에도 그렇게 잘 이어지며 살아가게 될 것이다.

급한 상황에서 도와주세요, 라고 외치면 사람들이 와서 도와준다. 이 도움을 눈에 보이는 1차적인 직접적인 도움이 된다. 우리는 1차적 도움도 필요하고, 3차원적 보이지 않는 도움도 필요하다. 지구상에는 많은 도움을 주기 위해서 사람들이 있으며, 사람들의 눈에 보이지 않는 영들이 도움을 주기 위해서 항상 대기하고 있으며 수호자로 존재한다. 1차적인 도움은 외부로의 도움을 말하며, 3차원적 보이지 않는 도움은 내부의 도움을 말한다. 우리의 내부에는 보이지 않는 신선이 함께하고 있다. 그래서 우리는 어려운 일이 있다면 도움을 요청해야만 하는 이유이다. 내적 도움은 도와달라고 해서 도와주지 않는다. 외적 도움과 내적 도움의 차원적 다른 이유가 있기 때문이다. 내적 도움을 받고 싶다면 내가 먼저 나를 도와야만 하는 이유이다. 내가 나를 돕지 않으면 도와주고 싶어도 도와줄 수 없는 차원적 세계가 있기 때문이다. 내가 나를 도와서 내적 차원의 문을 열어주는 경우가 되어야 그 문으로 들어올 수 있다. 하지만 내가 내 문을 닫고 있는데 어떻게 도와줄 수 있겠는가. 문을 여는 방법을 배워야 하며, 감사를 알아야 한다. 감사로 내 몸을 긍정의 기로 몸을 충만함으로 채워야 한다. 일상생활처럼 습관화되어 있는 습관화된 긍정의 마인드로 키워야 마음의 문이 열릴 수 있는 몸이 되며, 정신적 거듭낳음으로 깨어 있어야 한다.

15

신의 정신력으로 도전한다

　세상은 혼자만의 힘으로 살아갈 수 없다. 둘 이상의 사람이 합심해서 살아가는 곳이 우리가 살고 있는 세상이다. 누구나 부자를 꿈꾸며 기대를 하며 살아가지만 부자는 남의 일처럼 생각되지만 항상 마음속에는 기대를 가지고 살아들가고 있다. 마음에 부가 먼저라는 말이 있다. 즉 부자가 되고 싶으면 마음에 부를 먼저 쌓아야 한다는 말이다. 유대인 속담에 가난은 신의 저주다, 라는 말이 있을 정도로 유대인들은 부의 생존을 중요하게 여겨왔다. 예수는 천국을 말하지만 유대인들은 부의 생존을 말한다. 탈무드에는 유대인들의 부와 지혜가 담겨져 있다. 탈무드는 구약성경을 해석해서 유대인들의 교육 자료로 어떻게 삶을 살아야 하는지를 서로 토론으로 문제를 풀어갈 수 있도록 평가되어 있는 책이다. 유대인들의 격언에 돈 없는 사람은 살아날 수 없다. 성서는 우리에게 빛을 주고 돈은 우리에게 따뜻한 행복한 삶을 준다. 돈이란 어떤 더러운 것도 씻어내 주는 비누와 같다, 라는 말이 있다. 무거운 돈지갑을 누구든 무겁다고 여기는 사람은 없다. 유대인들은 불가능이란 없다, 라는 신의 정신을 바탕으로 두고 살아간다.

　유대인들은 오랜 역사 속에서 차별과 멸시와 생의 고난 속에서 살아남은 민족으로 유교사상이 바탕이 되어 공부하는 토라라는 구전의 성경책이 있다. 유대인들의 구전 토라는 유대전통을 중시하는 사상으로 그 학문을 공부하고 연구하여 알아듣기 쉽게 해석해서 정리한 랍비선생들의 역할이 컸다고 말할 수 있다. 물고기가 물 없이 살 수 없듯이 토라라는 구전법을 공부하지 않고서는 살아남을 수 없다는 것으로 토라를 연구하고 토론하고 논의해서 가장 쉽게 풀어내어 교육의 자료로 사용했던 것이 탈무드이다.

　랍비선생들은 유대인들의 정신적인 지주이며, 세계에서 가장 공부를 많이 한 사람으로서 그 교리를 가지고 사제들을 교육하고 전파하므로 유대인들은 전 세계에서 어느 민족보다 공부를 많이 해서 학식이 풍성하고 진리의 깨우침을 얻은 민족으로 배우지 않으면 살아남을 수 없다, 라고 강력한 교훈으로 자손들에게 하나님의 지혜를 물려주고, 자식이 마음으로 깨달음을 얻을 때까지 기다리고 공부하는 자세로 받아들이고 있다. 생존을 위해서는 학문을 연구하고 공부하는 길밖에 없다고 여기며, 자녀 교육열에 대한

학구가 높은 것으로 익히 알려지고 있는 사실이다. 그 속에 신의 정신이 들어 있으며, 신이 하는 일은 불가능이 없다, 라는 교훈은 신이기 때문에 포기하지 않으면 가능하다는 의미를 가지고 있다.

우리가 신의 정신으로 살아야 할 이유를 찾았다는 것이 더 중요하다. 내가 왜 신의 정신으로 살아야 하는지를 알아가는 마음자세가 더 중요하다. 노력하는 자세는 과제를 풀어가는 과정과 성장하는 자세를 함께 가지며, 자를 깨우치고 터득해가는 과정들을 중요하게 여기며, 성공의 결과보다 실패과정을 중요하게 여기며, 실패의 교훈이 또 다른 성공으로 연결되는 생각의 정신은 신의 정신이고, 자의 정신이고, 영혼의 정신이며, 하나님의 정신 그것을 성장하는 과정으로 여기며, 그런 과정을 더 높게 받들며 마음이 성장의 기반을 마련하며 자를 바로 세우는 것이 성장으로 더 값어치를 두고 있다. 그 정신에 근거를 두고 내면의 자를 깨우치는 것이 지식이 되고 지혜가 되며 우리의 미래를 더 밝은 미래로 발전될 수 있는 신의 정신이 밑바탕으로 스며들어가 있어야 하며, 원리를 알아가는 자세가 나를 더 큰 자로 성장시킬 수 있을 것이다.

이 책을 읽는 독자는 신의 정신적 지주가 되어야 함을 깊이 새겨두며 이웃을 사랑하는 자세와 나를 사랑하는 자세로 내 자를 먼저 사랑하는 원리를 알아가고 인지하는 자세가 필요할 것이다. 왜 불가능은 없다, 라고 하고 있는지 정신적인 지주 역할이 되어주어야 할 것이다. 긍정적 생각은 할 수 있는 접근성에 우선시되며, 무슨 일이든 세상에 불가능이라는 것은 없다, 라는 믿음과 신의 정신적인 힘이 내면에 있음을 알며, 그 힘을 깨우치므로 곧 그것은 신으로부터 힘을 얻으며, 할 수 있다는 자신감과 희망을 주는 정신적 지주가 되어준 정신이며, 신의 정신이라고 할 수 있을 것이다. 신으로부터 얻은 교훈이며 자의 삶의 지혜이다.

16

부를 찾아서

 부가 책 속에 있다. 부가 내부에 있다, 라고 하는 말은 많이 들어온 말이다. 하늘에 부를 쌓아라. 또한 성경책 속에서 부를 찾아야 한다, 라고 말을 하지만 그 부를 찾는다는 것은 누구에게나 주어지는 단어는 아닐 것이다. 누구는 찾을 것이고 누구는 찾지 못할 것이다. 책을 읽는다고 누구나 찾을 수 있다는 얘기는 아닐 것이다. 어떤 마음으로 어떤 내면의 마음으로 읽어야 하는지를 모르고 읽는다면 부는 찾지 못할 것이다. 우리는 부를 내면의 마음에서 찾아야 한다고 하지만 그 부를 그다지 쉽게 찾아내기는 어려움을 알고 있다. 우리가 그만큼 부에 관심이 많다는 것이다. 부를 찾는 사람과 찾지 못한 사람의 차이는 금전적, 물질 돈의 물질에 근거를 둘 것인가, 지식과 지혜에 둘 것인가가 관건이 될 것이다. 돈이라는 물질은 눈에 보이는 시각적인 효과를 가져다주지만 지식과 지혜는 눈에 보이지 않는 내면의 부로 물질적 부보다 먼저임을 주장할 수 있을 것이다. 물질적 부는 한순간에 없어질 수 있지만 하늘에 쌓아놓은 내면의 부는 없어질 수 없다. 물질적 부는 견물생심이라고 눈에 보이기 때문에 탐내는 이가 많다는 뜻이다.

하늘에 부를 쌓아두라. 보물은 배움에서 나오는 지식이다. 지식은 지혜이고 지혜는 사람이 헤아려 즐길 수 있는 지적 능력이다. 지식은 누구도 가져갈 수 없는 보물이다. 탈무드 유화에 세 사람이 배를 타고 가고 있었다. 서로 자기가 부자라고 자랑을 했다. 그중 한 사람은 나는 금을 이렇게 많이 가지고 있으니 내가 더 부자라고 가지고 있는 보물을 자랑했다. 듣고 있던 다른 사람도 나는 보석이 더 크고 많이 가지고 있다며 부자인 것을 자랑했다. 또 다른 옆에 있는 사람은 얼굴에 미소를 지으며 나는 당신들에게 보여줄 수 없다. 하지만 더 큰 부를 가지고 있소, 하며 얘기하자 다른 사람들이 보여줄 수 없는 부를 비웃었다.

항해를 해가는 중에 해적 떼를 만나 금은보석의 재산을 다 빼앗겨 부자라고 자랑했던 사람들이 가난해졌다. 다시 돌아오는 길에 세 사람은 다시 만나게 되었다. 물질을 보여주지 못했던 부자는 그때 비웃었던 사람들에게 이렇게 얘기했다. 나는 가서 내가 가지고 있는 지식을 팔아서 돈을 이렇게 많이 벌어왔소, 하며 물질을 보여주었다. 그때서야 부를 어디에 두고 부가 무엇인지를 알고 깨우쳤다는 얘기다. 부란 보여주는 것이 아니라 하늘에 쌓는 지혜이다. 대우주 속에 인간의 몸은 소우주로서 물도 있고 하늘도 있고 땅도 있고 바람도 있고 바다도 나무도 흙도 돌도 불도 삼라만상 우주 만사가 존재하는 곳이 우리 몸의 신이다. 무한한 지성이 내면의 마음에는 전지전능하고 무소부재한 신의 존재의 세계가 존재한 곳이 마음이다.

성경 요약본에서

주인이 5달란트를 주었다. 5달란트를 가진 자는 가서 장사를 해서 10달란트를 만들었다. 2달란트를 가진 자도 가서 장사해서 4달란트를 만들었다. 1달란트를 받은 자는 가서 땅에 묻어두었다. 주인이 왔을 때 5달란트 받은 자와 2달란트를 받은 자는 주인에게 자랑을 했다. 주인은 기뻐하며 내 축복을 너와 함께하며 작은 일에도 축복을 함께하리라 했다. 1달란트를 받은 자는 내가 당신의 돈을 땅에 묻어두어 이렇게 가져왔노라 했다. 주인은 이 게으른 종아, 하며 꾸짖으며 1달란트 뺏어 10달란트 가진 자에게 주었으며, 게으른 종을 밖으로 쫓아냈다는 얘기가 있다.

부의 법칙이며 큰돈이 작은 돈을 끌어당긴다는 교훈이다. 무엇을 하려고 하지 않는 자는 아무것도 할 수 없으며, 무엇을 하고자 하는 자는 무엇을 할 수 있다는 게으름과 부지런함의 교훈이다. 지식이 없으면 두려워서 무엇을 할 수 없다는 의미를 말하고 있다. 사람은 한 번에 잘할 수 없다. 무엇을 하든 댓가가 반드시 필요하며 경험과 노하우가 바탕이 되어 더 큰 성공을 이룰 수 있다는 것이다.

17

좋은 관계로 개선하기

　사회는 여러 사람이 구성하고 있는 한 구성 단체로 혼자만으로 홀로 살아갈 수 있는 사회가 아니다. 구성된 단체 속에는 나와 맞지 않는 사람과도 맞춰야 하고, 참고 견디어 내야 하는 것이 직장생활이다. 직장생활이라는 틀 속에서 살아남기 위해서는 몸이 아파도 참고 직장에 가야 하고, 피곤해도 쉬지 못하고 직장에 가야 하고, 비가 오나 눈이 오나 강풍이 불어도 가야 하는 곳이 직장생활이다. 직장생활이란 좋은 일보다 좋지 않은 일이 더 많은 것이 직장생활이다. 윗사람 눈치 봐야 하고, 실적이 나와야 하고, 스트레스 주범인 곳이 직장일 것이다. 학교를 졸업하고 사회의 첫발은 무엇인가 할 수 있을 것 같은 기대감으로 시작하지만 사회의 물을 먹어가면서 사회라는 곳이 쉽지만은 않다는 것을 피부로 느끼며, 직접적인 현실이 녹녹하지 않음을 배우기 시작한다. 우리는 물질에 지배를 당하고 그 물질에 끌려가는 삶을 살고 있다는 것을 사회생활을 하면서 남보다 일찍 아니면 느즈막하게 또는 언젠가는 세월이 많이 흐른 뒤에 알고 느끼게 된다. 그 느낌이 깨우침으로 돌아오는 것은 꽤 많은 세월의 경험이 시작된 후에야만 느끼게 되는 감정으로 새겨지며 깊이가 다른 가슴의 감정으로 들어오게 된다.

누구는 쉽게 말한다. 책을 많이 읽으면 인생이 바뀐다고 들 말하고 있다. 하지만 바뀌지 않는 인생은 책을 책으로만 생각하고 읽기만 했기 때문이다. 책을 몇 권 읽었는가가 중요하지 않다. 책 속에서 무엇을 찾았는가가 중요하며, 내가 과연 무엇을 끌어당길 만한 내면의 힘을 키우고 있는가는 더 중요한 일이다. 책에서 실천하라고 하는 것은 반드시 실천해야 하며, 생활의 습관화가 얼마나 일상화가 되어 몸이 변화를 했는가가 더 중요하다. 실천하지 않으면 결과물은 나올 수 없다. 실천하고 따라하고 내 것으로 만들어야만 내 것이 될 수 있다. 노력하지 않으면 결과물은 당연하게 없을 것이다. 실행하지 않으면 결과물은 당연하게 없다.

현 사회에서 피부로 접하고 피부로 느끼고 오감적 눈으로 보고 체험하는 지적 능력은 매우 높은 수준의 단계에 근접하고 있으며, 급변하는 세상에서 우리들은 살고 있다. 하지만 쉽게 포기해버리고 좌절하고 나는 안 돼, 라는 정신적 지주 능력은 낮아서 포기를 너무 빨리 해버린다. 부정의 마음으로 나약한 마음으로 우리 세포가 이미 물들어 있기 때문이다. 정신적 지주를 높여주기 위해서는 나를 돌아보고, 내 근본을 찾고, 정신적 지주가 되어주는 누군가를 찾고, 그것에 대한 믿음이 필요하다. 알고 믿는 믿음은 큰 재산이 되어주지만, 맹목적 믿음은 실망을 가져다준다. 아는 것이 힘이다. 알고 실천하는 것과 모르고 실천하는 것은 엄청난 차이가 생긴다. 할 수 있다는 믿음과 할 수밖에는 없는 믿음은 내면에서 나온다. 포기를 하면 안 되는 이유를 아는 것은 신의 정신이며 불가능은 없다, 라고 아는 것도 신의 정신이다. 정신적 지주 역할을 해주는 무엇이 나에게 있는가가 중요하며, 그 정신적 지주가 내 삶의 토대를 만들어주며 큰 힘의 역할을 해준다. 내 근원을 알면 포기할 수 없고 불가능이 없음을 아는 것 자체가 큰 힘이 되어주며, 내가 알고 있는 지식에서 나오는 믿음이다. 외적 마음보다 내적 마음에서 더 큰 힘이 나온다는 것은 지식과 내 근원의 믿음에서 나오는 정신적 내면의 힘이 들어 있음이다. 정신적 지주 역할을 해주는 것을 알고 있는 지식과 지혜에서 나오는 깨우침일 것이다. 어떻게 살아가야 하는지를 알려주는 것은 나를 발전시킨다. 정확하고 명확한 삶은 나를 발견하는 데서만 나온다. 평생 살아가면서 어떤 삶이 바른 길인지를 모르고 산다는 것은 그저 숨만 쉬고 살아가는 것과 같은 삶일 것이다.

직장생활이나 동아리 활동이나 헬스장이나 모든 모임에는 성격 차이든 인격 차이든 왠지 부딪치는 사람이 있게 마련이며, 직장에서 상사와 동료와 껄끄러운 사이가 있을 수 있는 구조적 테두리에서 생활하기 때문이다. 서로의 마음이 부딪치지 않을 수 없는 구조이다. 뉴턴의 법칙에 작용과 반작용이 있다. 1이라는 힘을 가하면 반드시 그와 같은 힘이 전달되거나 다시 돌아오는 것이 뉴턴의 반작용 법칙이다. 사람의 심리는 양자물리학의 원리를 받는다. 양자물리학은 1개의 전자를 이동시키면 1개 또는 2개, 3개가 전달되기도 하지만 전달이 되지 않는 경우도 있다. 그것은 심리 게임과 같은 확률 게임에 근접하기 때문이며, 개개인의 심리 상태에 따라서 시간과 장소에 영향을 받거나 컨디션 상태에 따라서 개개인 차이가 있는 심리 전달 방법이다. 이 마음을 신의 마음이라고 하며 영적 마음이라고도 한다. 영적 마음은 빛에너지로 전달되는 진동파장으로 서로의 진동파장이 서로 잘 맞아떨어질 때 생기는 현상으로 첫눈에 반했다는 말이 여기에서 나오는 말이다. 서로의 마음에 맞는 파장이 전달되어 공진한다고 하는 현상으로 서로의 보내는 고유 파장이 같은 고유 파장을 가질 때 끌림 현상이 일어나는 원리이다. 이런 진동파장을 이용하면 껄끄러운 상사와 동료와의 관계가 개선되는 효과를 가져올 수 있는 생활상의 원리이다.

껄끄러운 동료, 상사와의 개선하기

나의 좋은 감정이 상대에게 전달된다. 내 마음이 편안하고 그에 마음도 편안해진다. 그도 나를 좋은 감정으로 받아들이기 시작한다. 나도 그를 좋은 감정으로 받아들인다. 이렇게 계속 매일 반복하게 되면 좋은 결과로 개선이 됨을 경험할 수 있다.

가지고 싶은 것 갖기

잠자리에서 가지고 싶은 것이 내 품으로 들어오는 것을 상상하며 안아주고 기쁨을 감정으로 교감하며 잠이 든다.

좋은 운이 들어오게 하기

나는 매일 항상 점점 날로 좋아지고 있다.
나는 마음이 편안하고 기분이 좋다.
나는 운이 좋은 사람이다.

부를 끌어당기기

나는 새로운 재능을 창조해낸다.
나는 반드시 할 수 있다.

내면의 소리 듣기

누구나 지금까지 이런 경험을 해봤을 것이다. 그때는 이런 좋은 생각이 못했는데 갑자기 기막힌 좋은 생각을 불쑥 올라오는 것을 경험해봤을 것이다. 왜 이런 생각이 올라왔지? 이 소리가 내면의 소리임을 알아차려야 한다.

사랑 만들기

어떤 특정한 모임 자리에서 어떤 사람을 만나서 즐겁게 밥을 먹고 커피를 마시고 그 사람과 놀러 다니는 꿈을 꾸며 상상을 하게 되면 현실화될 수 있다.

질병 치유하기

잠자리에서 자면서 아픈 부위를 바라보며 태양신경총에서 치유물질이 발산된다. 모든 세포조직들이 깨끗하고 건강하게 생성되며 치유가 되고 있다. 아픈 부위를 바라보는 것만으로도 치유 효과가 생긴다.

다이어트하기

먹은 양을 줄여야 하며, 특히 저녁 6시 이후에는 물 외에는 먹지 않는다. 음식량을 줄이기 위해서는 먹기 전 1분간 먹는 상상을 하며 배가 부르다, 를 상상한다. 모든 내 삶은 내가 끌어당기는 삶이다. 생각하고 생활의 습관이 몸에 배어 긍정화된 몸이 만들어져야 한다.

18

나를 잘 활용하는 지혜

나를 잘 활용하는 지혜를 가져야 한다. 새로운 상품이 세상에 나오면 홍보를 한다. 세상에 알리기 위해서이다. 사람도 세상에 나오면 큰소리로 나 왔소, 하고 큰소리로 울음을 터트린다. 나를 알리는 소리이다. 사람은 두 번 나야 한다. 독수리가 두 번째 삶을 살기 위해서 각고의 인내와 고통에서 이겨내고 2번째 삶의 세상 밖으로 나오듯이 사람 또한 한 번 더 낳음이 있어야 한다. 거듭나지 아니하면 하늘나라를 볼 수 없다고 했듯이 반드시 두 번째 낳음이 있어야 하늘나라를 볼 수 있음이다. 한 번의 낳음으로 세상과 이별하는 사람들이 대부분이라고 한다. 10%의 사람들만이 두 번 낳기를 경험하지만 고지까지 가기는 극기 드문 일이다고 한다. 예수님과 부처님과 같은 삶을 살기란 매우 어려운 일이기 때문일 것이다. 하지만 꼭 그 고지까지 간다는 것을 목표로 삼고 산다는 것은 매우 스트레스가 아닐 수 없을 것이다. 나와 맞는 나의 조건에 맞게 살아가는 삶이 최선이 될 것이다.

이런 저런 조건을 맞추기 위해서는 먼저 나를 알고 자아실현의 자를 알고 잘 활용할 수 있는 마음의 자세가 필요할 것이다. 우리 일상생활은 정보가 넘치는 인터넷 세상에서 살아가며 핸드폰과 같이 잠시도 떨어질 수 없는 분신처럼 생활하며 핸드폰 없는 생활은 생각할 수도 없다. 자유롭게 잘 사용하며 핸드폰에 얽매어 살며 핸드폰 없는 세상은 상상할 수 없으며 누구나 잘 사용하고 잘 활용한다. 사람에 따라 다르겠지만 어떤 사람은 전화를 받고 거는 것만 하는 사람도 있지만 어떤 사람은 전화를 받고 문자도 보내고, 더 잘한 사람은 카카오톡도 하고, SNS나 텔레그램 그림도 멋지게, 그리고 다용도로 활용을 잘하며, 수익을 올리는 이익 창출의 도구로 활용하며, 자유롭고 능수능란하게 사용하며 부를 창출해내기도 한다. 필요한 정보도 검색하고 핸드폰 속에 푹 빠져서 살아가는 현 실정이다.

핸드폰 없이 잠시도 생활할 수 없는 세상에 매어 살고 있다. 잠깐 잠깐 메모할 상황이 생기면 메모를 하고, 나중에 꺼내서 그 메모를 볼 수 있어서 너무 좋다. 사진을 찍어 예쁜 사진으로 새롭게 만들어 톡 사진으로 사용하고 추억에 사진으로 남기며 SNS에 올려 공유하고 무한 정보와 편리함 속에서 최고의 해택을 누리며 살아가는 세상 속에서 멋진 인생들을 살아가고 있다. 인터넷 속에 무한한 지식을 접하고 흡수하면서 누구보다 더 앞서가기 위한 자기계발에 노력을 하고, 때로는 시기도 하고 질투도 하면서 앞서가기 위해서 밤낮으로 열심히들 산다. 자신만의 방법으로 폼을 잡고 의시하며 남을 무시하고 업신여기고 갑질도 하는 경우를 뉴스를 통해서 종종 접하게 된다.

　우리 모두는 자신의 나의 모든 기능의 활용을 잘 알고 잘 쓰고 있을까? 나도 하나의 상품이다. 내 상품을 잘 활용하고 더 나은 상품가치로 만들기를 게을리하고 있지 않은가? 나 자신을 얼마나 잘 안다고 자부할 수 있을까? 경우에 따라서는 자기 자신을 자기만큼 누가 잘 알까? 착각 속에서 살고 있을지도 모른다. 남을 이기기 위해서 남을 비판하고 깎아내리는 행위가 자신을 위한 자신만의 방법으로 잘 살고 있다는 망각 속에서 성찰의 기회는 멀리 두고 자신을 위한 삶이라고 생각하며 살아들 가고 있다. 좋은 학교를 나오고 좋은 곳에 취업을 하고, 나 자신을 잘 알고 있다고 자부하면서 나만큼 나를 잘 안다고 생각하지만 그 안다는 것이 무엇을 의미하며, 알면 얼마나 깊이가 있게 알고, 안다고 말할 수 있는지를 스스로가 스스로에게 물어봐야 할 것이다. 본인 자신을 잘 안다면 그러면 얼마나 나를 잘 활용하고 잘 사용하고 있을까 그것도 물어봐야 할 것이다.

누구나 본인 자신을 잘 안다고 자신 있게 얘기한다. 어떤 이는 내 자식인데 너를 내가 몰라? 라고 말한다. 나는 키가 크다. 나는 키가 작다. 나는 잘생겼다. 나는 머리가 영특하고 똑똑하다. 나는 날씬하거나 뚱뚱하다, 라고 얘기하는 것은 눈에 보이는 형상을 보고 말하는 경우일 것이다. 우리는 형상 속에서 보이는 것을 그대로 받아들이려는 경향을 가진다. 자를 알고 내면의 내 모습을 알려고 얼마나 노력하고 있을까? 눈에 보이는 본인 말고 또 다른 본인이 있다면 쉽게 이해가 안 될 것이다. 외면상 거울에 비추는 모습을 말하고 있을 정도를 가지고 본인을 잘 안다고 말들 하고 있지 않을까. 잘 아는 것과 잘 다스리는 것과는 분명하게 서로 차이가 있다.

아는 것은 그냥 아는 것에 그치지만 잘 다스린다는 것은 절제와 지혜를 다스려 마음의 사랑으로 결과물을 창조해낸다. 보이는 것이 전부가 아니다. 외부의 자신만을 아는 것으로 자신을 안다고 할 수 없다. 내면의 자를 모르고 살면 안다고 할 수 없을 것이다. 알면 바르게 행동하고 바르게 말을 하고 바르게 생각하고 바르게 자신을 다스리는 지혜로운 행동으로 강약을 조절하는 능숙함으로 자기의 발전을 위해서 어떻게 활용해야 하는 것이 바른가를 알아가는 것이 지식을 가진 자의 지혜를 도구로 활용할 수 있어야 나를 잘 안다고 할 수 있을 것이다.

　나 자신을 잘 안다는 외부적인 것에 무게를 두고 있다면 그것은 30%의 나를 알고 있는 경우가 되며, 70%의 나는 내부에 있다는 것을 모르는 경우일 것이다. 얼마나 지위가 높은 사람들을 알고 있는가를 생각할 것이 아니라 그보다 먼저 내면의 자를 찾는 것에 중점을 두어야 내가 바른 길을 가고 있는가를 알며 그 길을 찾아갈 수 있는 길이 목적이 되고 도전이 될 것이다.

　핸드폰의 기능을 너무도 잘 알듯이 나 자신의 내면을 알려는 노력이 필요하며, 그 속에는 누가 알려주지 않는 비밀이 숨어 있음을 알아야 한다. 눈에 보이는 외적인 사물의 생각들이 외적인 힘으로 나를 지배하고, 그 방향으로 가려고 하는 외형의 힘을 다스려야 하며, 내면의 나를 볼 줄 아는 자기 자신의 내부의 힘을 길러내야 함을 잊어서는 안 된다. 이 모든 것들이 그냥 나오는 것은 아니다. 지식을 쌓고 내면의 힘의 중요성을 알아가야만 내 자신의 방향키를 전환할 수 있다. 외면이 나인 것같이 살아간다는 것은 나를 모른다고 할 수밖에는 없다. 모르고 살아가는 그 자체를 모르고 살아가고 있는 사람이 대부분일 것이다.

한 번이라도 나 자신의 삶이 왜 이렇게 힘든 쪽으로 흘러가는 걸까? 라고 생각해봤을 것이다. 나 자신을 알면 백전백승이라는 말이 있듯이, 나 자신을 알아가는 것은 내면의 자를 아는 것으로 삶의 시작점이 되고 행복의 길로 가는, 시작의 첫 출발점이 될 수 있다. 내가 생각하는 생각은 나를 지배하고 구속시키려고 한다. 외면의 마음이 내면의 마음을 구속해서는 안 되며, 외면의 마음은 내면의 마음을 잘 다스릴 수 있도록 외면의 마음을 곱게 써야 하며, 내면의 마음을 잘 인도하면 새로운 재능을 창조해낼 수 있는 힘이 되어줄 것이다. 공공의 이익에 반하지 않는 결실과 성공이 이루어지도록 다하며 마음을 바꾸는 것은 0.1초도 안 걸리지만 마음을 바꿔서 유지하는 기간은 1년, 3년, 6년, 9년, 10년 더 이상 소요될 수 있다.

19

고리 사슬로
연결되어 있는 삶

　우주에 모든 사물들은 고리 사슬로 연결되어 있다. 무엇을 하든 연결되어 있는 틀 속에서 움직이는 것이 자연이며 또한 인간이다. 인간은 틀을 벗어나거나 테두리를 벗어나거나 주위 환경이 변화하면 공포와 두려움을 느끼게 되며 하나님을 찾게 된다. 하나님이란 하늘에 계신 하늘의 신과 땅에 있는 나의 신의 조화로움을 일컫는 말로 우리는 그 위대함을 하나님이라 칭한다. 삶은 내가 생각하고 상상하고 노력하는 만큼만 이루어짐을 아는 것이 자연의 순리이다. 우리가 살고 있는 세상은 서로 연결 고리를 가지며 사슬처럼 연결되어 긴 빛의 에너지 고리를 가진 사슬 구조로 연결되어 있다.

　견우와 직녀는 은하수를 사이에 두고 만날 수가 없었을 때 까마귀와 까치가 오작교 다리를 만들어 연결해주므로 만남이 이루어졌다. 모든 사물이 서로 연결 고리를 형성하고 있다. 사람과 사람은 사랑이라는 연결 고리가 인연을 만들어주고, 부모 자식 관계는 혈연을 나누는 연결 고리로 되어 있으며, 어디를 갈 때도 교통수단이 연결 고리가 되어주고, 운동을 하면 건강해짐의 고리로 연결되며, 학연과 지연, 동기, 고향 선후배의 연결 고리를 가지며, 서로 상호관계를 보완 작용하며 동문, 동아리 등 어떤 식으로든 서로 연결 고리에 인연으로 연결되어 사람 관계가 유지되며 그렇게 흘러가며 살아가고 있다. 땅과 하늘과 무한한 우주의 기의 에너지도 상호 연결 고리로 연결되어 유지 지탱되며, 육신과 영혼과 하나님과의 에너지가 빛에너지의 연결 고리로 연결되어 있으며, 자연의 법칙대로 우주의 법칙대로 자연에 순응하며 세상은 흘러가며 돌아간다.

신의 아버지의 아들인 영혼 아이가 우리 모두와 연결되어 있으며, 아버지께로 갈 수 있는 연결 고리 다리 역할을 해주고 있다. 영혼은 하나님 사업을 실천하는 수호자이시다. 수호자는 사명이 있기 때문에 지구라는 별로 내려온다. 누구나 모든 사람들은 사명을 가지게 되며, 끼와 재능을 사명의 창조를 만들어내며 그 속에서 사명을 발견하기 위해서 실패도 하고 시련도 겪고 인내하며 고통을 이겨내며 살아가는 것이 인간의 숙명이다. 우리는 살아가면서 잘 되면 운이 좋았어, 라고 대부분 사람들은 말을 한다.

운은 그냥 들어오지 않으며 운이 들어오는 징조를 대부분 사람들은 본인 스스로가 알 수 있다. 육은 신선이 함께 하고 있으므로 직감이나 촉으로 알게 된다. 운은 살그머니 고양이처럼 왔다가 가는 것이 아니며, 반드시 표시를 내는 것이 운이다. 그 표시를 얼마나 감지하고 활용할 줄 아는 것이 육이 해야 할 임무이다. 운은 10년 주기로 오는 대운과 30년 주기로 오는 30년이 있으며, 작게는 일, 달, 년 운도 있지만 10년 운이나 30년의 운은 반드시 표시를 내며 알게 해준다.

하지만 고개를 한 번 갸우뚱하며 잘 활용하지 못하고 그냥 지나 보내며 스쳐 보내는 사람도 있고, 그것을 잡고 내 것으로 취하는 사람도 있다. 무엇을 하든 때가 있다는 말이 여기에서 나온다. 할 때가 있고, 심을 때가 있고, 도전할 때가 있고, 쉴 때가 있고, 하지 말아야 할 때가 있으며, 가지 말아야 할 때가 있다. 가지 말아야 할 때 가면 좋지 않은 일이 생기며, 갈 때를 알고 가면 좋은 일이 생긴다. 운이 들고 나는 것은 심적으로 기를 받고 있기 때문이며, 숙명대로 살다가 숙명대로 가는 것이 인생이지만 그 숙명 속에서 어떤 숙명을 취하고 취하지 말 것은 가려서 해야 하며, 갈 곳과 가지 말아야 할 곳도 숙명이지만 정해진 숙명대로 살아가는 것에서 좋은 방향으로 턴할 수 있게 하는 것은 내면의 자와 소통하는 자세이며, 내면의 소리에 귀를 닫고 살고 있지 않는가를 돌아봐야 할 것이다.

20

사랑받기 위해 태어난 나

  인간은 귀한 존재자들이다. 자기 자신이 귀한 존재자임을 모르고 사는 사람들도 많다. 우리 몸은 항상 신선이 함께하고 있는 신성한 몸이다. 육의 골격을 만든 것은 육의 아버지이지만 그 골격에 생명의 씨앗을 불어넣어 주어 한 생명으로 세상의 빛을 보게 하신 것이 신이시며 신께서 주신 선물이시다. 그 선물은 하늘로부터 받은 것이며, 귀한 존재자이시다. 자식은 하늘의 선물이며, 자식을 잉태한 것은 큰 축복받는 일이다. 육이 생명이 다하여 육의 옷을 벗고 영으로 다시 태어나 본향으로 가는 것도 축복받는 일이다. 죽음을 너무 슬퍼해서도 비관해서도 안 되며, 태어남의 시작이 있었듯이 죽음의 끝이 다시 시작이며, 그 죽음과 태어남은 서로 연결되어 있다. 육의 말에서 나온 말은 육의 말이며, 혼의 말씀은 하늘의 말씀이시며, 영혼에서 나온 말씀이며, 내면의 소리는 신의 말씀이시며, 하늘에서 내려온 감사의 말은 하늘로 통한다.

우리 모두는 사랑받기 위해 태어났으며, 그 사랑으로 세상을 만들어가기 위해 사랑으로 태어난 신의 존재의 존재자인 장본인들이다. 본인을 사랑해야 할 의무감을 가지며, 본인을 사랑해야 할 사명을 다하며, 길을 개척해가며 임무를 수행 중에 있다. 무한한 그 사랑 속에 무한한 사랑의 존재의 자가 더 우리를 존재 있는 가치로 만들어준다. 인간은 누구나 귀한 존재 가치를 가진다. 인간은 누구나 원초부터 귀한 존재 가치의 자로 만들어져 있었기 때문이다. 내면의 자아실현의 영혼의 힘과 함께할 때 존재가치가 더 높아지며, 무엇이든 이룰 수 있는 존재가 되며, 언제나 신과 함께하고 있으므로 스스로 귀한 존재임을 깊이 깨우치며, 육이 정신적으로 다시 거듭나야만 나의 존재의 중요함을 알 수 있게 된다.

  하늘에서 내려온 자는 성장과 경험하기 위해서 왔기 때문에 무슨 일을 하든 직업에 귀천을 둘 수 없으며, 많은 경험과 실패의 노하우를 경력으로 쌓고, 경력으로 축척된 지식과 지혜가 또 다른 지식과 지혜를 가져오며, 이 모든 경험들이 내면의 자에게 성장 동력으로 작용되며, 더 고차원적 자가 되기 위한 수순이며, 사람이 한 번의 경험만으로는 잘할 수 없듯이 수많은 경험과 인내가 바탕이 되어 더 높은 차원의 영으로 성장을 하기 위한 순서이며, 그만큼 큰 어려움으로 역경을 주는 것은 그 역경이 내면의 자에게 더 깊게 기억되게 심어주기 위한 성장의 교훈이시다. 우리 모두는 사랑받기 위해서 세상에 왔으며, 사랑을 실천하고 있으며, 그 사랑은 스스로의 사랑으로 스스로에 의해서 사랑을 받아야 한다. 인간은 누구를 막론하고 귀한 존재자이시기 때문이다.

21

양심을 속이다

　인생 거저 얻어지는 삶은 없다. 무엇을 하든 반드시 댓가를 지불해야 한다. 지불하지 않고 얻어지는 것은 반드시 뺏어가게 되어 있다. 공짜로 얻었기 때문에 별로 중요하게 생각하지 않기 때문이다. 귀하게 얻어진 물건은 귀한 줄을 알지만 귀하지 않게 수고 없이 얻어진 것은 별로 대수롭지 않게 생각하기 때문에 반드시 댓가를 지불하고 취하는 습관화된 마음 자세가 필요하다. 돈이라는 물질은 성질이 매우 차갑고 도도하다. 돈 있는 사람을 보면 매우 도도하며 차가우며 성질이 차갑다. 돈은 양면성을 가진다. 때로는 차갑지만 다른 면으로는 매우 따뜻하고 온유하며 사랑이 듬뿍 들어 있는 온유의 따뜻함을 준다.

　진짜 부자는 온유하며 따뜻하다. 돈이라는 속에는 인문학과 철학이 들어 있다. 돈을 벌기 위해서는 돈의 철학을 공부해야 하고, 자연의 이치를 공부해야만 돈이 자연스럽게 물처럼 흘러 들어옴을 알게 된다. 돈을 따라 다녀서는 절대로 돈으로부터 환심을 사지 못한다. 사랑을 할 때도 짝사랑은 이루어지지 않는다는 말이 있듯이 돈을 끌어당기고 사랑을 끌어당기는 내면의 힘을 길러야만 하는 것이 돈의 철학이고 사랑의 철학이다. 자연의 이치를 알고 우주의 이치를 알아야만 우주 속에 돈의 물질을 끌어당기는 힘을 만들어낼 수 있다. 우주의 이치를 알고 나를 알면 자의 근원을 찾게 될 것이며, 근원 속에 모든 부의 물질이 들어 있음을 알게 될 것이다. 공짜로 깨우침을 얻어낼 수 없으며, 공짜로 새로 거듭 낳을 수 없으며, 세상은 무엇을 주어도 공짜로 주는 법이 없으며, 공짜로 주면 반드시 뺏어가는 것이 자연의 이치이며, 섭리이다. 공짜의 마음부터 자제해야 하며, 밥 한 끼를 얻어먹더라도 마음에 보시는 반드시 해야 하며, 음식의 중요성을 알아야 한다.

음식은 사람을 살리는 생명이며, 생명의 근원이 들어 있는 에너지다. 음식을 귀하게 여기지 않는 것은 생명을 귀하게 여기지 않는 경우이며, 음식을 대하는 것을 보면 그 사람의 됨됨이를 알 수 있듯이 뷔페식당에서 음식을 버리는 행위는 자의에 의해서 가져와서 버리는 행위이므로 생명을 버리는 행위로 죄를 짓는 행위이다. 음식 속에도 생명의 피가 들어 있으며, 살이 되며 생명을 이어주는 에너지원의 근원이 들어 있다. 음식은 먹을 만큼만 마음에 기준이 있어야 하며, 그 기준을 지키는 습관화가 중요하다. 음식은 생명이다. 음식을 쓰레기로 버리는 마음부터 자숙해야 하며, 음식을 버리는 행위는 생명을 천하게 여기는 행위이며, 과식을 해서 버리는 행위도 같은 행위에 속하게 된다.

몰라서, 누구도 그렇게 해서 나도 그렇게 한다. 양심을 속이는 경우가 된다. 길거리에서 담배꽁초, 담뱃갑, 커피용기를 버리는 일이나 차를 운전하면서 밖으로 버리는 담배꽁초, 길거리나 야외, 들이나 산에서 버리는 쓰레기는 누가 보지 않는지 눈치를 보면서 버리는 것은 양심을 버리는 행위이다. 진짜 나의 자가 보고 있는 것은 모른다. 밖에 있는 나는 스쳐가는 영화처럼 보는 시각적 나이지만 진짜 나는 내면의 속에서 다 보고 있다. 그 진짜 나를 속이는 것이 양심을 버리는 일을 하고 있는 것이다. 나 자신을 사랑하지 않는 행위로 나를 사랑하지 않는 사람은 이웃도 사랑할 자격이 안 되며, 양심과 마음과 자연이 주는 삶의 이치가 다 자연의 삶이 되며, 내 삶이 되며, 우주와 연결되어 있음을 알아야만 사람으로서 도를 다할 수 있게 된다.

22

내면에서 올라오는 불안

　지금 내 삶이 너무 행복해서 깨질까봐 불안함을 느낀다. 가끔 꿈에서 불길한 꿈을 꾼다. 지금 부러움 없이 행복을 누리고 살고 있지만 왠지 가끔씩 지금 이 행복을 잃을까 봐서 불안함이 올라오면 고개를 흔들고 잊으려 하지만 가끔씩 내면으로부터 올라온다. 내가 지금 인기를 누리고 정상에 있지만 언젠가는 내려가겠지 하는 심적 불안감이 가끔씩 올라온다. 어렵게 얻은 사랑을 잃을까봐 노심초사하며 불안감이 올라온다. 지금은 장사가 잘 되고 있지만 항상 잘 될 수는 없을 거야, 하는 불안감이 올라온다. 내면에서 올라오는 불안감을 내가 올라오게 만드는 것도 아니며, 자제가 될 수 있는 것도 아니다.

　불안감이 불안감을 불러오게 유발되는 것은 내 안에 자에게 그 불안감의 씨앗을 언제부터인가 심고 있었기 때문이며, 잠재되어 있는 씨앗이 자라서 현실로 돌아오게 되는 현상이다. 드라마 인생으로 살아가는 사람도 많고, 슬픈 노래 인생으로 살아가는 사람도 많다. 노래를 해도, 드라마를 해도 알고 하는 사람과 모르고 하는 사람은 삶의 내 생이 달라진다. 우리 주위에서 봐도 그런 삶을 살아가는 사람들이 많다. 노래방에서 그런 노래만 부르거나 드라마나 노래에 감정을 다 싣고 생활 자체를 감성에 빠져 사는 사람의 경우는 다 이유가 있으며, 그가 원하는 삶을 살아가게 된다. 본인 스스로가 그렇게 된 삶을 추구하고 있는 것이며, 자기실현을 자아실현으로 유도되는 현상이다.

내가 생각하고 상상하는 대로 흘러가는 것이 내 삶이다. 모든 것은 내가 하는 대로 진행되어 가고 있지만 지금에는 당장 느낄 수 없다. 하지만 미래에는 그런 삶이 내 현주소가 되어 돌아온다. 왜냐하면 내 삶에서 진짜 나로 사는 진짜 나가 따로 있기 때문이다. 나를 알면 백전백승이라는 말이 여기에서 나오는 말이다. 나를 안다는 것은 밖의 내 모습을 안다는 것이 아니며, 내면에 있는 나를 안다는 것으로 자아실현의 나를 말하며, 사람 속에 사람 있다는 말은 그냥 흘러나오는 말이 아니며, 깊이 생각하고 깨어남의 진실을 알아야 한다는 것이다. 불운으로 살다가 가는 삶을 보면 내 스스로가 그런 삶을 살도록 유도했다는 것이다. 항상 우울하게 살면 우울한 삶을 살게 되며, 항상 짜증나 있는 삶은 짜증난 삶으로 유도해가며, 그것은 습관화로 고착화되면 한 인격체로 되어 그 인격체에 지배를 당하게 되고 그런 삶을 살게 된다. 내면의 불안을 잠재울 수 있는 것은 항상 감사로 사는 마음가짐이 필요하다. 어두운 삶을 밝은 삶으로 전개해가야 하며, 지식을 가지며 지혜를 가지고 마음의 공부를 해야 할 필요가 있다.

23

다람쥐 쳇바퀴 도는 인생

　다람쥐한테 쳇바퀴를 만들어주면 그 다람쥐는 쳇바퀴를 벗어나지 못하고 쳇바퀴 삶을 살아간다. 다른 세상의 경험을 못해본 다람쥐는 그 생이 좋은 세상인 줄 알고 또 다른 더 좋은 세상을 경험하지 못한 삶을 살아가게 된다. 인생 다람쥐 쳇바퀴 도는 인생이라는 말이 있다. 인생도 다람쥐처럼 자기 영역의 발전에서 벗어나지 못하고 한 달 벌어서 한 달 쓰고 사는 다람쥐 인생의 생활을 하며 살게 된다. 그 쳇바퀴를 벗어나지 못하기 때문이다. 새로운 세상이 있음을 모른다. 벗어나려는 노력을 하지 않으며, 자기계발에 관심이 없으며, 살아지는 인생대로 살아가는 인생이 된다. 그곳을 벗어나려면 나를 찾는 것부터 출발해야 한다. 자아실현의 자를 찾지 못하면 다람쥐 쳇바퀴 인생을 살아갈 수밖에 없는 인생을 살다 가게 된다.

　게으름과 돈의 흐름을 얘기하는 의미로 게으른 돈은 부지런하고 많은 쪽으로 이동한다는 원리가 있다. 큰돈은 작은 돈을 끌어당기는 끌어당김의 부의 법칙을 말하고 있다. 노력하지 않고, 덕을 쌓지도 않고 복을 받으려 하는 것은 가난으로 가는 길이 된다. 달란트란 누구에게나 가지고 있는 하늘의 신이 주신 고유 물질의 선물의 부이고 재능이고 끼이며, 항상 마음 한편에 품고 사는 지구에서 해야 할 사명감이 달란트 속에 들어 있다. 무엇을 하고 무엇을 해야 하는지를 노력으로 찾아내게 함은 깨우침을 얻으라는 것을 의미한다.

무엇이든 노력하지 않는 자는 그 무엇이든 얻을 수 없다, 라는 교훈이며, 결코 노력하지 않는 무지한 자는 스스로 가난에서 벗어날 수 없다는 것이다. 장사해서 사업해서 이윤을 남기는 것은 육이 할 일이다. 이윤의 성과가 나오기 전까지는 신이 함께함을 느끼지 못하지만 성과가 나올 때에는 신이 함께하고 있음을 느끼게 된다. 그것은 마음의 차이에서 오는 시각적 믿음이 다르기 때문이다. 작은 일에도 충성하였으매 내 너에게 큰 것을 맡길 것이며, 주인과도 즐거움을 함께할 것이다, 라는 의미의 말이 기억난다. 이 말의 의미는 주인은 본인이 하는 것에 따라서 나에게 해준다는 것이다.

주인은 누구일까? 할 수 있는 문을 열 수 있는 키를 내가 본인이 가지고 있다는 의미로 결과물은 내가 하는 정도에 따라서 결과물이 나타남을 말한다. 구하면 구할 것이고, 찾으면 찾을 것이며, 두드리면 열린다는 말을 하고 있다. 인내를 가지고 할 수 있게 열심히 살아야 함을 말한다. 신은 나에게 우리에게 할 수 있는 방향을 제시해주었지만 그 방향이 무엇인지를 모르고 살고 있음을 말한다. 육이 깨우침을 얻지 못하면 그 방향을 알지 못하며, 더 큰 고통으로 시련을 주는 것은 깨우치고 알라는 교훈이시다.

내가 진정 어려움에 있을 때는 신의 체온을 느끼지 못한다. 어려움이 온몸을 뒤덮고 있기 때문에 육의 눈으로는 볼 수 없기 때문이며, 신은 세상일에 관여하지 않으며, 세상의 질서가 깨지는 인간이 하는 일에는 관여하지 않기 때문이다. 또한 그 어려움을 헤쳐 나가는 그 모습을 보고 싶고, 어려움 속에서 깨우침을 얻고 세상 밖으로 나오기를 바라는 것이다. 병아리가 깜깜한 어둠 속에서 두꺼운 껍질을 깨고 밖으로 나와야 또 다른 세상이 있음을 알 수 있듯이 더 크고 단단해지고 더 큰 자로 키우기 위한 신의 속 깊은 뜻이 숨어들어 있다. 비로소 그 단계를 넘어서서 큰 자의 길로 가게 되면 신이 함께하고 있었음을 알게 된다.

내면의 힘이 얼마나 강한지를 깨우침을 얻어가기 시작한

다. 육이 하지 않으면 아무것도 이루어낼 수 없다. 반드시 그것을 깨우쳐야만 또 다른 세상 밖이 있음을 알아가며 앞이 보이고 밝은 눈을 가지며 방향을 알고 그 길을 따라가며 살아갈 수 있을 것이다. 우주에서 하늘에서 신이 나를 도와준다는 것은 내가 나를 돕는다는 의미이다. 내가 어려움을 이겨내고 세상 밖으로 나온다는 것은 내가 우리가 모두가 우주이기 때문에 가능한 일이다. 우리 모두는 우주이며, 우주의 자연 속에 속하는 귀한 존재들이기 때문에 내 주인의 즐거움을 함께 즐길 수 있다는 것을 의미하고 있다.

학교를 졸업하고 사회의 첫발은 무엇인가 할 수 있을 것 같은 기대감으로 시작하지만 사회의 구성원으로 물을 먹어가면서 사회가 인생이 쉽지는 않다는 것을 피부로 느끼며, 직접적인 현실이 눅눅하지 않음을 배우기 시작한다. 우리는 물질에 지배를 당하고 그 물질에 끌려가는 삶을 살고 있다는 것을 사회생활을 하면서 남보다 일찍 아니면 느즈막에 언젠가는 세월이 많이 흐른 뒤에 알고 느끼게 된다. 그 느낌을 깨우침으로 돌아오는 것은 꽤 많은 세월의 경험이 시작된 후에야만 느끼게 되는 감정으로 새겨지며, 깊이 있는 가슴으로 들어오게 된다. 사회의 울타리에서부터 돈과 경주는 시작된다. 사회는 돈이라는 울타리 속으로 들어오게 하는 구조적인 구조물을 가지고 있는 것이 우리가 살고 있는 물질의 사회적 메커니즘이다.

　보통 사람들의 경우 돈이 항상 앞서가고 그 돈의 뒤를 따라가면서 돈을 앞서려고 애를 쓰는 경우로 살고 있다. 내가 돈과 경주하고 있는 자체를 모르고 돈의 뒤를 따라가며 살아가는 것이 인생이다. 세월이 흘러 가끔은 내가 돈을 앞서가는 삶을 살아갈 때도 있었구나, 라고 생각이 들었을 때도 있을 것이다. 돈이라는 물질에 의지하고 돈의 뒤를 따르고 있는 인생이라고 말할 수밖에 없는 생으로 살아가고 있는 것이다. 가기 싫어도 가야 하고, 몸이 아파도 가야 하고, 거센 태풍이, 비바람이 불어도, 눈이 와도 회사라는 굴레로 출근해야 하는 것은 돈의 물질이라는 것에 지배를 당해서 평생 물질인 돈을 쫓아가고 따라 다니는 세상에 살아가고 있기 때문이다.

　하고 싶은 것, 가지고 싶은 것 다 할 수 없음을 알고 절제하며 살아왔음을 안다. 그래서 자기계발을 하고 더 나은 삶을 찾고 노력하는 것이 돈을 따라가는 인생에서 벗어날 수 있는 것이 과제이며, 그 과제가 실현이 될 때만 삶의 질이 바뀌진다. 무엇을 위해서 살아가는 인생인지 돈을 따라가고 있는지도 모르며, 삶의 자체도 모르고 살고 있는 경우도 있다. 자신을 돌아보지 않는 삶은 이기고 있는지도, 지고 있는지도 모른다. 오감의 눈으로 보는 현실 상황에 노출되어 얽매인 삶에 줄타기하듯 살아가고 있는 것이 현실이다. 누구는 쉽게 말한다. 책 속에 길이 있다고. 책 속에 길을 찾아본 사람만 말할 수 있는 얘기일 것이다. 책 속에 인생과 같은 인생은 될 수 없어도 내 자신이 바뀌어가고 있음은 알 수 있다.

 책을 책으로만으로 읽게 되고, 얼마나 많은 책을 읽었는가 보다 책 속에 저자의 의도와 비밀을 알 수 있다면 한 권의 책이 인생을 바꾸게 할 수 있다. 책 속에서 무엇을 찾았는가가 중요하며, 내가 과연 무엇을 끌어당길 만한 내면의 힘을 키우고 있는가는 더 중요할 것이다. 책에서 실천하라고 하는 것은 반드시 해야 하고, 내 방식대로 내 것으로 만들어가는 생활의 습관화가 얼마나 몸에 맞게 진행되어 일상화되어 가는 것만이 변화는 시작된다. 실천하지 않으면 결과물은 나올 수 없다. 실천하고 따라하고 내 것으로 만들어야만 내 것이 될 수 있다. 노력하지 않으면 결과물은 당연하게 없다. 돈을 앞에서 끌고 갈 수 있는 한 단계 업그레이드된 차원으로 전환될 때만 인생 전환점의 출발이 시작된다.

 현 사회에서 피부로 접하고 피부로 느끼고 오감적 눈으

로 보고 체험하는 지적 능력은 매우 높은 수준의 단계의 세상에서 살고 있지만 쉽게 포기하고 좌절하고 나는 안 돼, 라는 정신적 지주 능력은 낮아서 쉽게 포기해버린다. 그것은 신의 정신적 지주자로 부족하며, 부정의 마음으로 우리 세포가 이미 오래 물들어 있었기 때문이다. 정신적 지주를 높여주기 위해서는 나를 돌아보고, 내 근본을 찾고, 정신적 지주가 되어줄 수 있는 우군을 찾는 것이 필요하다. 알고 믿는 믿음은 큰 재산이 되어주지만 맹목적 믿음은 더 큰 실망을 가져다준다. 아는 것은 힘이다. 알고 실천하는 것과 모르고 실천하는 것은 엄청난 차이가 생긴다. 할 수 있다는 믿음과 할 수밖에는 없는 믿음은 내면에서 나온다.

포기를 하면 안 되는 이유를 아는 것은 신의 정신적 지주자의 혼에서 나온다. 신은 불가능은 없다, 라고 아는 것은 정신적 지주의 큰 역할을 해줄 수 있다. 내 근원을 알면 포기할 수 없고, 불가능이 없음을 아는 것 자체가 큰 힘이 되어주며, 내가 알고 있는 지식에서 나오는 믿음이다. 외적 마음보다 내적 마음에서 더 큰 힘이 나온다는 것은 지식과 내 근원의 믿음에서 나오는 정신적 내면의 힘이 들어 있음이다. 정신적 지주 역할을 해주는 것은 알고 있는 지식과 깨우침에서 나온다. 평생 살아가면서 돈과 경주하는 것은 평생 이길 수 없는 게임에 도전하고 있는 삶이 될 것이다.

돈의 중요함을 너무도 잘 알고 있다. 돈을 벌기 위해서 직장에 다니며 알바도 하고 장사도 하고 편의점 알바도 하고 일일배달도 하고 인력시장에도 나간다. 현 사회는 물질 만능주의 세상으로 돈이면 안 되는 것이 없을 정도이다. 탈무드에 돈은 어떤 더러운 것도 씻어내주는 비누와 같다, 고 했다. 마음으로는 돈이란 것을 부정하고 싶을 수도 있지만 삶을 윤택하게 사람답게 따뜻한 행복을 주는 것은 물질의 힘이다. 돈이란 쫓아가면 더 멀리 가는 습성을 가지고 있다. 돈을 끌어당기는 힘은 내면의 힘에서 나옴을 배우는 것이 돈보다 앞선 경주에서 이기는 삶이 될 것이다.

내면에는 보이지 않는 힘이 들어 있다. 내면의 힘은 강하다. 신은 스스로 있는 자이며, 신은 스스로 돕는 자만 스스로부터 도움을 받는다. 깨우치고 터득하고 노력으로 통달할 때에 느낌으로 다가오지만 이미 전부터 함께하고 있었으며, 그때야 느낌으로 들어온 것뿐이다. 결코 내가 해야만 모든 것은 시작점이 되고, 시작점은 출발이고 앞으로 나가기 시작한다. 끝없는 노력으로 반드시 통달할 수 있어야만 물질을 이기는 삶이 되고, 신도 함께함을 느끼게 된다. 포기하지 않고 노력하고, 시련에서 이겨내는 자만이 신으로부터 구원의 축복을 받은 자의 가치로 인정된다.

24

인생 숙제

　좋은 직장을 얻기 위해서는 좋은 학교, 좋은 스펙이 필요할 것이다. 누구나 그런 좋은 스펙을 가지는 것은 아니지만 그런 꿈을 꾸며 마음에 담고 살아간다. 급변하는 세상에는 평생 직업이란 옛말이 되었다. 원하고 바라는 곳에 취업을 해도 만족하지 못하는 것이 인간이다. 인생은 흘러가는 흐름 속에서 세월이 주는 숫자가 나이가 되며, 세월의 흔적이 묻어 있는 것이 인생이다. 모든 일은 순서가 있으며 수순대로 흘러간다. 인생은 파도처럼 큰 파도를 만날 때도 있고, 잔잔한 파도를 만날 때도 있다. 큰 파도를 만날 때면 파도가 잔잔해질 때까지 기다릴 줄 알아야 한다. 기다림을 잘 타는 사람은 평평한 길을 갈 것이고, 기다림을 잘 타지 못한 사람은 자갈길인 험한 산길을 탈 것이다.

　처음부터 잘하는 사람은 누구도 아무도 없다. 반드시 겪어야만 하는 과제이고, 이겨내고 가야만 하는 것이 우리가 가고 있는 인생 숙제이다. 가는 세월의 인생은 어느 누구에게나 똑같이 하루 주어진 24시간의 세월이 주어지며 그 시간을 보낸다. 똑같이 공평하게 주어진 세월 속에서 좀 더 빨리 깨우침을 얻은 사람은 남보다 윤택한 삶을 살아가게 될 것이고, 늦게 깨우침을 얻은 사람은 윤택함의 삶에서 멀어진 삶을 살 것이다. 누구에게 똑같이 주어진 세월 속에서 불공평하다고 말한 사람은 아직 깨우침을 얻지 못하고, 자신의 존재 가치를 모르고 있는 사람일 것이다. 죽을 때까지 깨우침에서 멀어져 있다가 생을 마감한 경우도 많다.

자아실현의 자를 모르고 인생 살아가는 것은 캄캄한 밤길을 가는 것과도 같다. 인간의 삶은 어떤 단계 단계를 깨우치지 못하고 건너 뛰어갈 수 없다. 뒤를 돌아보면 그때는 왜 그랬을까 하며 쓸쓸한 미소를 짓게 하는 것이 살아온 과거의 흔적이고 세월이다. 깨우침만을 얻은 것으로 만족해서는 안 된다. 깨우침은 그것을 알고 실천해가라는 또 다른 단계의 신호이다. 한 단계 더 발전된 진보적인 단계인 통달이라는 단계에 반드시 근접해야만 부의 근원에 접근할 수 있는 숙제가 있다.

인생 삶은 단계가 있으며 10대, 20대의 단계가 있고 30대, 40대의 단계가 있다. 50대, 60대의 단계가 있다. 세대에 따라서 그 단계를 반드시 경험을 하고 체험을 하고 인내를 하며 넘어가야 한다. 그냥 세월이 흘러서 흘러온 세월이었지만 그 속에는 반드시 겪고 넘어가야 하는 단계가 존재했었다. 60대의 단계에서 20대에게 얘기해주면 노인네 쾌쾌 먹은 소리로 핀잔을 받을 수 있다. 그 단계의 단계에 있는 또 다른 묘미를 겪지 않고서는 알 수 없는 것이 인생의 과제이며, 자식에게 말해줄 수 없는 것이 인생이다. 겪고 훗날에 세월이 흘러 깨우침을 알 때 느낀다. 그래서 자식에게 이렇게 사는 거란다, 라고 얘기해줄 수 없다. 자식이 스스로 깨우칠 때까지 기다려주는 것이 부모 마음이다. 우물가까지는 말을 끌고 갈 수 있어도 물을 먹는 것은 말 스스로 먹어야 하기 때문이다.

갓 태어난 아이에게 걷기를 강요하기보다는 기다려주는 것이 교훈이다. 기는 단계가 있으며, 서는 단계가 있으며, 걸을 단계가 있으며, 말을 배울 단계가 있다. 공부할 단계가 있으며, 사회의 쓴맛과 단맛을 경험해야 할 단계가 있다. 사랑을 배울 단계가 있고, 성공의 맛을 볼 단계가 있으며, 실패의 맛을 경험할 때가 있다. 무엇인가를 추구하는 단계가 있으며, 세월이 경험이라는 말이 있듯이 세월이 가야 경험도 쌓이고, 노하우도 쌓이고, 이런 모든 경험들이 인생 공부가 된다. 무엇이든 단계의 경험을 그냥 건너뛰어 넘어갈 수는 없다.

아픔을 배우고 시련을 겪으며 기쁨의 성공을 맞이할 때도, 사랑의 기쁨을 노래할 때도 있다. 일련의 과정의 단계 단계를 겪어야만 알아갈 수밖에 없으며, 성숙해지고 깨우침을 얻고 인생의 맛을 알게 된다. 무엇을 하고 싶은 것이 있으면 그 하고 싶은 것을 해봄으로 경험을 통해서 알게 된다. 사랑을 하고 싶으면 사랑을 해봐야 한다. 노래를 하고 싶으면 노래를 해야 한다. 무엇이든 겪고 넘어가야 할 인생 고개이며 산이다. 그 단계의 산을 넘어가지 않고는 다음 단계로 넘어갈 수 없다. 하지 못하고 넘어가면 포기한 것이 아니라 밀어지는 것이다. 그냥 넘어가면 반드시 나중이라도 꼭 하게 되는 것이 인간의 욕구이다. 그 욕구는 다시 살아나게 되며, 또 다른 생을 살아갈 수 있는 계기가 되어줄 수 있다. 지구에서만 겪을 수 있는 육의 욕구이며, 있고 없음을 경험하는 곳이 지구이기 때문이며, 반드시 육의 욕구를 해소할 필요가 있지만 절제되어지는 것이다. 이것들이 익어 인생의 꽃으로 필 것이며, 육의 꽃도 필 시기와 때가 있으며, 질 때가 있음을 알아가는 것은 자연의 순리이다.

발이 있고 손이 있는 인간은 한 곳에 머무는 것이 아니다. 여러 가지의 경험을 통해서 얻어지는 경력이 필요로 하는 것이 육이다. 사람은 여러 가지 경험을 통해서 터득해가는 것이며, 한 번의 경험으로 잘할 수 없게 설계되어 있는 구조를 가지고 있다. 수많은 경험과 실패와 노하우를 가져야만 인생을 논할 수 있다. 책의 지식으로만 살 수 없는 것이 인생이며, 논리와 경험은 반드시 차이가 있으며, 논리에 바탕을 두고 실패의 경험과 성공의 경험들의 세월이 인생을 완성시켜 가는 숙제이다.

25

나라 운은 민심이다

　민심은 천심이란 말이 있다. 세상의 이치를 알려면 자연의 이치를 알아야 하며, 하늘에 뜻을 알려면 나로부터 자의 근원을 알아야 한다. 자의 근원이 하늘에서 왔기 때문이다. 자의 근원을 아는 것은 육이 정신적 차원으로부터 깨어 낳음이다. 성경에 보면 깨어 있으라, 깨어 있으라, 라는 단어를 많이 사용하고 있음을 알 수 있다. 깨어남이 중요하기 때문일 것이다. 깨어남은 근원적으로 육이 내면의 자를 찾는 데서부터 시작된다. 내면의 자를 찾는다는 것은 세상의 이치를 자연의 이치를 알아가는 것으로 자연과 인간은 서로 연결되어 있으며, 죽음 또한 자연의 이치로 자연으로 돌아가는 현상으로 극히 자연스러우며, 죽음과 다시 태어남은 서로 연결되어 있다는 것이다.

　타고난 나라 근성은 국민의 근성과 같으며, 타고난 본성은 고치기가 힘들다는 얘기다. 세 살 먹은 버릇이 여든 간다는 말이 있듯이 한 번 성격에 고착화되면 그만큼 성격 고치기가 어렵다는 것으로 사회 구성원의 의식이 나라의 국운을 바꾼다. 힘으로 개인의 내적 의식구조를 변하게 할 수 없다. 책은 사람의 내적 의식구조를 변하게 할 수 있는 힘을 가지고 있다. 화를 잘 내고 짜증 섞인 말을 자주 하는 습관화된 성격의 소유자는 부정의 인격체에 지배당한 경우이며, 그 습관화된 인격체가 한 인격체로 힘을 가지며 한 인격체로 고착화되어 그런 삶을 살아가게 만든다. 그 인격체에 지배당하며 내 삶은 그 인격체에 존속되어 본연의 나를 잃고 내가 없는 나로 살아가게 된다. 그래서 육은 힘들고 나를 괴롭히는 일이 되며, 옆에 같이 사는 사람도 힘들게 만든다.

그 삶에서 벗어나기 위해서는 다른 힘을 가지는 또 다른 나를 만들어내야 한다. 나를 괴롭히는 일은 하늘에 부정을 쌓고 있는 것이다. 내 마음을 괴롭히는 것은 나의 자를 괴롭히는 것이며, 더 나아가서는 신을 모독하고 신에게 죄를 짓는 행위이다. 하늘에 부정을 쌓는 일은 곧 나에게 부정의 기운을 끌어당기는 것이며, 그 에너지는 세포로 전달되어 신진대사에 장애를 주게 되며, 세월이 흘러 훗날에 질병으로 나타나게 된다. 즐겁게 일하고 즐겁게 웃는 것은 긍정의 에너지를 우리 몸에 공급하는 공급원의 역할을 해준다. 이 사회가 나에게 무엇을 해주고 있는가를 생각하기 전에 나는 이 사회를 위해서 무엇을 할 수 있을까 무엇을 하고 있을까를 생각하는 자세이다. 이 사회는 혼자 사는 사회가 아니다. 내가 우리가 스스로가 만들어가는 공동 공존의 사회이다. 각자가 서로 잘 되면 잘 되는 만큼 이 사회도 발전되고 살기 좋은 건전한 사회가 되어 웃음으로 돌아갈 것이다. 남을 탓하기 전에 나부터 돌아보게 되는 반성의 시간이 필요하다.

비관적인 자세는 습관이다. 습관화되었다는 것은 매일 그런 일에 반복되어 마음을 그곳에 깊숙이 뺏기고 살고 있으며, 부정의 기가 스며들어 비판의 환경에 노출되어 살아왔다는 것이다. 어릴 적에는 부모로부터 무엇을 하든 안돼, 라는 단어를 수없이 많이 듣고 자라왔다. 갓난애들은 지적 형성이 3세 전에 90%가 형성되어진다고 한다. 세 살 버릇이 여든까지 간다, 라는 말이 있듯이 그때 형성된 부정의 단어는 오랫동안 스며들어 있어서 생활에 밀접한 연관이 없다고 할 수 없으며, 부정이라는 단어에 더 익숙해져 있다고 한다.

부정의 환경은 자라면서 바로 잡아가는 습관이 필요하지만 당연하게 받아들여 오랫동안 모른 채 그러려니 하며 잊고 살아왔다. 아니 그것 자체를 모르고 살아가는 경우가 대부분일 것이다. 나는 대체로 자신을 사랑하고 긍정적인가, 비판적인가 본인 스스로 체크해보는 시간을 잠시 가져보는 것은 어떨까? 살아온 세월에서 벗어나 앞으로는 어떤 삶이 옳은 삶인가를 생각해보는 자세는 앞으로 더 질 좋은 인생의 시작점이 되고, 앞으로 더 밝은 사회로 가는 밝은 사회의 구성원으로 디딤돌이 되어 앞으로 살아갈 세대들의 본보기가 되어 미미하게나마 사회의 구성원으로 작은 씨가 되어주었으면 하는 마음이 더 간절해짐을 알게 된다.

젊어 성공해서 그 부가 사라지는 경우를 간접적으로 보고 생각에 잠기곤 한 적이 있다. 젊은 날을 화려하게 보낸 경우 그 화려함을 계속 유지해가는 것은 매우 힘든 일이다. 화려함에 지배되어 살다 보면 어느 순간부터 자신의 초라함을 발견하게 되면 그 초라함으로 마음이 초라하게 바뀌며 우울함이 시작된다. 모든 것은 마음에서부터 시작된다는 말과 같이 마음이 무너지면 건강도 무너진다. 내면의 자를 공부한다는 것은 자연을 공부한다는 것이다. 우리가 자연에서 살아가듯이 자연의 섭리대로 흘러가는 것이 생이다. 나를 발견하는 곳에 신경을 써야 하며, 자신을 알고 인간 생체구조를 알면 자연스럽게 믿음이 생기고, 그 믿음은 진짜 깊은 믿음으로 발전적인 내면의 힘으로 마음에 위안을 받게 된다. 내 마음을 의지하고 위안감을 가진다면 편안한 마음이 생기고, 삶이 좀 더 여유감을 가질 수 있게 된다. 인간은 반드시 어떤 곳에 꼭 관심을 가져야 한다. 관심에서 멀어지면 삶도 멀어지고, 나 자신의 자신에게도 지쳐 보이게 한다. 관심이 없다는 것은 우리가 길을 지나면서도 아무 관심 없이 지나가면 옆에 무엇이 지나갔는지도 모른다.

　관심은 운을 부르는 요인 중에 하나가 된다. 내가 그쪽으로 쏠린다는 것은 운이 그 방향으로 나를 인도한다는 것이다. 나이 들어 느즈막하게 재능을 발견하는 경우도 많다. 그 재능이 내면에 오랫동안 숨겨져 있는 경우이다. 그것을 끼라고 한다. 노래를 잘하는 끼, 개그를 잘하는 끼, 애교적인 예술적인 끼, 글 쓰는 끼, 무엇이든 잘하는 각기 다른 끼를 발견하게 되면 그 끼가 자신을 즐겁게 해주며 희망을 주게 된다. 그것을 잘 활용해서 사회를 위해서 후대에 흔적을 남기는 일이다. 작은 하나님 사업에 동참하는 일이다. 사회를 위해서 할 수 있는 일은 별거 아니다. 내 자신부터 내 자신에게 시작해보는 것이다. 시작은 작아도 작은 것이 불씨가 되어 큰 불씨로 번져갈 수 있는 시작점이 되어준다. 시작은 미약해도 나중은 창대하리라, 라고 했다. 작은 것은 큰 것으로 가기 위한 시작점이다. 이것들은 씨앗이 되어 큰 것을 창조해낼 수 있는 계기가 된다.

사회 구성원들의 의식구조가 바뀌어가는 현상은 발전의 밑거름이 되어 너도 나도 의식전환이 된다면 건전한 사회의 구성원으로 한 사람 한 사람 구성원의 생각이 바뀌어간다면 나라의 국운도 바뀔 것이다. 국운은 민심에서 나온다. 민심의 가치관과 의식개선이 선행되어 가면 나라의 국운도 발전적이다. 이 사회는 사회를 구성하는 이들이 만들어가는 사회이다. 구성원들의 마음의식이 발전적으로 의식이 변화하고 발전되는 사회는 건전해가며 리더자를 따르고 각자의 숨어 있는 마음의 자원이 사회를 발전적으로 만들어가게 될 것이다.

26

자갈밭을 흙밭으로

 인간이 세상에 태어나 빛을 보게 된 것은 축복이다. 우리의 아이들이 태어난 것도 축복이다. 세상에 살고 있는 가난한 사람도 부자들도 누구도 관계없이 모두 축복을 받으며 세상에 태어났으며, 행복을 누릴 수 있는 권리를 가지고 있다. 누구나 축복을 받을 권리가 있으며 행복할 권리가 있다. 사랑받을 권리가 있다. 단 그것을 어떻게 찾아서 내 행복으로 취할 수 있는가를 모를 뿐이다. 외면의 눈에 보이는 자유를 누릴지언정 내면의 자유는 꽁꽁 묶여서 풀지 못하고 살아가는 경우이다. 우리는 그것을 찾기 위해서 그것이 무엇인지도 모르고 살아가며 힘들어하고, 나는 왜? 라는 말을 외친다. 정확하게 답을 얻지는 못해도 살아가면서 경험적으로 조금씩 깨우쳐가는 실정이다. 그 깨우쳐가는 과정을 빨리 알면 좋겠지만 늦어서 알쯤 되면 벌써 많은 세월이 흘러 나이가 한참 든 후에 깨우치게 되고, 좀 더 빨리 알았으면 하는 후회를 하게 되는 경우가 많다. 그 깨우쳐가는 것이 마음의 밭을 가꾸어가는 것을 말한다.

밭을 가꾸는 것은 농부만 하는 것이 아니다. 마음의 밭을 가꾸어가는 것은 평생 해야 하는 과제다. 우리는 살아가면서 자기 본인의 마음에 밭에 무엇을 심고 있는지를 모르고 살고 있다. 농부는 후일에 어떤 결과를 얻을 것인지를 알고 기약을 하고 농사를 짓는다. 눈에 보이는 결과의 농사이다. 내면의 마음의 밭농사는 1년, 2년, 3년을 해도 어떤 작물의 결실이 나올 것인가를 들어내기가 어려운 것이 마음에 밭농사 일이다. 농사일도 자연의 운을 얼마나 받았는가가 한 해 농사의 수확을 결정하기도 한다. 내 마음에 밭에 농사를 짓는 것도 내가 얼마나 어떻게 농사를 지어가고 있는가가 노후의 삶을 여유롭게 살 수 있는가, 궁핍하게 살 수 있는가로 결정된다.

밭을 일구는 일은 농부가 한 해 수확을 위해 밭을 가꾸는 것과 같이 마음에 밭을 가꾸는 것은 한 해 농사를 짓는 농부보다 더 힘든 일이다. 농부가 농사를 짓는 것은 한 해의 결실이라고 할 수 있지만 마음에 농사를 짓는 것은 한 해뿐 아니라 죽을 때까지 하는 것이 마음에 농사를 짓는 것이다. 마음에 밭에 좋은 씨를 심는 것은 좋은 생각을 많이 하고, 자기 자신을 사랑하는 일로서 남을 사랑하는 것보다 어려운 것이 나를 사랑하는 일이다. 자기의 마음을 다스리는 일은 천금을 얻는 것보다 어렵다는 것을, 타인의 눈에 보이는 중심에서 자신 내면을 중심으로 마음을 쓴다는 것을 말하며, 많은 시간과 인내가 필요하다. 마음을 밭으로 표현하는 것은 마음에 밭이 그만큼 평생 나의 삶과 연결되기 때문에 중요하다는 것이다. 과연 내 마음의 밭은 어떤 밭을 일구고 있을까?

씨앗이 잘 자랄 수 있는 좋은 밭으로 가꿔가고 있는가. 모래밭일까, 돌밭일까, 자갈밭, 흙밭일까, 잡초가 우거진 버려진 황무지일까? 아직 무슨 밭을 가지고 있는지 모른다면, 아직 그런 생각을 해본 적이 없다면, 나는 나를 잘 안다고 말할 수 없을 것이다. 요즘 살아가는 데 힘이 든다던가, 하는 일이 순조롭게 잘 풀어지지 않는다면 마음의 밭이 아직 수확할 때가 안 되었다는 것이다. 가정생활이 순탄치 않다면 마음에 심고 있는 밭농사가 탐탁치 않다는 것을 말해준다. 나에게만 이런 어려운 일이 생기는 건가, 라고 생각한다면 내가 무엇을 어떻게 해야 하는지를 모르고 살아가기 때문일 것이다.

지금 현실 속에 내 생각 속에 들어가 봐야 한다. 무엇을 갈망하고 있는지를, 무엇을 생각하고 찾고 있는지를 알아가는 것이 시작이다. 대부분 나를 중심으로 생각하기 때문에 남들은 나와 같은 생각을 하지 않고 나만이라는 단어에

함몰되어 힘들어하며 살아가는 내 중심적 생각으로 뭉쳐 있기 때문이다. 삶이란 보다 좋은 환경에서 자유를 누리는 삶을 추구하고, 보다 좋은 것을 지향해가는 것이며, 목표가 있는 삶은 누구보다 잘 살아가고 있다는 증거가 될 수 있다. 나는 어떤 목표를 가지고 살고 있을까? 과연 그 목표는 나에게 잘 어울리는 목표일까? 그 목표를 달성할 수 있을까? 누구나 목표는 있지만 그것을 향해서 가는 길은 쉽지만은 않을 것이다. 나는 반드시 해야만 하고 할 수 있는 자신감은 어떤 믿음이라는 마음에서 나온다. 마음 중심인 내면의 힘에서부터 시작되며 자의 마음과 내 마음이 일치하는 방향성이 중요하다.

농부는 씨앗을 뿌리기 위해서 밭을 갈고, 거름을 주고, 비가 오면 물이 잘 빠지도록 도랑을 치고 뿌리가 잘 자랄 수 있게 두툼하게 둑을 쌓고 물이 잘 빠져나갈 수 있도록 골을 잘 내주고, 비바람이 불면 넘어지지 않게 지지대를 세워서 정성껏 키울 것이다. 이렇게 정성 들여 뿌려진 씨앗은 자연이라는 속에서 바람과 햇볕을 받으면서 잘 자라서 농부에게 커다란 기쁨과 수확이라는 달콤한 열매를 안겨줄 것이다. 누구나 알고 있듯이 풍년을 맞이하기 위한 씨앗은 좋은 밭인 옥토에서 씨앗이 더 잘 자라며, 농부의 정성과 마음가짐으로 잘 키우는 씨앗이 더 좋은 결실로 보상을 받게 해줄 것이 명백한 사실이다.

　과연 내 마음의 밭은 어느 쪽에 해당될까? 나는 지금 농부가 농사를 짓듯이 내 마음의 밭에 정성을 들여서 잘 가꿔가고 있다고 자신 있게 말할 수 있을까? 있다면 벌써 깨우치며 나를 찾았다는 것이며, 나를 잘 안다는 증거일 것이다. 나는 무슨 생각을 하며 살고 있는가? 내가 지금까지 겪고 있는 모든 일련의 일들은 지금 내가 끌어당기고 있는 내 현실임을 아는 것이 나의 지금의 현주소이다. 나는 무엇을 갈망하고 추구하고 있는가를 자신에게 물어봐야 한다.

　생각이 바뀌면 세상이 바뀌어 보인다는 것을 알지만 실행하는 것은 또 다른 문제다. 배우고 익히고 터득하고 깨우침의 지식 하에서 감지해야 한다. 생각은 씨앗이다. 좋은 생각을 평소에 많이 하고 살면 그 씨앗은 하나둘씩 마음의 밭에 차곡차곡 쌓여서 좋은 결실로 자라게 된다. 우리 마음은 선과 악을 가지는 마음이라서 불쑥불쑥 튀어 올라오는 비판적인 생각을 억누르고 관리할 수 있는 마음을 가지기는 매우 힘들고 어렵다. 그 마음은 우리 마음에 항상 같이 공존하며 우리가 잘 다스려야 할 마음으로 생각해야 한다. 그 마음을 관리하겠다고 억누르면 더 힘든 생활이 될 수 있다. 옳은 생각이나 그릇된 생각이나 다 같은 에너지장의 힘을 가지고 있다. 솟아오르는 생각은 내 스스로 잘 관리가 되지 않지만 마음의 평온함을 찾으면 올라오는 횟수가 작아질 수 있다. 관리하고 억제하려고 생각하는 자체가 시간 낭비이다.

 부정을 피하려 하지 말며 피하려고 애를 써서도 안 된다. 그때마다 감사로 희석시켜 주는 습관화가 필요하다. 억누르고 관리하는 것은 더 큰 스트레스로 올라오며, 올라오는 생각은 그대로 두어야 하며, 마음에 여유를 가지며 올라오는 생각을 반드시 꼭 감사로 답을 해줘야만 한다. 답은 듣는 생각은 서서히 응답을 해주기 시작할 것이다. 그렇게 인위적인 반복으로 계속하게 되면 몸의 변화를 감지하기 시작할 시점이 찾아오게 된다. 마음의 평온함을 찾게 되며, 올라오는 생각이 점점 줄어든 것을 경험적으로 느껴가기 시작하게 된다. 내 마음의 밭은 어느 단계에 있는가를 지금 이 시간을 통해서 안다면 시작이 반이고, 앞으로 어떤 밭으로 내 마음의 밭을 이끌어가야만 옥토밭은 아니더라도 흙밭으로 바꿔갈 것인가를 심히 생각하고 또 생각해야 할 것이다.

 자신의 길은 자신 스스로가 결정을 해가는 것이다. 자식이나 남에게 강요해서는 안 된다. 모든 것은 스스로 깨우침으로 알아가야 하는 것이다. 좋은 씨가 자라면 좋은 열매가 맺어 나타날 것이고, 나쁜 씨앗이 자라고 있다면 나쁜 열매가 맺어 나타날 것이다. 밭에 씨를 뿌린다는 것은 마음을 수양시키는 과정이고, 습득해서 결과로 나의 마음의 밭이 옥토가 되기 위함이다. 잘 자라기 위해서는 정성과 노력의 결과로 밭의 토양이 건실해져야 결과물도 만족할 만한 결실로 나타나게 될 것이다. 생각의 밭이 옥토인지 자갈밭인지 마음의 마인드를 바꿔주는 것이 전환점의 시작됨을 알며, 노력은 항상 마음에서부터 시작되는 첫 삽이 되어준다.

27

흔적

아침에 導(도)를 들으면 저녁에 죽어도 좋다. 윤봉길 의사의 말이 있다. 간절하게 바라던 것이 이루어지면 더 이상 여한이 없다, 라는 말이다. 윤봉길 의사의 사명을 여기에서 볼 수 있다. 사내대장부는 집을 떠나 뜻을 이루기 전에는 집에 돌아오지 않는다, 라고 말을 남기고 실천했던 분이시다. 공자의 사상은 인간과 인간 사이에서 도를 행하고 예를 지키는 인간 기본권적 본연의 사상이며, 뉴턴이 물리학적인 근거를 두었다면, 예수의 사상은 인간과 신의 관계의 사상이며, 양자물리학의 미지의 신의 세계를 말하며, 영혼의 마음이 곧 신이다, 라는 차이를 두는 사상으로 우리에게 교훈을 주고 있는 사상적 학문에 근거를 둘 수 있다.

인간은 누구나 세상에 온 이유가 있으며, 가지고 온 자기의 사명을 경험을 통해서 성공도 하고, 실패도 하고, 시련과 고통 속에서 찾아가며 하나하나 실천해가고 있는 것이다. 일찍 사명을 찾는 사람도 있고, 늦게 사명을 찾는 사람도 있다. 사람은 누구나 사명을 찾아가며 흔적을 남길 것이고, 사명을 찾지 못한 사람도 있을 것이다. 지구에 왔다 가는 것이 흔적이라면 그 흔적이 남겠지만 더 큰 흔적을 남기는 사람도 있다. 어떤 사람은 그림을, 어떤 사람은 글을, 어떤 사람은 명예를, 어떤 사람은 예능을 흔적으로 남기고 돌아간다. 각기 다른 흔적으로 남기며, 후대 사람들 누군가는 그 흔적을 보고 세상 속에서 자기의 삶에 보탬이 되는 삶을 살아가려고 노력을 하게 될 것이다.

그 흔적이 유산이며 기록이다. 사람은 누구나 나는 무엇을 남길까를 한 번쯤은 생각하게 된다. 누구나 한 번쯤 해본 생각이며, 스스로부터 질문을 하고 있을 것이다. 또한 마음에 다짐을 할 것이다. 다 같은 마음일 것이며, 항상 옆구리가 허전하고 채워지지 않는 공허함을 가지고 사는 것은 손에 잡히지 않는 존재자의 실체가 실체의 의문을 가지고 있기 때문이다. 육이 이승을 떠날 때 아무것도 남김이 없다면 그것이 더 허망할 것이다. 무엇을 남기기 위해서 살아가는 목적을 두어야 할 것이다. 재산을 남기는 것은 자식에게 좋은 일인 것이다. 이름을 남기는 것은 후대에 기억되게 할 것이며, 책으로 지혜의 흔적을 남긴다면 후세에 그 지혜를 이용하는 이에게 또 다른 지혜가 되어 또 다른 지혜의 기록의 흔적을 남기게 될 것이다.

사람은 생각하고 생각하게 되면 아이디어가 창출되며, 그것을 실행하면 창조물이 되어 우리 앞에 나타난다. 그것이 우리가 말하는 창조물이다. 사람들은 누구나 창조를 하고 창조물을 만들어내며 살고 있다. 창조를 대단한 것으로 생각하는 자체가 잘못된 생각을 하고 사는 것이다. 창조란 내가 생각하는 자체가 창조다. 무엇이든 시작이 있듯이 창조를 해내기 위해서는 생각이 창조가 되어야만 그것이 눈에 보이는 결과물의 창조물이 되지만 생각도 하지 않는 창조물은 있을 수 없다. 생각을 하지 않고는 창조물이 탄생해낼 수도, 할 수도 없기 때문에 생각은 아주 위대한 창조물이 된다.

그 생각을 누구는 글로 표현할 것이고, 누구는 영화로, 누구는 드라마로, 누구는 노래의 가사로 내가 살고 있는 현장에서 적용되고, 생활에 불편함을 편리하게 해결해내는 것이 창조물이다. 창조를 대단한 것으로 생각하는 자체의 고정관점을 바로 서게 해야만 우리 사회에 편리하게 사용될 창조물이 더 많이 태어나게 될 것이다. 누구나 다 하고 싶은 소원이 있을 것이며, 지금 시행하고 있을 것이다. 무엇이 있을까를 생각하기 전에 무엇을 할까를 생각하며 생각을 창조물로 나타나게 할 수 있는 것이 현실 창조이다. 생각 자체가 창조물이며, 자기의 생각을 흔적으로 남기는 일이 창조이다.

28

감사는 내 삶의 에너지다

　인생을 살다 보면 어려운 시련에 봉착하게 되는 경우가 있다. 이럴 때 누구를 찾게 된다. 부모님이나 친척, 친구 등 아는 지인들을 생각하게 한다. 또한 신을 찾게 된다. 누구를 원망하고 좌절하고 비관과 후회를 하며, 아무도 내 곁에 없다는 것에 책망을 하고 비관을 한다. 이런 생각을 하고 누군가에게 의지하려고 생각을 가지고 있다면 지금 많이 힘들어하고 있다는 것이다. 인생은 빈손으로 혼자 와서 열심히 일하고 수고하고 개척하고 창조하고 멋진 삶을 살다가 갈 때도 혼자 빈손으로 간다. 누구로부터 의지하는 나약함의 자세는 부정의 기를 모으는 경우로, 그 부정의 결과는 나중에 나의 현실 앞에 나타나게 된다는 것을 알고 있다면, 그 근본의 마음을 고쳐 새로운 마음으로 본인 스스로 찾고 해결하고 구하고 노력하고 개척해 나가야 한다. 누군가를 의지한다는 것은 부족함과 결손함은 그 결손함을 더 만들어내며, 나를 더 나약한 나로 만들어내는 내 자신이 된다. 내가 찾고 구하고 자신감을 가지고 꿋꿋하게 헤쳐 나가는 지혜를 가져야 한다. 그 지혜는 감사의 에너지이다.

걱정으로부터 자유로워질 수 있는 것은 감사이다. 감사는 우리 몸을 이완시켜 주며, 걱정을 희석시켜 주며, 몸뿐만 아니라 뇌의 건강도 챙겨주는 역할을 한다. 반복되는 일은 지루함을 느끼게 한다. 가슴 뛰는 사랑은 뇌의 기능에 활력을 준다. 가슴 뛰고 재미있는 일을 한다는 것은 기의 흐름을 더 좋게 하며, 기의 흐름은 활력을 주며, 운이 들어올 수 있는 문을 열어주는 역할을 한다. 누구와 인연을 맺든 가슴 뛰는 일을 찾아서 해야 한다.

가장 어렵고 힘들 때 감사의 지혜를 깨닫는 것은 큰 힘이 되어준다. 감사는 영혼이 가지고 온 근본의 에너지이고 힘이다. 가장 힘들게 하는 그것에 감사를 해야 한다. 감사 속에는 자비와 사랑의 에너지가 들어 있어서 내 마음을 치유해주는 역할을 해준다. 감사의 지혜에 눈을 뜬다는 것은 세상이 밝게 보이기 시작한다는 것이다. 세상이 밝게 보인다는 것은 내가 가야 할 방향이 보인다는 것이다. 그 방향으로 가면 결과는 천천히 현실로 나에게 창조물이 되어 선물로 돌아온다는 믿음이 바탕이 되어 있어야 한다.

인생은 방향이다. 방향만 잘 감지하고 그쪽으로 간다면

좋은 결과는 자동적으로 나에게 들어온다. 외면의 마음은 결과에 환호하지만 내면인 영혼의 마음은 과정과 실행이 진행되어지고, 애쓰고 깨우침의 모습이 더 중요하다는 것을 알아야 할 것이다. 이 과정이 긴 과정을 걸쳐가는 사람도 있고, 짧은 과정을 걸쳐가는 사람도 있다. 초년에 성공해서 말년에 고생하는 사람이 있는가 하면, 초년에 고생해서 말년에 행복을 누리는 사람도 있다. 그것은 각자의 타고난 운명보다 얼마나 일찍 깨우침을 얻고 실천을 해왔는가가 중요할 것이다. 초년에 성공한 사람은 물질적 부의 성공은 이루어졌을지라도, 내면의 마음에 감사의 부를 쌓지 못한 경우라면 그 부는 오래 가지 못할 것이다.

이부의 부는 내면의 부를 따라간다. 즉 내부의 부가 중요함을 말해준다. 내부에 부를 쌓는다는 것은 육이 한 차원 더 성장하는 길을 열어주어야 가능한 일이다. 영혼의 마음 속에는 무한한 지성과 지혜가 담겨 있다. 하늘에 부를 쌓아라, 하면 어떤 사람은 막연하게 하늘을 쳐다볼 것이고, 어떤 사람은 내면의 자로 마음을 돌릴 것이다. 하늘에 부는 지식이고 지혜이다. 그 감사의 지혜를 경험하고 발견하지 못하고 생을 마감하는 경우가 다반사다. 그 길은 좁고 협착하여 소수인만 가는 길이다, 대부분의 사람들은 넓고 가기 쉬운 많은 사람이 가는 다반수의 길을 선택해 따라간다. 우리가 세상을 살면서 수많은 사람들을 만나지만 서로에게 자기 마음을 비춰 보여주는 사람은 극히 드물다. 속마음은 항상 따로 숨겨놓고 겉만 보여주는 삶을 살아간다. 인간은 항상 자기중심적인 동물이기 때문이다. 인간은 서로에게 필요하지 않으면 상처를 주고 무시하고 그 사람을 딛고 일어서려는 경향의 심리적인 악의 요소를 가지고 있다.

　내가 잘 되기 위해서는 남이 잘 되어야 함은 우리 마음의 기본 바탕으로 만들어져 있는 것을 모르는 행동이다. 내면의 마음에 또 다른 나가 있다는 것을 모른 채 사는 사람들이다. 외부로 보이는 것에만 눈을 뜨고 그것이 전부처럼 행동하는 것은 감사의 진실을 모르는 행동이다. 내면에 한 사람이 또 있음의 자체를 모르고 망각하고 까맣게 잊고 있는 자체를 모르고 살아간다. 남과 경쟁하는 것에 비중을 두는 것보다 자신의 나와 내가 경쟁하는 것이 더 힘들고 어렵다, 는 것을 알지만 실천하기는 매우 힘들다. 머리로는 알지만 마음으로는 안 되는 것이 삶이다. 우리는 긴 인생 여행길을 가고 있다. 누군가 이런 말을 했다. 머리에서 마음까지 가는 길이 가장 먼 길이라고. 자기 자신과 경쟁하는 것이 남과 경쟁하는 것보다 힘들다. 목표가 뚜렷한 사람은 생활에 활기가 넘친다.

아침 기상과 함께 감사로 시작해서 잠자리에서 감사로 마무리를 한다. 내가 지금 힘든 곳에 있다면 있어야 할 곳에 있는 것이고, 겪어야 할 시간적 차원에 있는 것이다. 그 힘든 상황을 피하기보다 이 힘든 날보다 더 좋은 자리를 주기 위함임을 감사로 받아들여야만 마음에 위안을 받고 견디어낼 수 있다. 더 나은 좋은 것을 찾아주기 위한 바로 있어야 할 곳에 있는 것으로 생각을 정리하게 되면 감사는 더 깊은 감사로 채워진다. 이런 모든 힘든 과정들이 그냥 건너뛰어 넘어갈 수는 없다. 내가 이 과정을 겪어내고 순응하고 이겨내야 다음 단계가 진행될 수 있다.

그 자체를 감사로 받아들이고, 그 자리에서 또 다른 지혜를 얻어갈 수 있다면 그것이야말로 본인에게 성장으로 가는 길이고, 육의 깨우침 과정의 하나이다. 이런 모든 것들을 좀 더 수월하게 대처하고 보낼 수 있는 것은 마음에 달려 있다. 스스로 해야 하고, 또 스스로 하지 않아도 큰 문제는 되지 않는다는 것도 깨우쳐 알아야 한다. 육이 깨어 있는 경우에는 이쯤에서 무엇을 선택해야 하는지를 감지하며 스스로 알게 되는 계기가 될 수 있다. 이것들이 모두 내 영혼의 삶이 될 것이다. 내 영혼의 삶을 이끌어내는 것은 외면의 의식이며, 외면의 생각이 영혼의 삶에 영향을 준다는 것은 필히 잊어서는 안 되며, 결국에는 영혼의 삶이 내 삶의 현실의 터가 됨을 잊어서는 안 된다.

감사는 기회를 끌어당기는 힘이 있다. 기회는 준비하고 기다리고 있는 자들의 것이다. 기회는 항상 우리 곁에 있지만 인지를 못하고 있을 뿐이다. 마음을 새로 다스리고 스스로 마음가짐을 달래줘야 한다. 감사의 지혜의 눈을 가질 수 있는 감사는 무한한 지혜의 능력을 가지고 있다는 것을 아는 것은 또한 힘이고 에너지다. 인간은 스스로 성장 과정을 겪으며 그것에 순응하며 긍정의 마음 자세로 삶을 개척해가며 살아가야 한다. 누군가가 아군이 되어줄 사람이 있다면 좋을 것이다. 그것이 지혜 있게 살아가는 방법이다. 항상 좋고 밝은 길만 있을 수 없는 것이다. 굴곡의 사이클을 잘 탈 줄 아는 것이 인생이다. 실패도 좌절도 괴로움도 동반되며, 그것을 극복하고 견디고 인고의 시간을 보내며 잘 극복해가는 것도 또한 감사의 지혜다.

감사는 변화를 가져다준다. 내가 변하거나 주위 환경으로부터 자연스럽게 변화를 겪을 수도 있다. 이사를 한다던지 인테리어, 직장이직, 취업, 이혼, 성형, 연인과 헤어짐, 부동산시험, 꽃꽂이, 주식하기, 동아리모임, 춤, 골프, 혼자 독립, 책읽기, 글쓰기, 고향을 떠남 등 병이 들어오는 것도, 병이 나가는 것도, 죽고 사는 것도 다 감사다. 큰 변화는 운이 크게 바뀔 수 있음을 의미한다. 좋은 것도 운이고 안 좋은 것도 운이다, 이런 움직임의 변화로 다른 사람을 만나고 다른 환경에서 그에 맞는 새로운 운이 들어온다. 우리는 무엇을 원하고 바라고 산다. 원하는 것의 연속이라는 테두리 안에서 무엇을 원하며 갈망하고 살아간다. 감사의 마음은 마음이 가는 대로 운도 같이 움직인다. 마음이 강한 사람은 운을 끌고 갈 것이고, 마음이 약한 사람은 운이 나를 끌고 갈 것이다. 운에 끌려가는 사람보다 운을 끌고 가는 사람이 되어야 한다.

　운이 저절로 들어오는 것은 아니다. 움직이고 변화를 감지하는 사람한테 운은 다가온다. 좋은 것 뒤에는 나쁜 것이 숨어 있고, 나쁜 것 뒤에는 좋은 것이 숨어 있다. 항상 같이 공존하기 때문에 지금 나쁘다고 해서 계속 나쁘지 않다는 것이다. 나쁜 것은 좋은 것이 오기 위한 시작점이다. 운이 들어오는 문을 열어주는 것은 본인 자신이 추구해야 하는 감사뿐이다. 현재 힘들고 어려운 상태에서 가장 빨리 탈출할 수 있는 것은 감사뿐이다. 감사는 지친 마음을 치유해주고 용서해서 벗어나게 해주며, 다른 삶으로 전개해갈 수 있는 희망을 주며, 감사는 부처님과 같은 자비가 숨 쉬고 있으며, 예수님과 같은 사랑이 담겨 들어 있다. 감사는 부정의 세포를 긍정의 세포로 바꾸는 역할을 하며, 감사는 건강을 치유하며, 부의 운이 들어올 문을 열어주는 에너지를 가지고 있다.

　내부의 마음에는 감사의 부가 숨어 있으며, 사람을 끌어당기는 에너지를 함축하고 있어 귀인을 끌어당겨 준다. 귀인을 찾아다니는 것보다는 내가 귀인을 끌어당겨야 한다. 귀인은 물질을 끌어당기는 성질의 힘을 가지고 있으며, 새로운 재능을 창조해내는 힘도 가지고 있다. 감사의 에너지 속에는 재능의 물질이 숨어들어 있으며, 태양과 같은 에너지가 들어 있다. 경제적 자유를 가질 수 있는 터를 마련하게 해준다. 인생의 전환점이 생기게 해준다. 인생의 전환점을 맞이할 수 있는 것은 육의 생각이 깨어 먼저 준비되어 있어야 한다. 덕은 마음의 하늘에 쌓는 것이며, 본인 스스로만이 해낼 수 있는 힘과 감사와 사랑만이 지혜가 있는 감사의 테두리 안으로 들어갈 수 있게 만들어준다.

29

말씀이 곧 하나님

　말이 씨가 된다는 말이 있다. 예로부터 내려오는 말은 틀리지 않는다. 세상에 태어나서 죽을 때까지 말을 하며 생각을 하며 상상을 하며 갈망을 하며 살아간다. 말의 의미를 잘 모르고 말이 말인 것처럼 막하는 사람의 말이 있고, 말을 가려서 하는 사람의 말이 있다. 의문의 말은 진행형으로 완료형으로 바뀔 때까지 에너지를 함축하며 진행되어 간다. 나는 새로운 재능을 창조해낼 수 있다, 라는 단어는 오랫동안 생각으로 연결되어 마음으로 심어진 에너지는 신기하게 재능으로 창조해낸다. 이것이 말의 힘이다. 말은 육에서 나온 말이며, 말씀은 영혼의 혼으로부터 나온 내면의 말씀이다. 말씀으로부터 나오는 재능은 물질로 연결되며 풍요를 가져다준다.

　물은 생명이다. 물은 우리 몸을 구성하고 있는 생명의 자원이다. 물 좋고 산 많은 좋은 나라 금수강산에 산 우리는 물의 중요성을 모르고 물을 퀼퀼 사용하며, 고마움을 모르고 당연하게 사용한다. 물의 소중함과 고마움을 못 느끼며 살아가고 있는 현실이다. 좋은 물은 육각형 구조를 가지고 있다고 한다. 그래서 물을 육각수라고 말한다. 일본 사업가 에모토 마사루가 쓴 〈물은 답을 알고 있다〉에서 말과 감정 에너지가 물체에 미치는 영향에 대해서 서술한 책이다. 물을 용기에 담고 고마워, 사랑해, 하면 물은 육각형의 물 구조를 가지고 있다. 다른 용기에 물을 담고 너는 바보야, 악마야, 하면 물의 구조가 찌그러진 구조를 보인다고 한다. 두 개의 용기의 물은 분명하게 차이가 있었다는 실험 결과였다.

우리의 몸은 70~80%가 수분인 세포로 구성되어 있다. 긍정의 말을 많이 하고 듣고 사는 사람의 세포와 부정적이고 비판적인 사람의 세포구조는 분명하게 다르다는 것이다. 식사를 할 때나 물을 마실 때 반드시 좋은 말과 바른 행동으로 사랑해, 고마워, 라고 하며 마셔야 한다는 것이다. 화가 난 상태에서 밥을 먹으면 그 음식물은 소화를 잘 시키지 못한다고 한다. 화난 상태의 식사는 독약을 먹는 것과 같다고 해서 밥 먹을 때는 강아지도 안 건드린다는 말이 있다. 우리 세포는 기분이 나쁘면 수축되어 기능을 저하시키고, 소화기능을 상실하는 경우가 생겨 소화에 장애를 준다고 한다. 말에는 에너지라는 씨가 있어서 믿음이 있는 말은 우리 주변에 좋은 반응을 주고 있다는 것이다. 무수하게 자라고 있는 말의 씨를 잘 다루는 습관화된 어법이 필요하다는 것이다. 무엇을 하던 감사의 마음으로 감사를 가득 채워서 긍정의 에너지를 듬뿍 받아 건강도 찾고 행복도 찾았으면 좋겠다.

　세상은 말과 언어에 반응한다. 말과 언어와 생각은 상상의 씨앗이다. 말은 생각을 지배한다. 우리는 시도 때도 없이 생각이 올라오는 것을 경험했을 것이다. 이런 현상은 아주 자연스런 현상이다. 육은 선과 악을 존재하게 만들었기 때문이다. 부정의 생각이 올라올 때면 순간적으로 그 생각에 지배되어 몰입 속으로 빠져들어 간다. 우리 몸의 구성은 70~80%가 수분인 세포조직으로 채워져 있기 때문에 이 세포조직은 긍정적일 때와 부정적일 때의 반응이 삭기 나르게 나타난다. 부정적인 세포는 활동성이 줄고 늘어지며, 활동을 원활하게 하지 못하고 쇠퇴한다고 한다.

　비판을 하면 비판의 에너지를, 질투를 하면 질투의 에너지를, 미워하면 미움의 에너지들이 세포에 미치는 활동 결과는 엄청 크다는 것이다. 우리가 일상에서 겪어봤듯이 누구를 미워하게 되면 그 미움이 점점 더 커진 것을 분명하게 경험해봤을 것이다. 우리 몸의 반응 물질이 먼저 응답을 해준다. 소화가 잘 안 되던가, 가슴이 답답하던가, 밤에 잠을 설치던가, 일의 능률이 떨어지던가, 아침이면 일어나기가 힘들고, 이런 반응 물질은 우리 몸에 미쳐서 몸의 세포 활동을 저하시키고 있다는 증거이다. 몸은 모든 것에 먼저 반응해줌을 알아야 한다. 우리 몸은 거짓말을 하지 않고 몸으로 반응하며 그만을 외친다. 항상 몸이 찌뿌듯하고 어깨도 아프고 머리도 지근지근 눈이 밝지 못하고 흐리며 항상 피곤함을 느낀다.

스스로 긍정의 에너지를 많이 받는 생활습관이 필요하다. 내가 말하는 말과 생각과 상상은 씨앗이 된다. 나쁜 씨앗을 키울 것인가, 좋은 씨앗을 키울 것인가는 나 스스로가 하는 말에 달려 있다. 바른 행동과 바른 실행과 말은 씨앗의 밑거름되어 우리 몸의 변화를 가져온다. 우리가 일상생활에 적응되어 살아온 세월이 길어서 금방 고쳐지거나 해방되기는 매우 어렵다. 하루에 1,000번 이상 감사하기는 우리 몸을, 뇌를 세뇌시키는 습관화시키는 작업이다. 어색함만 생겨서 하기가 매우 힘들지만 습관화되면 어색함이 사라지고 점점 자연스럽게 몸이 받아들이기 시작한다.

부정을 긍정으로 바꿔줄 수 있는 것은 감사라는 말이다. 긍정의 말을 하므로 부정의 생각을 희석시킬 수 있다. 부정의 생각이 올라올 때마다 감사로 답을 해주는 습관을 길러야 한다. 아무 생각도 안 했는데 올라오는 생각은 악의 존재가 더 강하게 몸의 세포를 지배하고 있기 때문이다. 그것이 에고이다. 자연적으로 나도 모르게 불쑥 올라오는 것은 에고이며, 생각해서 올라오는 것은 말이다. 생각은 생각이고 말은 말이다. 감사는 말이다. 감사는 의도적으로 해야지 하고 하는 말이며 확언이다. 의도적으로 생각을 해서 하는 생각의 말은 말에 속한다. 말은 생각을 지배한다. 생각만 하고 말을 하지 않을 수도 있기 때문이다.

 의도하지도 생각하지도 않는 말이 의지와 관계없이 내면에서 올라오는 말은 신의 말씀이시다. 이 말씀에는 신의 말과 사탄의 말이 혼존하는데 긍정의 말과 부정의 말로 나누어진다. 두 개의 말씀은 항상 같이 공존하며 누가 더 지배를 하느냐에 따라서 내 행동이 다르게 행동을 한다. 이중 긍정의 말이 들어온다는 것은 내 자신이 긍정의 세포에 가깝다는 것이며, 부정의 말이 들어온다는 것은 부정의 기에 세포가 물들어 있다는 것을 의미한다. 말은 창조의 힘을 가지고 있다. 성경에 보면 태초에 말씀이 계셨으니, 그 말씀이 곧 하나님이라, 고 말하고 있다.

 말하고 생각하고 상상하고 설계가 마무리되면 실행해 가

공하면 창조물이 나온다. 상상과 실행과 행동하는 것은 씨앗의 결과물이다. 말이 하나님이다, 라고 했듯이 우리가 무심코 말한 말은 그 누구에게는 큰 상처가 되고 아픔이 된다. 그 아픔은 또한 반드시 나에게 다시 돌아오고, 부정의 말은 부정으로, 긍정의 말은 긍정으로, 미움의 말은 미움으로 다시 나에게 돌아오며, 부정의 에너지를 그만큼 많이 받게 되면 우리 세포조직은 활동이 저하되고 쇠하게 되어 병으로 나타난다. 내가 한 말에는 내가 한 말대로 말에 에너지가 있어서 반드시 말대로 되어지는 행하여지는 말은 에너지의 힘을 의미한다.

세포조직이 활력을 얻고 즐거움을 갖고 행복한 삶을 누리기 위해서는 긍정의 말을 많이 하고, 항상 감사의 마음으로 웃으며 살아야 감사로 가득 채워져 더 큰 감사가 들어오게 된다. 감사는 긍정의 호르몬이다. 긍정의 호르몬이 우리 몸에 계속 축적되면 긍정의 세포가 건강한 몸으로 유지시켜 준다. 자기 복은 자기 스스로 받는다는 말이 있듯이 말이 가지는 의미는 말의 힘을 알고 사용해야 하며, 말은 누가 주거나 대신해주는 것이 아닌 자신의 말에 자기 스스로 복을 받을 수도, 복을 차낼 수도 있으므로 스스로에게 달려 있다.

스스로부터 절제되어야 하는 말

1. 배 터져 죽겠다.

2. 배 불러 죽겠다.

3. 힘들어 죽겠다.

4. 지긋지긋하다.

5. 죽고 싶다.

6. 짜증나.

7. 너 그럴 줄 알았어.

8. 나는 안 돼.

9. 잘 되는 게 없네.

10. 나는 왜 이래.

30

세상은 꿈이다

우리는 꿈을 꾸며 산다. 밤에 꾸는 꿈도 꿈이고, 미래의 꿈도 꿈이고, 내가 사는 세상도 꿈이다. 꿈은 희망을 가지며 희망의 꿈은 반드시 노력하지 않고서는 이루어낼 수 없으며, 인내와 끈기와 시련과 고통의 아픔이 있어야 그 꿈을 이루어내게 한다. 육은 반드시 어려운 시련의 과정을 겪고 나서도 깨우친 육이 반이고, 못 깨우친 육이 반이다. 어리석은 육은 자기를 지배하려고 한다. 남을 지배하려고 한다. 장자 자리를 팔았으면서 장자 노릇을 하려고 한다.

성경중문 요약본에서

오늘 내게 맹세하라. 에서가 맹세하고 장자의 명분을 야곱에게 판지라 야곱이 떡과 팥죽을 에서에게 주매 먹으며 마시고 일어나 갔으니 장자의 명분을 가볍게 여김이었더라.

육은 많은 고통과 시련의 세월이 흘러서야 깨우치지만 죽을 때까지 깨우침을 얻지 못하고 죽는 경우도 많다. 큰 고통의 시련을 당하고서야 깨우치는 육도 있지만 망각의 동물이라 잊어버리는 경우가 많다. 우리가 살고 있는 이 땅은 신이 짜놓은 거대한 울타리 테두리에서 벗어날 수 없는 구조를 가지고 있는 세상에 살고 있다. 그 울타리에서 빠져나가려고 하면 더 올가미가 다가오고 목을 조여올 것이다. 현실은 변화하는데 나는 따라가지 못하고 있다면, 내 주변의 변화에 내가 수긍하지 못하고 있다는 것이다. 시대의 변화 속으로 빠져들어 더 힘든 삶이 전개될 수 있다. 어려운 과정을 겪어야만 깨우침을 얻게 되는 것이 육의 본질이다.

세상은 내가 원하든 원하지 않던 흘러간다. 흘러가는 세월 속에 누가 먼저 깨우침의 길로 들어서서 가느냐에 따라서 인생 삶의 질의 고달픔이 달라진다. 신은 거대한 우산으로 인간의 머리 위에 보호막을 쳐놓고 그 안에서 생활하고 즐기도록 방목해주셨다. 그 우산 속에서 벗어나려 하는 사람들은 그 테두리 우산 속에서 벗어나기 위해서 한 발짝 한 발짝 우산 모서리로 다가간다. 다가가 보지만 벗어날 수 없는 것을 알지 못한다. 그래서 계속 우산 모퉁이 쪽으로 다가간다. 우산은 너무 거대하고 커서 가도 가도 끝이 없는 길이다. 육은 끝이 없는 길인지 모른다. 그 길이 그 끝이 죽음과 맞바꾸게 된다는 것을 죽음 앞에서 그때서야 비로소 알게 된다. 육이 죽어야만 신의 우산 위에 있는 세상을 볼 수 있다. 신의 울타리 테두리에서 벗어남은 죽음 뒤에 또 다른 세상이 있음을 알게 된다.

인생은 꿈이다. 꿈은 허망하다. 꿈을 꾸다 깨고 나면 허망하다는 것을 안다. 인생 허망하다는 말이 있듯이 인생도 허망하다. 꿈과 죽음은 같다. 꿈에서 깨고 나면 꿈이 허망하다는 것을 안다. 현재 내가 살고 있는 삶이 꿈과 같은 것으로 육이 죽고 영으로 다시 태어남을 알 때 인생이 꿈이었다는 것을 알게 된다. 우리는 아주 긴 꿈을 꾸며 산다. 육은 100년이라는 꿈속에서 꿈을 꾸고 살고 있다. 그 꿈은 내 눈 앞에 보이는 영화 화면과 같이 흘러가는 현상이며 현실이다. 자면서 꿈을 꾸듯이 잠에서 깨어나면 허상이고 꿈임을 안다. 그러듯이 우리는 죽어서야 또 다른 천상의 세상이 있음을 안다. 현실의 꿈에서 깨어나면 또 다른 천상의 세상이 있음을 미리 알고 살아가는 지혜가 필요할 것이다.

육은 수명을 다하면 자연의 흙으로 돌아가며 영혼은 천상의 세상으로 돌아간다. 어떤 삶을 살았는지 물어볼 것이다. 무엇이 되었느냐, 얼마나 많은 사람들을 거느렸느냐, 어떤 직위에 있었느냐는 중요하지 않을 것이다. 무엇이 되기 위해서 얼마나 배웠느냐, 무엇이 되기 위해서 얼마나 터득했느냐, 무엇이 되기 위해서 얼마나 노력했느냐, 무엇이 되기 위해서 얼마나 인내했느냐, 이 모든 것을 이루기 위해서 얼마나 깨우침을 얻었으며, 다른 사람들을 위해서 무엇을 했는가를 말할 수 있어야 할 것이다. 아무것도 하지 못했다고 해도 전혀 문제되지는 않을 것이다. 목표를 이루어내는 것보다 성장을 위해서 얼마나 깨우침을 얻었는가가 중요하기 때문이다.

우리는 희망하면 먼 미래를 생각하게 된다. 너무 희망을 멀리 두고 보면 멀리 보이기 때문에 희망이 멀어 보인다. 그래서 지치고 포기하게 된다. 서로 멀어져 있으면 마음도 같이 멀어진다. 희망을 내 가까이에 두어야 한다. 작은 소박한 희망부터 먼저 실행해가야 한다. 내 가까이에 두면 희망이 더 가깝게 보이며, 용기가 생기고 삶의 의욕이 생기며, 할 수 있다는 의지가 생기며, 내 삶이 더 활기차 보인다. 어떤 사회의 단체의 구조 속에 너무 오래 마음을 두고 살아가게 되면 세상사에 너무 애를 쓰고 있다는 것이다. 너무 애를 써도 안 되는 것은 안 된다. 자연의 순리에 따라서 살아야 함을 잊고 살고 있다. 자연의 순리에서 벗어나려 하면 심신이 지치고, 그 지침은 질병으로 다가오게 된다. 질병으로 고생해본 경험 있는 사람이나 시련과 고통을 받고 그 속에서 헤쳐 나온 사람은 항상 자기 자신의 뒤를 돌아보게 된다. 평상시에는 절대로 자기 자신을 뒤돌아보려 하지 않는다.

　내 자신의 뒤를 돌아보는 것도 흘러 지나온 내가 꾼 꿈이었다. 그 꿈들이 허망할 수도 있고, 알차게 꿈을 꾸며 왔음을 알게 해주기도 한다. 내 몸의 변화가 내 주위 환경이 사람의 관계가 힘들 때 그 여건이 나를 다시 돌아보게 만든다. 너무 현실 속에서 현실에 대응하면서 이기지 못할 게임에 도전하고 있는지를 그제서야 깨우치고 알게 된다. 이런 현상에서 탈출할 수 있는 것은 감사뿐이다. 현 세상에서 세상을 이기려고 하면 노력한 만큼 더 늪 속으로 빠져 들어갈 수도 있다. 세상을 이기는 사람은 없기 때문일 것이다.

　고난과 역경 속에서는 앞이 보이지 않았지만 이런 결과에서 결과가 있어야만 탈출하는 것은 아니다. 그런 상황들이 나를 여기에 있게 만들고 있다면 내가 겪고 넘어가야 할 현실의 산이다. 세상 보는 눈을 내면으로 눈을 돌려 세상을 다시 보는 지혜를 얻어야 한다. 돈과 권력, 명예는 허기진다. 우리 기성세대들이 살아온 그 시대의 시나리오다. 돈과 권력과 명예를 중시했던 세대다. 이런 것들은 항상 목마름과 갈증이 그 갈증 속에 갇혀있다. 정신적인 지주는 목마름과 갈증을 해소해주는 역할을 해준다. 육으로는 한계가 있음을 안다. 내가 육으로만 살고 있지 않은지 자신을 돌아봐야 한다.

　내면의 세계에서 또 다른 나를 찾는 세상이 있음을 깨우쳐야만 앞으로 나아갈 수 있다. 나의 실체를 찾아야만 그 실체 속에서 답이 있는 자를 찾을 수 있게 된다. 우리는 신이 짜놓은 거대한 테두리 안에서 벗어날 수 없다. 그곳에서 벗어날 수 없다면 신의 우산 테두리 속으로 들어가는 것이 낫다. 그 세상에서 벗어날 수 있는 것은 나 자신밖에는 없다. 내가 변하지 않으면 변할 수 없다. 내가 변하는 것이 가장 쉽기 때문이다. 세상은 절대로 내가 바라는 대로 변하지 않을 것이다. 세상은 내가 실체인 내부의 세상으로 들어가는 것이다. 들어와서 현실에 행동하는 주위 사람들을 보면 무엇이 느껴질 것이다. 무엇의 보이지 않는 힘이 나를 인도하는 위안감을 받고 있음을 알 것이다. 세상 현실에 너무 부딪치게 되면 심신이 지치고 결국에는 마음의 질병이 찾아오게 된다. 마음의 병을 치유할 수 있는 방법은 마음공부이며 감사다. 감사는 지친 마음을 치유해준다. 감사는 용서에서 벗어날 수 있게 해준다. 다른 삶으로 전개할 수 있는 희망을 준다.

감사는 부정의 세포를 긍정의 세포로 전환할 수 있는 파이프라인이다. 자의 마음은 깊은 감정이 심어 들어간 감성을 간직하고 싶어 하고 익어가는 과정을 깊은 맛이 나는 묵은지와 같은 성숙된 깊은 감정이 오래도록 느낌으로 남기기를 원한다. 시대의 변화는 빠르게 우리 곁으로 다가오고 있다. 우리가 살고 있는 현재 현실이 가상현실이라면 누가 믿으려 하겠는가. 그것은 우리가 눈으로 보고 듣고 행동하는 모든 사물들이 눈앞에서 실현되는 스크린과 같이 보여지는 현상으로 사고의 전환이 필요할 것이며, 내 삶과는 직접적인 영향은 없다는 것이다. 내 안에 있는 내면에 자의 마음의 세상이 또 다른 나의 세상을 만들어낼 수 있을 것이다.

31

자아실현의 성장

육은 자아실현의 자를 위한 삶을 살아야 할 의무감을 가져야 한다. 자아실현의 자는 성장하는 자이다. 성장을 위한 자의 의미를 가진다. 육에는 선과 악이 있다는 것은 분별하여 깨우침을 얻기 위함이며, 선과 악이 없다면 분별할 수 없으므로 좋고 그름의 깨우침도 얻을 수 없다는 것이다. 우리는 자를 찾는 일에 등한시하고 무의미하게 여기며, 나와는 아무 관계가 없는 인격체로 보고 나 따로 자 따로 분류해버리고, 나 잘났다고 큰소리치며 자기와 이념을 같이하는 사람들이 아니면 무시하고 배척하고 눈에 보이는 현실만 보고 살아가다, 어느 날인가 내 몸에 변화가 생기고, 내 주변에 변화가 생기고, 불의에 사고를 당하게 되면 그때부터 비로소 그것을 계기로 나를 돌아보는 시간을 갖게 되는 경우가 대부분이다. 어떤 계기나 어떤 것으로부터 심적 영향을 받았거나 작은 깨우침이 있었다면, 다시 한번의 제2의 나를 찾아보려는 의문과 노력을 시도해봐야 한다. 우리는 항상 숙제를 가지고 살아가고 있다. 이 숙제를 풀어가는 것이 인생이고 즐거움이다. 학교 다닐 때의 숙제하고 인생 삶의 숙제하고는 다르다. 인생의 숙제를 풀어가는 재미 또한 즐거움이다.

나는 목표가 있다. 무엇을 하고 싶다. 무엇을 가지고 싶다. 무엇을 이루고 싶다. 이런 생각을 하지 않고 사는 사람들은 없을 것이다. 이런 생각들이 한 곳으로 모아지고 집중되어 몰입되면 그 관심은 에너지화되어 인격체 되어 그 에너지의 기를 받으며, 분명하게 답이 내면의 소리로부터 올라오는 것은 자가 함께하고 있기 때문이다. 티끌 모아 태산이라는 말이 있듯이 세상일은 하나부터 처음부터 큰 것이 될 수 없다. 작은 것부터 시작해서 그 작은 것이 시발점이 되어 큰 것으로 발전해간다.

강으로 간 물도 한 방울의 물방울이 모여 한 바가지가 되고, 그 바가지가 모이면 더 큰 물이 되어 강이 되고 바다가 된다. 육은 손에 쥐고 있는 것이 많아서 손이 아프기도 하고, 몸이 수고스럽고 짐을 등에 지고 어깨에 메고 머리에 이고 가슴에 쌓아서 힘들어하는 것이 육이다. 육이 깨우치고 깨우침을 얻고 지식이 자라 성장하면 내면의 자도 성장할 수 있다. 자는 육을 통해서만 육을 업고 성장할 수 있는 단계에 진입할 수 있게 된다.

자아실현의 자가 밖으로 들어낼 수 있는 것은 육이 먼저 깨어 있어야 하는 조건이 성립된다. 육이 깨어 있지 않으면 성장은 어려워진다는 얘기다. 자아실현의 자는 왜 성장을 해야 하는가. 씨앗이 땅에 떨어지면 그 씨앗은 싹을 틔우기 위해서 흙의 영양분의 자연의 에너지를 응축시켜 모든 흙 에너지를 끌어당겨 싹을 틀 수 있는 조건을 만들어준다. 자연의 푸른 잎으로 줄기로 꽃으로 열매로 자라듯이 우리 자도 씨의 핵 포자를 가지고 있다. 그 핵 포자는 육으로부터 에너지를 받아 최적 조건이 형성되면 자연적으로 성장을 해야만 하는 필수조건이 그 안에 내포되어 있다. 성장할 수밖에 없는 신이 만들어 놓은 조화의 구조적으로 성장할 수밖에 없는 물질로 구성되어 있기 때문이다. 육은 선과 악을 가지고 있지만 아이의 자는 선만 가지고 있다. 아이는 성장하기 위해서 육에게 신호를 주고 직감으로 표출해내는 인체 구조적 생체의 리듬을 추구하고 있는 자연적인 우주 법칙의 현상이다.

아이는 감사와 사랑으로 성장해간다. 아이가 성장하는 과정에서 필요한 에너지를 끌어당기는 파장이 생긴다. 그 파장 속에는 내가 요구하는 욕구의 본질의 물질이 들어 있다. 사람이 사람을 돕는다는 말이 있듯이 아이가 커가면서 끌어당기는 에너지도 점점 커지기 때문에 주위에 필요한 것을 끌어당기는 힘도 커진다. 우주가 우주를 지배하며 우주에 의해서 우주는 다시 성장을 시작하게 된다. 우주를 말하면 우주를 아는 사람은 하늘의 우주를 상상할 것이고, 또 다른 우주를 아는 사람은 마음을 바라볼 것이다. 하늘에 우주를 그릴 것이 아니다. 내 마음에 우주를 그려야 한다. 내부의 마음에 우주를 실천하는 것은 또 다른 나의 우주를 발견하는 것이다.

아이는 육신을 통해서 무엇인가를 표현하고 성장을 해야 할 목적이 분명하기 때문이다. 육신이 모른 체해도 아이는 끝없는 추구를 할 것이다. 하지만 아이의 의도를 모르고 지나쳐 버리는 것은 육이다. 아이는 육신의 몸을 더불어 성장해야 하기 때문이다. 아이에 귀를 기울이고 내면의 소리를 듣고 느낌으로 영감을 얻으며, 꿈으로 예시를 받으면 반드시 생각과 실행으로 설계하고 노력으로 좋은 결과로 만들어내는 것이 육이기 때문에 육의 정신적 깨어 있음이 너무 중요하다. 성경에 보면 깨어 있으라, 임이 언제 임할지 모르니 항상 깨어 있으라, 라고 하고 있다. 아이는 우리가 큰 부자로 가는 길을 알고 있지만 육이 그것을 받아줄 수 없다면 얼마나 슬픈 일인가? 탈무드에 보면 신이 내린 축복을 거절한다는 것은 큰 죄이다, 라고 했다. 내면의 아이는 육을 도구로 쓰려 한다. 나는 기꺼이 허용해야 한다. 나 또한 아이를 도구로 활용할 줄 알아야 한다. 아이의 도구 속에는 무한한 지성이 들어 있다. 그 지성을 잘 활용할 줄 아는 본인이 되어야 할 것이다.

　자연으로부터 무한한 지혜를 얻으며 무엇을 추구하고 살아왔는지를 본인의 마음에 새기는 것이다. 또한 지구 발전의 정신적인 개척자로 남을 수 있음을 알아야 한다. 오염된 세상에 물들어가며 오감의 눈에서 또 다른 세상을 볼 수 있는 지혜의 눈을 가져야 하며, 그 오염된 세상에서 구해낼 수 있는 것은 나 자신 본인뿐이다. 나를 구할 수 있는 것은 내면의 자뿐이다. 또 다른 나를 발견하고 찾아내는 것은, 나의 자를 새로운 자로 바로 세워야 한다는 사명이다. 거듭 태어나야만 자신의 자를 만들어갈 수 있음을 지혜로 얻어 깨우침을 알아가야만 세상의 위치를 바로 볼 수 있을 것이다.

　씨앗은 열매를 맺기 위한 씨앗이다. 그 씨앗이 흙에 떨어지지 않는다면 그 씨앗은 열매의 결실로 수확할 수 없다. 우리 인간의 몸은 형상으로 보이게 하는 도구의 골조물일 뿐이며 밭이다. 우리 몸에 아이의 생명의 씨앗이 심어짐이 없었다면 죽음과 같다. 형상으로 보이는 도구에 생명의 호흡을 불어 넣어 삶을 살아가게 하는 것이 빛의 에너지인 영혼아이 자이다. 우리가 지구별에서 살아가는 것은 다 나름 쓰임이 있어서 지구라는 별에 태어난 것이다. 더 발전적인 세상을 위해서는 반드시 육이 깨어 있어야만 하며 지식을 높여야 한다.

　문은 왜 있을까? 두드리고 열라고 있는 것이다. 문이 열릴 때까지 두드리면 그 문은 반드시 열린다. 부모가 돌아가셔도 3일 이상 슬퍼하지 마라는 말도 다 이유가 있다. 너무 슬픔에 오래 잠겨 있게 되면 내면아이의 성장에 장애를 주기 때문이다. 오래 머물면 내 삶에서 빠져나오는 시간이 길어져서 내 생에 반 이상을 넘게 소비해버릴 수 있다. 슬픔과 자책, 고통에서는 될 수 있으면 짧게 빨리 빠져나오는 지혜가 필요하다. 안 좋은 일이 생기면 더 좋은 것을 가져오려나, 라고 생각하면 더 좋은 생을 더 많이 보낼 수 있다는 얘기다. 내 삶은 내가 결정하는 대로 흘러가기 때문에 하루라도 빨리 깨우치고 그 방향으로 방향키를 돌릴 필요가 있다. 어느 방향으로 갈지 몰라서 여기도 기웃, 저기도 기웃 서성이면 세월만 보내 말년에는 고생만 하다 생을 마칠 수도 있다. 어느 집단에 편중되어 있다는 것은 깨어 있음으로 가는 길에 방해를 주는 것으로 매미가 허물을 벗고 나오듯이 그 울타리 속에서 벗어나야 다른 세계가 있음을 알 수 있다.

감사는 아이를 성장시키는 첫 번째 조건이다. 아이가 성장을 시작하면 모든 일은 순조롭게 풀어지기 시작한다. 감사와 사랑, 믿음이 나를 새로운 나로 성장시켜 줄 것이다. 목표와 갈 방향을 아직 발견하지 못하고 있다면 아이가 성장하는 과정에서 무엇을 할 것인지 찾아줄 것이다. 그 도구는 누가 만들어주지 않는다. 내가 스스로 개척하고 노력해서 잘 닦을 수 있는 도구를 찾아내는 일이다.

아이가 성장하는 것은 운이고 행운이고 신이다. 아이의 마음에 기도가 닿으면 신으로부터 응답을 받을 수 있음을 모른다. 반드시 스스로 행함으로 그 행함이 운으로 들어온다는 것을 알아야 한다. 부모님, 친척, 선배, 형제 누구도 도와주지 않는다는 것을 안다면 반은 깨우치고 있다는 다행한 일이다. 인생 여행은 본인 스스로 해가야 한다. 그 길은 긴 여행길이다. 내가 오직 믿음을 가지고 같이 가야 하며 세상은 스스로 만들어가는 체험 현장이다. 모든 것이 자연의 순리대로 그 자리에 내가 있어야 할 자리로 돌아가야 하며, 수고하고 무거운 짐을 그가 내려놓게 해줄 것이다.

세상에 내 편 되어줄 사람은 나 자신뿐이다. 나를 알아주지 않는다고 화내거나 섭섭해야 할 일이 아니다. 나를 잘 아는 것은 나뿐이고, 또한 나를 잘 알아야 나를 바로 서게 하고, 나를 바로 서게 할 수 있는 것은 나 자신이다. 내 속에 또 다른 내가 있음이 실감나지 않고 허무맹랑한 소리가 아닐 수 없다지만 나를 안다는 것은 우주를 안다는 것으로 대우주에는 하늘도 있고 땅도 있고 물도 있고 바람도 공기도 있다. 우주에 태양과 지구와 모든 행성들이 자기에너지를 가지고 상호작용으로 대우주를 지탱하고 유지하며 평화로운 우주공간을 만들어 그 위대함을 보여주고 있다. 그 우주 속에 우리 몸도 한 자연의 산물로 소우주로 존재 가치를 가진다.

자신을 내면의 자로 세우며 다시 태어날 수 있도록 나를 만들어가야 한다. 아이는 태초부터 성장하는 존재였다. 성장이라는 것이 꼭 결과물이 나오는 것은 아니다. 가만히 있는 것도 성장이고, 힘든 과정을 겪고 있는 것도 성장이며, 모든 과정이 성장하는 과정이다. 무엇을 하고 있든 결과물이 없는 과정도 성장이다. 이 과정들은 나중에 결과물이 나오기 위한 시작점의 과정으로 진행되어 가고, 결과가 나올 때가 다가오면 서서히 드러나기 시작하게 된다. 그 믿음은 삶의 자를 새로운 자로 바로 세울 것이며, 자가 다시 태어나는 지혜 있는 자로 자를 만들어갈 수 있을 것이다. 나를 사랑하고 위로하고 칭찬하고 감싸 안아주고 그를 사랑하고 높이면 그가 나를 높여줄 것이며, 그가 나에게 영화로운 월

계관을 쓰게 해줄 것이다. 아이는 성장하는 것이 목적이기 때문에 성장의 목적을 잘 요리하는 요리사가 되어야 할 것이다.

32

감사를 체험으로
경험한 사람들

　타의이던 자의이던 몸으로 직접 체험으로 감사를 알고 살아가는 사람들은 기의 에너지를 받는 사람들이다. 그들은 신의 축복을 피부로 느꼈을 것이며, 하루하루를 감사하게 살아간다. 남들이 경험해보지 못한 감사를 가슴 깊이 새겼으며, 감사의 소중함과 감사의 깊이를 알고 감사를 하면서 살아간다. 주위 환경을 감사의 에너지 공기로 만들어가는 사람들이다. 그들을 보면서 감사를 배우고 내가 현재 처한 상황을 비교하며 위안을 받으며 살아가는 사람들도 있을 거라 생각하게 한다. 깊은 감정으로 상상을 하고 상상의 긴 밤을 지새우며 밤을 보내고 세월을 보내고 상상을 체험하고 상상하는 대로 실행하고 깊은 마음으로 감사를 체험하고 감사를 피부로 느끼며 마음으로부터 자연스럽게 감사가 우러나는 감사의 진리를 아는 사람들이 있다. 희망을 상상하고 목표를 상상하고 갈망에 끈을 놓지 않고 씨앗으로 만들어가며 실행으로 옮겨 목숨을 걸고 자유를 찾아온 그 사람들이다.

　인간은 경험과 체험을 통해서 배운다. 인간은 실패를 통해서 깨우침을 얻게 된다. 한 번의 시도로 잘할 수 있고 해낼 수 있다면 인간의 삶이 그렇게 힘들고 에고에 시달리지 않을 것이다. 한 번의 실수가 또 다른 실수의 교훈을 주며, 그 교훈이 내가 살아가는 밑거름이 되어준다. 부지런함과 근면성만으로 부가 축척될 수 있다면 부로 가는 길이 그다지 힘들지는 않았을 것이다. 자아실현의 자를 모르고 살게 되면 힘든 생 앞에서 무릎을 꿇게 된다. 현 사회는 근면성과 부지런함만으로 살아가는 사회가 아니다. 내면의 정신적인 지주의 역할이 필요로 하는 사회에 살고 있다. 지금의 현시대에 정신적 지주의 역할의 경험을 온몸으로 체험을 하고 고난을 이겨내며 자유를 찾아서 온 새터민들의 삶이 그들이다.

　그들의 정신적 지주의 한 축이 되어 사회의 기둥이 형성된다면 나비효과와 같은 디딤돌의 역할이 되어줄 것이다. 그들이 경험한 것은 누구나 아무나 할 수 있는 경험이 아니다. 누구든 하고 싶다고 할 수 있는 경험도 아니다. 고난과 역경을 이겨낸 사람들만이 가질 수 있는 값진 경험은 무엇과도 바꿀 수 없다. 큰 재산이 되고, 장차 내가 살아가는 밑거름이 되고, 그런 경험적인 과정은 신의 축복이고, 신이 주신 사명이 있을 것이다. 그 사명은 이 땅에 정신적 지주 역할로 한 축을 이루게 됨을 의심할 여지가 없을 것이다. 나라 없이 살아온 유대인들은 시련과 고통을 받으며 세계 곳곳을 떠돌면서 나라 없이 세계 여러 곳에 흩어져 정신적 지주의 바탕이 되어 살아왔으며, 그들의 정신력은 내면의 정신력이며, 세계를 호령하고 세계경제를 움직이게 하고 있는 사람들이다.

삶은 정신적 지주의 내면의 힘에서 나온다. 경험과 역경을 이겨낸 사람들만이 가질 수 있는 정신적 내면은 그냥 생겨나지 않는다. 그들은 체험으로 경험으로 온몸으로 얻은 감사를 누구보다 잘 알며, 직접 죽음과 싸워 이겨낸 정신적 저력을 가진 주인공들이다. 그저 얻어지는 것이 아니었음을 안다. 의를 위하여 박해받는 자는 복이 있으며, 천국이 그들의 것이다, 라는 성경말씀이 있듯이, 누구에게나 주어지지 않는 특별한 사람들만의 경험이고, 주어진 특권의 경험이었다. 그 경험들이 삶의 바탕이 되어줄 것이며, 정신력에서 나오는 삶이 헛됨이 되지 않을 것이다. 할 수 있다는 정신력은 반드시 해낼 것이다. 그들은 한 발 더 업된 더 진보적인 정신력을 가지고 있으며, 자로 성장시킬 수 있는 소양의 잠재력을 이미 가지고 있다.

정신적인 마음가짐이 힘든 과정을 이겨낼 수 있는 밑바탕이 되었음을 안다. 충분한 경험의 체험들이 만들어낸 기적들이 충만하게 마음에 쌓여 있을 것이다. 그들은 역경을 이겨낼 끈기와 기질을 가지고 있으며, 역경이 경력이 될 충분한 내면의 자의 초인적인 힘을 경험한 사람들이며, 뼈 속까지 감사를 경험한 죽음 앞에서 의지를 키운 사례이며, 누구도 경험을 못한 그들만이 가지는 내면의 힘을 알고 있기 때문에 성공하는 인물로 이 나라의 발전에 큰 밑거름이 되어줄 것이다. 그들은 요셉과 같은 산 경험을 한 사람들이며, 유대인들의 시련을 몸으로 직접 체험했으며, 신의 정신력이 나라를 부강으로 이끌 것이며, 요셉과 같이 신의 뜻을 받고 사명을 가지고 이 땅에 온 사람들일 것이다. 이러한 경험은 누구에게나 주어지지 않는다.

특별한 사람들의 소수의 특별한 경험을 갖게 하므로 한 사람의 정신력이 옆 사람의 정신력을 자라게 하며, 그 정신력은 나라의 정신적인 주춧돌이 되는 역할을 해줄 것이다. 신으로부터 선택을 받았으며, 보낸 이의 자부심을 가져야 하며, 시련의 과정에서 힘들었지만 그 역경 속에서 깊은 감정으로 얻어지는 감사는 어디에서도 얻을 수 없는 신이 주신 보물이다. 내가 이 땅으로 온 사명을 각기 가지고 있을 것이며, 육이 외면의 자유를 찾았다면 정신적인 내면의 자유도 찾아야 할 것이다. 정신적 내면의 신의 경험을 했으며 신이 함께했고 자신의 내면의 자의 의지가 성공으로 인도한 것이다. 신이 함께했던 안 했던 몰랐던 그 결과는 신이 함께 같이했기 때문에 지금에 내가 이 자리에 있다고 할 수 있을 것이다.

모든 신은 나로부터 시작한다. 모든 믿음은 나로부터 시작된다. 내가 존재해야만 모든 것이 존재하고 신도 함께 존재할 수 있다. 내 존재 가치를 키우는 것에 더 심혈을 기울려야 한다. 맹목적인 믿음은 실망을 크게 줄 수 있다. 내 존재 가치가 있어야만 나에게도 존재 가치가 부여될 수 있다. 내가 통달하지 못하면, 비롯 신은 함께하지만 느끼지 못하며, 없는 것처럼 느낄 뿐이다.

신은 존재한다. 신은 어디에나 존재하며 내 자신의 존재 가치를 높여줌이 그 자체가 신과 함께함을 알게 한다. 하지만 너무 신에게 의지하는 것은 두 개의 마음을 가지는 경우가 될 수 있다. 신은 내 마음에 존재하는데 또 다른 마음에서 찾으려 하는 것은 두 개의 마음을 가지고 산다는 경우가 될 수 있다. 신에게 의지한다는 것은 부정의 씨를 심을 수도 있다. 의지한다는 것은 부족함을 말하므로 부족함이 들어올 수 있다는 얘기다. 내가 내 정신에 내 마음에 내면에 존재해야 한다는 믿음이 나를 앞으로 나아가게 할 수 있으며, 할 수 있는 정신력만이 나를 할 수 있게 만든다는 것이다. 불가능하다고 말하는 사람은 불가능할 것이고, 가능하다고 말하는 사람은 그것에 더 가깝게 접근할 수 있을 것이다. 때로는 지치고 힘들 때도 있다. 그것은 인간이고 육신이라는 몸을 가지고 있기 때문이다. 무엇이든 선택은 본인에게 달려 있다. 누가 해주지 않는다. 힘은 오직 내적 의식에서만 나올 뿐이다.

모든 인생은 어떤 큰 뜻하지 않는 상황에서 큰 변화를 겪으며, 큰 사이클의 변화를 탄다. 파도도 높은 파도가 있고 낮은 파도가 있고 잔잔한 파도도 있다. 바람도 세게 불 때도 있고 약하게 불 때도 있다. 날씨가 흐릴 때도 있고 거친 비바람이 불 때도 있다. 맑은 하늘을 볼 때도 있고 흐린 날을 볼 때도 있다. 모든 것들이 좋고 나쁨의 굴곡이 있듯이 인생도 큰 싸이클을 타고 고개 고개를 넘어가야 하는 고개 길이 인생이다.

사람이 재산이라는 말이 있다. 사람의 재산은 내가 가지고 있는 능력을 키우는 것이며, 나를 바로 서게 하면 자연스럽게 나와 맞는 사람을 끌어당기게 되며, 사람들이 모여들게 되어 있다. 자신의 능력을 향상시키는 것에 더 많이 노력하고 조용하고 편안하게 자신의 내면을 키우는 능력에 투자를 해야 한다. 꽃나무를 심는 것은 1년 뒤에 한 철의 기쁨을 얻기 위함이지만 배우고 지혜를 얻는 것은 1년, 2년, 10년 뒤 후대에 기쁨을 주며 행복을 얻기 위함이다.

무엇이든 하고자 하면 무엇을 할 수 있겠지만 하고자 하지 않는다면 무엇이든 할 수 없다. 오늘이 있어야 내일도 있다. 최선을 다해서 사는 것은 미래의 희망이 있기 때문이다. 노력하지 않으면 무엇인가를 할 수 없다. 노력은 관심이고 관심은 몰입을 하는 것이고 몰입한다는 것은 기를 한 곳으로 모은다는 것이다. 몰입을 하게 되면 내면으로부터 기를 받으며, 내면의 기는 신선과 빛에너지로 연결되어 하늘의 무한한 지성을 돌출해낼 수 있는 지혜의 힘이 생기도록 만들어주는 것이 내면의 힘이다.

33

책은 또 다른 나

　책을 쓰는 것은 또 다른 나의 분신을 만드는 것이며, 나를 홍보하고 지식을 가지는 우군을 만드는 것이다. 책은 발이 있고 귀가 있어서 어디든지 갈 수 있다. 내 지식을 잘 정리해서 전해주는 기록의 흔적이며, 누군가를 위하며 생의 전환점을 맞게 해주며, 누군가는 용기를 가지며 희망을 주는 일이다. 책은 든든한 보디가드다. 나를 옆에서 지켜주며 죽어서도 남아서 흔적을 남겨주는 또 하나의 나이다.

　의지가 담긴 글은 의지를 만들어가고, 희망이 담긴 글은 희망을 만들어가고, 성공이 담긴 글은 성공을 만들어간다. 글을 쓰는 과정은 내가 선택해서 만들어가지만, 선택받는 일은 내가 선택할 수 없으며 하늘의 뜻이다.

　인간은 태어나 자라는 환경에 따라서는 다르겠지만 사회의 테두리 안에서 그 환경에서 벗어날 수 없이 자라고 성장하며 사회생활을 시작한다. 보고 듣고 보이는 오감의 감각으로부터 지배를 받고 그 보이는 것이 전부처럼 살아가고 그것이 전부인양 그것에 매달려 살아간다. 어릴 때에는 부모로부터 영향을 많이 받게 되고, 사회 구성원 단체생활을 하면서 배우고 그 환경에서 벗어나지 않으려는 고착화된 범위에서 살아가고 있다. 부정적인 생각이 불쑥 불쑥 올라오며 그 생각에 지배되어 꼬리에 꼬리를 물고 깊이 빠져 들곤 한다. 내 생각을 내 스스로 통제가 안 되는 부정의 벼락 끝까지 떨어지는 망상 속으로 빠져 들어가 허우적거리며, 시간이 지나면서 서서히 희석되고 사라지며, 늪의 생각에서 깨어나곤 한다.

우리 인간은 끝없이 스트레스라는 연속극의 범위 속에서 벗어나지 못하고 살아간다. 하나를 해결하면 또 다른 하나의 문제가 기다리고 있다. 인간의 욕구가 끝이 없기 때문이다. 이것만 해결되면 다 해결될 것처럼 생각이 들지만 그것이 해결되면 또 다른 것을 손에 쥐고, 이것만 이것만 하다가 끝없이 계속되는 문제 속에서 살아가기 때문에 스트레스에서 벗어나기 힘든 삶을 살게 된다. 이런 생각에서 벗어날 수 있는 것은 욕심에서 빗겨서야 하지만 욕심도 하나의 인격체로 통제가 잘 되지 않는 생각 속에서 살고 있는 또 하나의 나가 될 수 있다. 생각이란 처음에는 내가 지배하고 관리가 된다. 하지만 그 생각에 지배를 당하는 경우가 많아져 그 생각을 떨치려고 하면 더욱 그 생각에 묻히고 몰입되어 상상 속으로 빠져 들어간다. 생각도 인격체이고 에너지다. 생각을 한다는 것은 에너지를 함축한다는 뜻으로 그 생각이 모아지면 실행으로 옮겨지고 행동하고 경험하고 후회든 환호든 마무리를 하기도 밀어지기도 한다.

생각은 행동 실현을 유도한다. 생각에도 긍정과 부정이 있게 마련인데 에너지가 더 강한 쪽으로 반응하게 되며, 긍정이든 부정이든 끈을 끊기 위해서는 끝없이 반복적인 긍정의 암시를 내면과 대화를 나누므로 부정의 세포가 서서히 생을 다하고 긍정의 세포로 다시 태어나는 시점까지 많은 시간과 마음의 공부를 주입식으로 나누어야 한다는 것이다. 세포가 태어날 때 부정으로 태어날 것인지, 긍정의 세포로 태어날 것인지는 원천의 뿌리인 마음에서부터 시작된다. 마음을 잘 쓰는 것이 중요하며, 어떤 마음으로 살 것인지, 어떤 생각으로 살 것인지는 스스로 알 수 있을 것이다.

만남이 정말 중요하고 갈 자리와 안 갈 자리를 가려 처신을 하는 것이 바람직하다. 자신의 뒤를 돌아보고 내 생각을 정리해봐야 하며, 하루에 한 번쯤은 눈을 감고 명상을 하며 무슨 생각으로 살고 있는지를 알 수 있어야 한다. 생각을 지우려고 노력하면 더 그 생각에 지배당하게 된다. 나를 발견할 수 있는 원인을 찾았다는 것은, 앞으로 미래가 발전될 수 있고, 밝아질 미래를 기약할 수 있다는 것이다.

생각은 씨앗이다. 평상시에 많이 생각하고 관심을 모으는 것은 내면의 자의 지혜에 접촉한다는 것이다. 내면의 자의 지혜는 많은 정보를 제공해주며, 시간이 지나면서 정리가 되어 마음이 편안해진다. 그 생각이 정리가 되면, 내면의 마음속 깊이 뿌리를 내리게 되며, 외면의 생각을 항상 긍정의 마인드로 내면의 마음에 좋은 씨앗이 잘 자라게 습관화되게 되면 내 삶의 현실에 창조된 물질로 나타나는 원리이다. 모든 목표물이 한순간에 하늘에서 뚝 떨어질 수는 없듯이 과정의 실행을 밟으며 전진해가는 개척의 정신적 자세의 모습을 즐기며 과정마다 마음의 정성의 깊이가 들어 있고 한 올씩 벗겨가다 보면 우리 앞에는 좋은 결과물이 나타날 것이다.

육의 인생의 길은 단 한 번밖에는 갈 수 없지만 그 길에는 실패도 있고 좌절도 있고 생사고락을 함께하며 살아간다. 밀려드는 바닷물을 막을 수 없듯이, 흘러가듯 지나가는 세월을 막을 수는 없다. 막을 수 없다면 즐기는 것이 낫다. 한 번밖에 갈 수 없는 길을 우리는 가고 있다. 두 번 갈 수 없는 길이기 때문에 실수를 줄이기 위해서는 성공한 사람의 경험을 바탕으로 거울을 삼고 그것을 나의 방식으로 바꿔서 내 지식으로 승화시켜 주는 지혜가 필요하다. 역사에서 교훈을 얻고 거울로 삼아 배우고 따라하며 개척해가며 내가 가는 길에 지식의 길의 범위를 넓혀가게 된다. 역사의 교훈을 온고지신하여 고생의 길을 낙으로 하나하나 실적이 나오는 성공으로 가는 길을 찾아가는 것이다.

책은 마음의 양식이고 마음의 씨앗이고 마음의 감정이고 마음의 밑거름이 되어준다. 책은 나를 상품 가치로 홍보해주고 품격을 올려주고 나라는 존재를 세상에 알리는 코드가 되고 나와 인연이 되는 사람들을 끌어당겨 준다. 아는 것은 지혜이고 지혜는 더 나은 나로 서게 해준다. 모르는 것은 죄악이고, 죄악은 모르는 것 그 자체이다. 모르면서 알려고 하지 않고 방치하는 것은 더 큰 죄악이다. 모르는 것은 내 자신에게 죄를 지었을 뿐더러 신에게도 죄를 짓게 된다. 내가 무엇을 배웠고 깨달았다면 그것을 외부로 표출할 줄 알아야 하며, 그것이 진정한 지식이다. 많이 배웠다는 것은 그 배움을 머릿속에 가지고 있으라고 한 것은 아닐 것이다. 알고 있는 지식을 알리므로 스스로의 자를 성장으로 키우고, 성장하기 위해서는 그것을 글을 써보는 것이다. 배우고 알고 깨우침을 느꼈다면 반드시 그것을 외부의 도구로 활용할 줄 알아야 한다는 것이다.

　외부의 도구로 사용할 줄 안다는 것은 나를 위함이고, 또는 다른 사람을 위한 것으로 내가 알고 있는 것을 외부로 표출한다는 것은 육이 성장하고 내 자의 지혜가 자라는 성장의 의미를 가진다. 나의 자를 한 단계 더 성숙시키는 자로 나를 알리게 된다는 의미이다. 글을 쓰는 것은 사람들에게 지혜를 얻게 하고, 깨우침의 길로 인도함으로 그 글은 현세에서 덕을 쌓는 길이 될 것이며 후세의 흔적으로 남게 된다. 알아가는 것이 지식이며 지식에서 지혜가 돌출되며 지성이 방향성을 잡아준다. 지혜와 지성을 겸한 것은 마음의 평온함을 찾는다는 것으로 운의 길을 열어주는 문의 열쇠가 되어준다.

　나를 만들어가는 이는 바로 나 자신이다. 그 누가 자신을 도와주지 않는다. 도와줌을 기대해서도 안 된다. 기대한다는 것은 마음이 약해짐을 의미하며, 부정의 씨를 담는다는 뜻이 된다. 누구의 도움을 받아서 부를 이루었다는 것은 귀인을 만났다는 것이지만 귀인은 직접적인 부를 주지 않는다. 가는 방향성을 제시해줄 뿐 그 길을 개척해서 가는 것은 반드시 내가 해야 하며, 가는 길에 힘들 때도 원하는 대로 되지 않을 때도 다 내가 짊어지고 해결해가야 하는 개척의 길이다. 마음의 부를 스스로 쌓아야 하며, 결국에는 본인 스스로 깨우침을 얻어야 하며, 그 깨우침은 마음에 감정으로 심어져야 그 씨앗이 자라서 나타나게 될 것이며, 그것이 자수성가의 길로 가는 길이며, 가는 길의 방향을 가르쳐줄 수 있는 것은 경험이며 실패이며, 할 수 있다는 의지 있는 신의 정신이 성공으로 가는 스승이 되어준다.

34

사람이 꽃보다 아름다워

　꽃 중에서도 사랑을 할 때 피어나는 꽃만큼 아름다운 꽃은 없을 것이다. 자연의 이치에 따라서 자연의 섭리대로 시기에 따라서 꽃은 피어났다가 진다. 사람의 꽃도 자연의 생리 현상으로 피었다가 지고 또다시 피어난다. 하얀 목련화처럼 꽃봉우리를 만들고 멋진 자태로 화려하게 꽃봉우리를 터뜨린다. 자연의 꽃은 정해진 계절에 피지만 사람의 꽃은 피어나는 시기가 다르며, 어떤 인연을 만나게 되면 그 사람의 눈에만 화려한 꽃으로 피어난다. 어린 시절의 초년에는 풋풋한 첫사랑으로, 중년에는 중년의 사랑으로, 말년에는 말년의 사랑으로 꽃을 피운다. 인연의 사랑으로 서로의 눈에만 피어나는 사람의 꽃이다. 꽃이 필 때는 얼굴이 화사해지고 웃음꽃이 피며 마음꽃이 피며 마음의 꽃으로 꽃보다 예쁜 아름다운 꽃으로 피어 꽃망울을 터뜨린다. 모든 세상이 천상의 세상이며, 마음이 무지개빛으로 물들며, 세상에 내가 존재함을 느끼며, 모든 것이 좋아 보이는 세상의 핑크빛으로 하늘을 열어갈 사랑이다. 불이 활활 타오르는 욕구

본능을 가지고 있기 때문이며, 콩깍지가 씌어 있을 때 그 꽃은 어느 꽃보다 아름답다. 불이 활활 타오를 때 마음에 쏠림 현상은 극에 달하며, 그 꽃만 보이는 눈을 가지게 되는 에로스적 사랑이며, 주는 것만으로도 벅차고 받는 것만으로 벅찬 사랑을 열거해가는 시기이다.

 자연의 섭리 현상처럼 꽃이 시들어가듯이 사람의 꽃도 시들어간다. 콩깍지는 살아가면서 벗겨지기 시작한다. 하지만 자연에 꽃이 또다시 피어나듯이 그 사랑의 꽃은 또다시 피어난다. 자연에서 꽃이 피듯이 사람의 꽃은 또 다른 인연을 만나면 불타는 시기가 다시 찾아오게 된다. 꽃이 꽃으로 다시 피듯이 사랑도 사랑으로 다시 화려하게 피어난다. 사람이 살면서 사랑의 꽃으로 언제나 다시 피어날 수 있는 감정을 가지는 동물이기 때문이며, 반복된 같은 방법으로 인연들이 다시 꽃이 되어 찾아온다. 사랑을 할 때만 피어나는 꽃으로 존재의 자가 가지고 있는 핵 포자가 있기 때문에 사랑을 할 때면 핵 포자는 분열을 하며 분수처럼 폭발력을 가지며, 백만 송이의 풋풋한 망초의 들꽃으로 정열의 장미로 숙련된 자태로 하얀 목련화로 피어난다.

 그때 사람이 가장 아름다운 꽃이 된다. 존재자는 있다와 없다를 경험하기 위해서 온 자의 성취욕이므로 핵분열처럼 분수처럼 폭발적인 사랑의 감정을 간직하고 싶은 욕구 본능의 심리가 내포되어 있어서 불타는 정렬의 사랑으로 마음껏 상상화로 피어나야만 하는 이유이다. 마음을 불태울 수 있는 감정은 항상 오지 않는다. 기회는 기회로 감사의 마음으로 마음의 문을 활짝 열어야 함을 의미의 사랑으로 받아들일 수 있다.

사람은 꽃보다 아름답다.
사랑은 꽃보다 아름답다.

사랑을 해본 사람은 사람의 꽃이 꽃보다 아름답다는 것을 안다. 사랑을 해보면 내면의 자의 쏠림현상으로 그런 사랑을 할 수 있는 구조를 가지고 있기 때문이며, 사람이 꽃보다 아름답게 보이는 현상이다. 사람의 감성이 가장 풍성할 때 그 사람이 예뻐 보이는 시점이다. 인간 누구나 사랑을 할 때 감정이 폭발적으로 올라옴을 느낀다. 그것은 원초적 사람은 천상에서부터 아름다운 공주였기 때문이다. 유리구슬처럼 빛나는 감성의 사랑이 있다 없다를 구별하기 위해서 지구로 내려온 천상에서의 사랑이 지구에서 다시 시작되기 때문이다. 우리 모두는 원초 본능으로부터 고귀하고 존귀한 존재들이었다. 그 존재자가 지구에서 사랑을 하는데 그 사랑이 얼마나 존귀하지 않을 수 있겠는가? 처음부터 사람의 사랑은 꽃보다 아름다운 인자를 가지고 있었다. 사람은 꽃보다 아름답지만 더 아름다운 것은 그 사랑을 하는 주인공의 사람들이다. 사람의 감성은 분수처럼 폭발적인 감성을 내면에 가지고 자라고 있는 내 분신 사랑의 자가 있기 때문에 그 속에서 핵 포자가 성장할 때 폭발적인 감성이 무한대로 분출 효과를 가지게 된다. 꽃보다 아름다운 사랑을 할 수 있는 자는 바로 나이며, 내가 주인공이 될 수 있는 것이다. 보고 싶어도 볼 수 없는 영혼 속에서의 사랑보다 육이 가지는 사랑이 정열적이고 훨씬 강렬함의 사랑의 감성을 가진 자의 본성이 밖으로 표출될 수 있는 감정이 눈에 보이는 사랑의 힘 때문일 것이다.

아름다운 꽃도 시기가 지나면 시들고, 사랑의 꽃도 시기가 지나면 시든다. 그것은 모두 자연이기 때문이다. 사람도 자연의 산물이며, 자연 속에 속한 자연이다. 자연 그대로 자연의 섭리대로 흘러가는 것이 우주 법칙이다. 그 누구도 자연을 이길 수 없다. 자연의 순리에 순응하며 자연에 감사하며 살아가는 것이 나를 위한 것이며 모두를 위한 것이다. 자연의 이치를 알고 사람의 이치를 아는 것이 우주이며, 살아가는 지혜를 가진 존재의 자만이 가질 수 있는 권리이며 특권이며 자연의 섭리 현상이다.

1. 천상에서의 사랑이

천상에서 못다 핀 사랑이
또 하나 사랑 찾아 그 사랑 천상의 사랑
꽃이 아름답다 해도 사람 꽃보다 아름다울까
꽃이 아름답다 해도 사랑 꽃보다 아름다울까
있다 있다 있다 없다 없다 없다 해도
반복되는 현세에서의 사랑이 더 아름다울까
인생이 겪고 온 생사고락 때문인가
피어날 꽃망울이 있기 때문인가
있다 있다 있다 있고 없는 것이 반복되는 것이 인생
사랑이다
반복됨이 사랑인가
반복됨이 이별가인가
반복됨이 천상의 사랑인가
천상에서의 사랑은
또다시 피어나는 있다 없다 있다를 반복하는
사랑이기에 더 아름다운 꽃이더라

2. 천상화

천상에서만 피는 꽃

천상에서

천상에서

천상에서 피는 꽃이여 천상화

천상에서 사랑이여 천상화

천년을 살아야 받을 수 있는 꽃 천상화

천년아 사랑아 청춘아

천상에서

천상에서

몇 백년을 살아야 받을 수 있는 꽃 천상화

백년아 사랑아 청춘아

천상에서

천상에서

천상의 꽃으로 다시 피어난다

천상에서

천상에서

천년을 살아야 받을 수 있는 꽃 천상화

청춘아 청춘아 사랑아

현세에서 천상화 꽃으로 사랑의 꽃이 되어 다시 피어난다

그 꽃은 천년 꽃이여 사랑 꽃이여 천상화
그 꽃은 천년 꽃이여 사람 꽃이여 천상화
천상에서 천년에 피는 꽃보다
아름다워 아름다워 아름답더라
백만 송이 망초 꽃은 지어도
사람 꽃이 사랑 꽃이 현세에서 더 아름다운 천상화
천상에서 피는 꽃보다 더 아름다운 꽃 사랑 꽃이었더라
천상의 사랑으로 만들어진
사랑의 꽃 사람의 꽃이 천상화
천년을 기다리고
천년을 인내하고
천년을 사모하고
천상에서 사랑이 현세에 꽃이 된 사랑 꽃 천상화되어
돌아온 내 사랑 사랑이여
현 세상으로 사랑이 돌아온 사랑의 꽃이여
천년에 사랑이 현세에 사람 되어 돌아온 꽃이 되어 천상화

있다 있다 있다 없다
있다 있다 있다 없다 있고 없는 것이 인생이여라
있고 없는 것이 인생이여
있고 없는 것이 사랑이여
있고 없는 것이 청춘이여

사랑은 추억으로 돌아보면 아름답지만

그 행복을 가져갈 수 없는 인생 허무함이 꿈이여

꽃은 그 자리에 있을 때가 아름답고

사랑은 그 자리에 감정 살아있는

감성의 때가 아름다웠더라

돌아보면 허무한 꿈이지만

하늘에서만 피어나는 꽃 죽음보다 귀한 꽃

꿈은 시작이 되고 시작은

다시 꿈이 되고 인생도 꿈이었더라

3. 천상에서 사랑이

천년화 천년화 사랑아 사랑이여
청춘아 청춘아 청춘이여
인생아 인생아 인생이여
삶이 삶이 삶이여
희로애락이 있다 있다 있다 없다 하고
생로병사가 있다 있다 있다 없다 하고
사랑이여 삶이여 청춘이여 인생이여
있다 있다 있다 없다 하고
사랑의 꽃이 사람의 꽃이 꽃보다 아름답던가
있다 있다 있다 없다가 되돌림되어
몸 받쳐 하는 사랑이
몸 부딪쳐 하는 청춘을 받쳐 하는 사랑이
사랑은 있다 없다를 반복하더라
사랑은 있다 없다를 반복하더라

물꽃 물안개 사랑으로 안개 되어 사라지고
꽃향기 물씬 풍기는 물에서 피어나는 물안개 사랑처럼
가고 오는 것이 사랑이여
오고 가는 것이 청춘이여

가고 가는 것이 정이 되더라

사모하는 마음도 미워하는 마음도 정들었던 마음도
사랑은 사람도 있다 없다가 반복되는 사랑이며
있고 없는 것이 사랑이여
있고 없는 것이 삶이여
있고 없고 가는 것이 청춘이더라

4. 천상에서

어느 별 어느 별나라 천상에서
하늘의 부름을 받고 내려온 빛의 아이
천년을 기다리고 백년을 기다려 사랑 찾아
긴 터널을 지나 입궁하는 빛의 아이
천년의 세월 속에 백년을 기다려 온 사랑을 찾아서
어느 봄날 흰 백합화처럼
어느 사월 견우직녀 만나는 은하수 조그만 쪽배처럼
어느 오월 불타는 정열의 붉은 장미가 피어나는 사랑처럼
어느 구월 코스모스 하늘거리는 꽃길에서 만난 사랑처럼
어느 시월 빨간 천연색 단풍잎
단풍 오솔길에서 만난 사랑처럼
어느 십일월 물속에서만 피어나는 물안개 꽃 사랑처럼
어느 십이월 크리스마스 함박눈이 내리는 저녁
길모퉁이에서 만난 사랑처럼
천년을 사랑해온 사랑을 꽃피우기 위해서
천년을 기다리고
백년을 기다리고
천상의 상생화의 꽃말이 꽃이 되어 사랑으로 피어나는 꽃
천년화 사랑으로 피어나는 꽃
코스모스 꽃잎 한 들길을 걸어

가을 단풍잎 단풍 길을 걸어
소박하게 내리는 함박눈
오솔길을 걸어서 찾아온 꽃 천상화

봉숭아 물들인 물감처럼 가슴에 물들어오고
사랑의 희락으로 넘어갈 때
천년의 사랑의 꽃으로 피어나는 꽃
하늘보다 깊은 고귀한 사랑이여
지구보다 애절하고 애달픈 사랑으로
만들어 펼쳐지어 가는 꽃 천상화
석양 길 석양 노을 바위산에 걸쳐 맺은 인연
백년의 기다림은 한 줌의 흙이 되어 흙으로 돌아가니
맺은 언약은 천년 사직되고 다음 생을 언약하리

천상에서 천년을 기다려온 사랑이
천상에서 구백년을 기다려온 사랑이
천년의 기다림의 꿈을 안고
천년의 기다림의 사랑을 싣고 천상 낙원 지구별은
애달픈 사연의 한이 서린 천년 사랑이 되고
석양 길 석양 노을 바위산에 걸쳐 맺은 인연
백년의 기다림은 한 줌의 흙이 되어 흙으로 돌아가니
맺은 언약은 천년 사직되어 다음 생을 언약하리

35

사람보다 귀함은 없다

　나를 귀하게 여기는 사람은 남도 귀하게 여긴다. 사랑의 원천은 나로부터 시작해야 하기 때문이다. 자신을 사랑하지 못한 사람이 남을 사랑한다는 것은 거짓 사랑일 수밖에 없다. 나를 사랑할 줄 아는 사람은 남도 사랑할 줄 안다. 나를 사랑하는 것이 근원의 원초이며, 그 사랑 속에는 나도 있고 너도 있고 남도 있고 우리 모두가 그 속에 있기 때문이다. 그 속에 있는 나와 우리 모두는 하나로 연결되어 있다. 근원으로 들어가 보면 다 서로 연결되어 있음을 알 수 있다. 자신을 사랑해야만 그 사랑이 상대방 사랑으로 퍼져나간다. 이유는 자신을 사랑하면 내면의 존재자가 사랑의 씨앗의 핵 포자가 분열하여 분열 반응을 일으키며 성장의 발화를 하게 되며, 분열하는 과정에서 파장이 분출되며, 그 파장이 다른 사랑의 파장을 만나 공진하여 연쇄작용을 일으켜 그 사랑을 도미노 현상처럼 사회를 밝은 사랑으로 발전시키기 때문이다.

존재자의 자는 사랑의 인자뿐만 아니라 부의 인자도 가지고 있으며, 무엇이든 원하는 조건의 파장을 만들어내며, 다 얻을 수 있다는 원리가 거기에 숨어 있다. 성경에 이런 말이 있다. 내가 너에게 천국의 열쇠를 주리니, 라고 했다. 우리 모두는 그 키를 가지고 있지만 사용하는 방법을 몰라서 헛되게 사용하고 있으며, 힘든 삶을 살아가고 있다. 그 키의 열쇠를 가진 나는 자를 잘 활용할 줄 아는 것이 지혜이다. 지혜 있는 자는 나의 근원의 뿌리이며, 뿌리가 튼튼해야 나무가 잘 자라듯이 뿌리의 근원이 튼튼하다는 것은 기가 잘 돈다는 것으로 기가 잘 돈다는 것은 정신이 혼탁하지 않고 맑다는 것이다. 운을 받고 있다는 것이다. 근원을 잃고 산다는 것은 나를 잃고 산다는 것으로 나를 잃고 산다는 것은 방향성 없이 산다는 것이다. 내가 있어야만 모든 것이 존재하며, 내가 없다면 모든 것은 존재하지 않기 때문이다.

36

사람들은 새것을 좋아해

　지구에 살고 있는 모든 인간은 근본적으로 새로운 것을 좋아하게 구조적으로 만들어져 있다. 인간은 새로운 것을 추구하며, 오늘도 새로운 것을 만들어내고 있다. 우리 주위에 새로운 것이 날마다 몇 개 이상씩 무수하게 많이 탄생하고 있다. 새로운 차, 새로운 집, 새로운 폰, 새로운 옷, 새로운 신발, 음식, 새로운 친구, 애인, 연인, 새로 시작한 사랑, 새로운 일 등등. 새로 일어나고 사라진 일들이 오늘도 내일도 반복되는 새로운 세상이며, 새로 태어나고 있는 세상에 우리들은 살아가고 있다. 하늘에 구름이 있다가도 금세 없어진다. 비가 올 것 같지 않는 하늘에서 비가 내렸다 금세 그친다. 바람은 금세 북쪽에서 불었다가 서쪽으로 사라지며 또 불어온다. 점심을 먹고 나면 또 저녁을 먹기 위해서 새로운 음식을 만들어낸다. 새로 태어나고 성장하고 변해 없어지고 또다시 같은 것을 반복하는 것이 지구 세상이다. 주기에 따라서 긴 것도 있고 짧은 것도 있다.

인간이 태어나고 죽음도 같은 현상의 섭리의 원리를 가지고 있다. 인간은 새로운 일 새로운 것이 없다면 흥미를 못 느끼며 지루하게 생각하며 무엇이 없을까 하고 새로운 것을 찾아 나설 것이다. 인간은 항상 새로운 것을 추구하는 인자를 가지고 있기 때문이며, 성장하는 자가 있기 때문이다. 우리 주위에 얼마나 많은 일들이 일어나고 있는가? 남녀가 헤어지고 죽을 것 같아도 새로운 사람을 만나면 금세 얼굴에 화색이 돌며 생기가 돋아난다. 날마다 새로운 것을 추구하는 인간이 있기 때문에 세상은 항상 새로운 세상으로 발전되고 만들어간다. 새로운 것을 좋아하지 않는 사람 없고, 새로 만난 인연을 좋아하지 않는 사람도 없다. 지구는 있는 것을 추구하는 지구이며, 그 지구에 살고 있는 사람이 지구에 살기 때문에 새로운 것은 언제나 새로이 태어난다.

　지구는 있다 없다를 반복하며 새로운 것을 있게 만드는 것을 추구하고 있는 것이 지구이다. 지구에 살고 있는 인간은 지금도 있다 없다를 경험하고 반복되는 삶을 살고 있는 장본인들이다. 체험하고 느끼고 무에서 유를 창조하고 살아가고 있으며 있다를 추구하는 존재자가 있기 때문에 새로운 것을 추구하고 또 만들어낸다. 그것이 생존이며 윤회이다. 생존을 하기 위해서 새로운 것을 만들어내며, 새것을 좋아할 수밖에 없는 이유이고, 경험을 체험하는 곳이 지구이기 때문이다. 내면의 존재자가 있는 한 언제나 지금도, 내일도, 미래에도 새로운 것을 만들어낼 것이다. 그래서 새로운 것을 좋아하는 것은 지극히 당연한 일이며, 이 모든 것들은 내가 하고 네가 하고 우리 모두가 하고 있는 존재자의 마음이 공존하고 있기 때문이다. 오늘은 백화점에 가면 새로 나온 상품들이 우리 모두를 기다리고 있을 것이다.

37

인생 3번의 기회

 인생 3번의 기회라는 말이 있다. 삼시세판, 삼세번 이런 말들은 예로부터 전해 내려오는 3법칙이며, 3번의 기회의 의미를 가지고 있다. 인생 힘들어도 기회가 있음을 안다면 그 기회를 위해서 힘든 것을 인내하고 고통을 참고 견디며 기회를 기다리며 살아볼 만한 용기가 생길 것이다. 세상의 미래를 알고 살아가는 사람은 없지만 잘 될 거라는 기대를 가지고 살아가는 사람들이다. 희망은 도전을 의미하며, 도전은 용기를 주며, 용기는 또 다른 희망을 가지며, 희망은 감사로 이어지며, 감사의 마음은 또 다른 감사를 가져오며, 힘들어도 극복할 수 있는 에너지를 가지게 된다.

 기회는 기회를 아는 자만 기회라고 말한다. 기회는 신이 주신 기회가 있으며, 지식이 주는 기회가 있다. 신이 주신 기회는 인생의 3번의 기회를 말할 것이며, 지식이 주는 기회는 내 노력으로 기회를 알아내는 것이다. 신이 주신 기회와 내 지식이 더해진 기회는 신이 주신 기회에 노력이 덤으로 더해지는 찬스의 기회가 되며, 아는 자의 기회가 될 것이다. 기회를 모르고 넘어가는 경우가 많다. 인생 살면서 기회는 기회의 때가 되면 오지만 그 때를 모른다. 그것은 하늘에 부를 쌓지 못했기 때문이다. 하늘에 부는 지식이고 지혜이다.

인생에 3번의 기회란 말이 어디에서 왔는지를 알아야 한다. 그 말은 좀 더 깊이 들어가 보면 위치에 맞는 것이라는 것을 알게 된다. 첫 번째 기회는 태어남이다. 태어나지 못했다면 기회 자체가 무의미하며, 아무 기회도 가질 수 없었을 것이다. 태어남 자체가 기회를 갖기 위한 기회인 것이다. 두 번째는 30 전후에 오며, 세 번째는 60 전후에 온다. 이것은 토성의 주기를 말하는 것으로 토성의 주기는 29.5년에서 유래되어 내려온 말이다. 우리는 살아가면서 우주의 기를 받고 하늘에 기를 받고 땅에 기를 받으며 살아간다. 어찌 보면 지극히 당연하다고 생각해야 할 것이다. 우리의 자는 하늘에서 왔기 때문이다.

첫 번째 태어남의 기회는 내가 선택한 기회라고 할 수 없다고 말할지도 모르지만 다 그것 또한 내가 선택한 자 스스로부터 자유의지에 의해서 선택해 만들어낸 결과이다. 두 번째 세 번째 기회 또한 내 노력과 운이 만들어낸 결과이지만 모르고 지나가는 경우가 많으며, 후에 그때가 기회였다는 것을 안다. 기회가 들어올 때는 징후로 나타내 보인다. 누구나 하늘에 기를 받고 살기 때문에 운이 들어옴을 스스로 느끼며 알아차릴 수 있으며 운은 고양이 지나가듯 살며시 모르게 왔다가 가는 것이 아니라 반드시 표시를 해주지만 인지하지 못할 뿐이다. 자가 하늘에서 왔기 때문이며, 하늘은 누구에게나 공평하게 표시해주고 있다. 그것이 기회인 것 같은데 하며 고개만 갸우뚱하며 흘려보내는 경우도 있다. 세월이 흘러간 후 그때가 기회이었다, 는 것을 아는 경우일 것이다.

육이 깨어 있지 못한 탓일 것이다. 육이 정신적으로 깨어나고 지식과 지혜를 가지면 내 안에 자는 더 지혜로운 정보와 아이디어를 제공한다. 그것이 외면의 나와 내면의 자의 원리이다. 이런 원리를 알면 외면의 나는 기회를 기회로 활용할 능력을 가질 수 있다. 또한 지식으로 얻어지는 그것 또한 지식이 주는 기회이다. 지식이 주는 기회는 지혜를 가지며, 그것을 기회로 활용할 줄 아는 그것 또한 기회이다. 지금 현재 세상에 살고 있는 누구에게나 똑같이 주어진 기회였지만 그것을 간과하지 못하고 넘어간 현재의 결과값을 각자 본인들이 감수하고 있는 것이다. 위기일 때가 기회라는 말이 있듯 지식을 가지는 것은 기회를 가지는 것이다.

주식시장은 인생 3번의 기회보다 더 많은 기회를 우리에게 주고 있음을 알 수 있다.

1997년 한국의 역사상 최대 외환위기 IMF(국제통화기금)에 자금조달을 요청했을 때 코스피 저점 277 고점에서 66% 하락에서 1년 만에 1,052선 회복 3.8배 상승했다.

2008년 미국 금융위기 서브프라임 모기지 사태 때 코스피 저점 892 고점에서 54% 하락 2년 개월 만에 2,231선 회복 2.5배 상승했다.

2020년 3월 코로나 때 코스피 저점 1,439 고점에서 55% 하락 1년 3개월 만에 3,316선 회복 2.3배 상승했다.

인생 3번의 기회에서 더 많은 지식을 가지면 덤으로 더 많은 기회 속에 살아가고 있음을 알 수 있다. 우리에게 많은 기회를 주고 있다는 것을 안다면 우리는 살아가는 삶에서 많은 희망을 가지고 살아갈 수 있는 힘이 생겨나게 될 것이다. 지금도 오늘도 내일도 우리에게는 항상 기회를 주려고 잠재되어 있다는 것에 희망을 가져야 한다.

38

참 나

　참 나는 순수성 자체이다. 천상의 세상은 순수성 자체이다. 천상의 세상에 인간의 마음을 불어넣어 놓고 더 복잡한 심적 세상을 만들어내고 있는 것이 인생의 삶이다. 참 나를 모르고 살고 있는 것은 30%만의 나로 인생의 삶을 살고 있다고 할 수 있다. 사람 속에 그 사람이 자아실현의 자이며 참 나이다. 참 나는 천상의 세상으로부터 임무가 있어서 왔으며, 임무를 수행하는 과정에 때가 됨을 알고 움직이기 시작한다. 그때가 운이 들어오는 시기이며, 이때를 누구나 직감으로 알며, 기의 움직임을 따라 몸이 움직이는 행위를 말한다.

　죄는 미워하되 사람은 미워하지 말라는 말은 육이 죄를 지어도 참 나는 죄에서 빗겨갈 수 있다는 얘기다. 육과 영이 분리되며 사람 속에 그 사람이 하늘의 아들이기 때문이다. 육의 마음은 여러 가지 형태로 나타내지만 크게는 긍정과 부정이며, 넓게는 외면의 마음은 오감의 외형적으로 보이는 것으로 구성되어 있으며 만지는 것, 듣는 것. 보는 것, 먹는 것, 냄새 맡는 것 등 중추신경계의 기관으로 외부의 시각적인 감각 기관이다. 하자는 신경계와 하지 말자는 신경계로 나누어져 둘의 마음은 항상 같이 공존하며 의지하지만 외면의 마음이 우선하며 내면의 참 나는 부정으로 결정할 것인지, 긍정으로 결정할 것인지를 결정되는 대로 따라간다. 우리 몸의 세포는 결정된 대로 움직이려는 습성을 가지고 있다. 결과가 좋게 나오든 나쁘게 나오든 결정 후에는 그 결과에 따라서 기쁨도 슬픔도 후회도 같이 찾아오는 것이 외면인 나의 마음이다. 결정된 마음은 참 나의 마음에 씨앗으로 심어진다.

　사람 속에 사람 있다, 라는 말이 거짓이 아니며 나의 존재자가 같이하고 있음을 마음공부를 통해서 깨우쳐가는 것이 육의 깨어놓음이다. 좀 더 깊게 접근해볼 필요가 있으며, 우리가 가지고 있는 생각을 넓고 깊은 차원으로 생각해 볼 만한 가치를 가지고 있다. 사람 속에 그 사람 나의 참 모습이다. 사람 속에 그 사람이 진짜 내 진모습 나다. 내가 어디에 근본을 두고 있는가를 정확하게 알아야 할 필요가 있다. 그것이 바로 자를 찾는 길이다. 내가 나를 돕지 않으면 누구도 나를 돕지 않는다. 스스로 돕는 자는 스스로 돕는 자가 생긴다. 나는 스스로 돕는 자가 되어야 하며, 나 자신을 스스로 도와야만 돕는 자가 생기며, 돕는 상대가 내면의 나 자신이 됨을 알고 지식으로 얻어진 지혜를 삶으로 살아가야 한다.

　성경구절 요약본에서 나를 겉으로 보는 모습은 피부가 거칠고 털이 나 있으며 성격이 거칠며 칼을 들고 생활할 것이다, 라고 하고 있다. 육은 선과 악을 가지며 나를 지배하려고 한다. 또한 타인을 지배하려 한다. 세상을 지배하려고 하고 과욕을 버리지 못하고 그 욕망이 커서 무모하게 도전한다. 무모하게 도전한 결과값은 반드시 자신에게 돌아온다. 우주의 법칙에 반하면 반드시 스스로에 의해서 벌을 받고 고통을 받는다는 것을 모른다. 신은 절대로 벌하거나 도와주지 않는다. 스스로 돕는 자는 스스로로부터 복을 받고 스스로에 의해서 결과물이 스스로 주어진다. 자를 자의 의의로 자를 인도하는 것은 외면의 나뿐이다. 나를 지배하는 것은 나 자신이다.

　나를 스스로 있게 하는 것도 나 자신뿐이다. 신은 스스로 있는 자이다. 스스로 있고 스스로 존재하며 스스로 모든 것을 해야만 스스로 있는 자가 될 수 있다. 나를 지배하려는 행위는 위선이다. 성경에 보면 큰 자가 작은 자를 섬긴다고 했다. 큰 자는 어린 자를 지배하려 하지만 큰 자는 육의 아버지 아들이며, 육의 아버지는 아들에게 해줄 수 있는 한계를 가지며, 해줄 수 없음을 알고 자식이 커가는 것을 바라볼 수밖에는 없음을 안다. 어린 자는 영의 아버지의 아들이다. 사람 속에 그 사람이 영의 아버지를 둔 참 나 영혼아이이다. 성경에 보면 땅에 있는 아버지를 아버지라 하지 마라. 너희 아버지는 하늘에 계시니라 했다. 그 사람이 하늘에서 왔기 때문이다. 사람 속에 그 사람이 나와 함께 살고 있으며, 내가 추구하고 희망을 주며, 누구를 섬기고 누구를 성장하게 해야 하는가가 명백해진다. 내 안에 그 사람은 하늘의 천상의 세계에서 내려온 자이다. 그 자가 나와 함께하고 있으면 나는 무엇을 어떻게 하고, 무엇을 어떻게 해야만 바른 길인지를 스스로 깨어나야 할 것이다. 항상 내가 가는 길을 밝게 해주고 인도해주는 것은 말씀이시다. 말씀은 영혼의 혼에서 나오는 내면의 소리이다.

참 나의 마음은 하늘의 마음이며, 외부의 마음으로부터 결정되며, 참 나의 마음에 차곡차곡 쌓여진다. 그 쌓여짐은 티끌 같아서 아주 작게 조금씩 쌓이기 시작해 한 방울의 물이 모여 한 바가지가 되고, 한 바가지가 모여 강이 되고 바다가 된다. 무엇이든 급하게 한 번의 말로 한 번의 실행으로 이루어낼 수 없다. 작은 산이 되기 위해서는 한 줌 두 줌 흙과 돌이 쌓여야 산이 될 수 있다. 산이 된 마음은 결과물로 우리 현실에 삶으로 나타나게 된다. 그것이 창조이며 결과물이다. 외면의 마음은 뉴턴의 법칙과 같아서 1개가 들어가면 반드시 한 개가 나오는 반응을 한다. 그만큼 주고는 그 주는 만큼 받으려 하는 마음이 외면이고 육의 마음이다. 어떤 힘이 어느 물체에 힘을 가하면 가한 힘은 다른 물체에 똑같은 힘이 전달되어 그 물체는 똑같은 힘을 받는다.

우리 마음도 뉴턴의 법칙이 적용되고 있음을 알 수 있다. 그래서 우리는 한 개를 베풀고 나서 그 베푼 것을 받고 싶어 한다. 친구한테 맛있는 밥 한 끼를 사주고 그것을 기대한다. 그것이 돌아오지 않으면 섭섭해하고 더 나아가서는 마음이 상해 얘기를 안 하고 흉을 보고 험담을 하고 멀리하려는 경우가 생긴다. 그것이 우리 외면인 육의 마음이다. 참 나의 마음은 양자물리학과 같은 마음이다. 양자물리학에서 전자의 움직임을 말하며, 한 개의 전자가 운동 에너지로 변화할 때, 전자의 변화가 한 개가 될 수도 두 개가 될 수도 있고 세 개가 될 수도 있다는 원리를 가지는 것이 참 나의 마음이다. 관찰자의 시각에 따라서도 전자 움직임이 달라진다는 것이며 확률게임이라고도 한다. 내 영혼의 마음에 에너지를 보내면 받는 에너지가 두 개의 에너지를 받을 수도 있고, 세 개의 에너지를 받을 수 있고, 아무것도 받지 못할 수 있다.

마음은 빛의 에너지로 전달되기 때문에 일정하게 주는 만큼만 받는 게 아니라 상대방이 받을 의지나 마음의 영향 상태나 그때의 감정과 컨디션에 따라서 더 받을 수도 있고, 덜 받을 수도, 못 받을 수도 있다는 얘기다. 그래서 확률게임이라고 하며, 미지의 세계 신의 세계 영적 장의 마음이라고 한다. 타국 멀리 살고 있는 가족에게서 전화가 왔을 때, 그때 마침 부모님상으로 연락하려던 참이이었다, 라고 하는 경우이며 서로의 빛에너지가 전달되었다는 경우이다. 텔레파시가 전달되어 통했다, 라고 말하는 경우이다. 영혼은 인간의 본질이며 근원이며 우리 삶의 생명이고 주인이다. 영혼이 없으면 우리는 죽음과 같기 때문이다. 외면의 눈으로 보이는 것이 전부처럼 보이지만 인간구조의 생체리듬을 이해하면 내가 어떻게 살아야 하는지가 명백해진다.

육이 지식을 가지게 되면 내면의 자의 지혜를 가져다 쓸 수 있다는 얘기이며, 무의식 속에 잠자고 있는 지식은 무궁무진하다. 지식과 지혜의 보물창고가 있는 곳으로 육이 깨우침을 얻고 지혜를 가지면 내면의 자의 지혜에 더해지며, 그 지혜는 몇 배 이상의 효과의 기대를 가지며, 그 지혜를 도구로 쓸 수 있는 장본인이 바로 육인 외면의 나이다. 육에 지혜가 더해지면 그가 더 지혜로운 자로 지혜를 더하게 되며, 그 지혜를 육은 잘 활용할 줄 아는 것이 육이 정신적으로 깨어나고 거듭나는 지식을 가지는 것이다. 이미 먼저 내면에 있는 자는 지혜로운 자이었다. 그 지혜로움의 힘을 가지고 있는 그 자에게 육이 지혜를 얻으면 그가 더 지혜로운 정보를 제공한다는 의미이다. 사람마다 겪어야 할 시련을 지식의 배움을 가지고 지혜롭게 겪어야 한다. 그 시련과 고통은 깨우치라고 주시는 신의 축복임을 알아야 한다. 그 시련을 달게 받고 깨우침을 얻는다면 앞으로의 삶은 축복 속에 은혜롭고 순조로움을 얻게 될 것이다. 인간의 육은 깨어남과 깨우침에 목적을 두며 영혼은 성장에 목적을 둔다. 내 삶은 내가 끌어당기는 결과의 삶이며, 두 사람 이상이 개척해가는 실습현장이며, 지구별에서 그 조건에 합이 되면 창조물이 현실에 나타나게 된다. 그것이 창조물이다.

39

깨어나지 않으면

신께서 인간에게 시련과 고통을 반복되게 하며, 더 큰 고생을 하게 하며, 작게도 크게도 미미하게도 시련을 주는 이유는 깨어나라는 교훈이며, 깨우침을 얻으라는 훈계이다.

성경 요약본에서

네가 매임에서 벗을 때 그 멍에를 네 목에서 벗을 것이다. 장자에게 말하여 이르되 네 주소는 땅에 기름짐에서 멀겠고 내리는 하늘 이슬에도 멀겠으며 너는 칼을 믿고 생활할 것이며 네 아우를 섬기며 네가 매임에서 벗을 때 그 멍에를 네 목에서 벗을 것이다.

너는 땅의 기름짐에서 멀겠고 하늘에서 내리는 복에도 멀겠으며 너는 칼을 믿고 생활하며, 너는 비록 장자이지만 장자의 역할을 하지 못할 것이며 네 아우를 섬길 것이며 칼에 의지하며 눈에 보이는 것에 좌우되며 너는 이마에 땀을 흘리며 수고 해야만 살아갈 것이다. 만약에 네가 네 아우를 섬기면 네 목에 매어 있는 멍에를 벗어날 수 있을 것이다.

 우리 목에 매고 있는 멍에에서 벗어날 수 있는 깨우침을 얻는다면 우리는 삶에서 좀 더 자유로운 삶이 전개됨을 알 것이다. 힘들어도 어려움에서 깨우침을 얻을 때에는 힘든 삶에서 서서히 해방되어 가기 시작한다는 것이다. 내 삶은 내가 선택하는 대로 더도 덜도 없이 그만큼만으로 흘러가며, 다른 힘이 나를 인도함을 인지하고 느낄 때 믿음이 생기기 시작한다. 근육을 키우고 싶다면 그것에 맞는 운동을 해야 한다. 말과 행동이 같이 수반되어야만 하고자 하는 성과를 이루어낼 수 있다. 말을 하고 확언을 하면 세포는 움직이며, 행동과 실행을 하게 된다. 내가 지금 현 위치에 있는 것은 과거의 내가 그 과정을 돌고 돌아서 지금에 위치에 와 있다는 과정인 것이다. 내가 지금 현 위치에서 깨우치고 무엇을 얻고 있다면 과거의 어려운 시련을 극복하고 터득했기 때문이며, 지금에 내가 있을 수 있게 내 자신이 한 것이다. 아직 깨우침과 배움을 통달하지 못했다면 좀 더 가야 하는 길에 시련과 고통이 남아 있다는 것이다.

인간의 육은 망각의 동물이라서 미미한 어려움을 주어서는 자기의 본분을 다하지 못하고 살기 때문에 사람에 따라서 각기 다르게 미미한 어려움도, 좀 더 큰 어려움도, 더 큰 어려움도 아주 가혹한 힘든 어려운 고난과 고통의 시련을 준다. 고통의 질은 스스로 선택하기도 하지만 타인, 친구, 지인, 친척, 가족, 단체 등 외부적인 주변 환경 요인들을 통해서 시련과 고통을 받게 된다. 이런 과정은 빨리 깨우쳐서 편안하고 행복한 좋은 세상이 또 있음을 알려주기 위함의 기원이시다.

알바를 하고 일일배달을 하고 막노동을 해서 수입을 얻어내는 것은 어려운 일이 아니다. 여기서 한 단계 더 발전될 수 있는 단계에 진입해야만 그 삶에서 벗어날 수 있다. 그 단계에 진입해가는 것이 과제다. 500만 원을 투자해서 1,000만 원을 만들어낼 수 있는 과제는 우리 삶의 질을 바꿔주는 과제다. 성경에 보면 5달란트를 받은 종이 10달란트를 만들었듯이 반드시 접근해가야 하며, 그 단계에 접근하지 못하면 돈과 경주에서 지는 생을 살게 된다. 불굴의 신의 정신으로 살아야 하며, 이 과제는 더 진보적이고 내 삶을 한 단계 업그레이드할 수 있는 삶의 과제이며, 넘어서야 하는 과제이며, 꼭 찾아가야만 하는 길이다. 이 단계를 넘어설 수 있을 때까지 시련과 고통은 계속될 수밖에는 없다. 이러한 과정은 깨우침을 알아가는 성장이며, 실행해가는 실습현장에 몸소 몸으로 느끼며 터득해가고 있는 과정이다. 기회는 언제나 가장 나쁜 상황일 때가 기회임을 모른다.

 나이가 들어갈수록 심신에서 벗어나기를 바라고 옛것에 다정함을 느끼고 향수를 갖게 된다. 이러한 모든 조건들이 밖으로는 육의 깨우침을 유도하고, 안으로는 영혼아이 성장을 촉진시킨다. 영혼아이가 성장하는 것이 우선 목표이기 때문이다. 육은 100년의 생으로 마감하고 흙의 자연으로 돌아가지만 영혼은 천상에서의 삶이 또다시 시작되기 때문이다. 육은 고통과 시련이 없으면 깨우침에 다가가지 못하며 깨어나지 않으려 한다. 성공을 쉽게 안 주는 이유는 영혼아이의 감성에 그렇게 쉽게 깊이 있게 삽입되지 않기 때문이며, 어려운 고통과 시련이 동반되어야만 아이의 감성에 깊게 감동으로 오래도록 지속되기 위함이기 때문이다.

 인간 대부분 10년을 주기로 한 번의 삶의 턴을 주는 것은 신이 주관하고 있음이시다. 그 삶의 턴은 아주 색다르고 큰 변화이다. 처음 접하고 생소하고 새로운 환경에 도전하게 한다. 그것은 많은 생의 경험을 통해서 지혜를 얻게 함이시다. 기의 움직임을 잘 받고 있는 것은 시련을 순조롭게 지나고 있다는 증거이다. 좀 더 특별하게 온 사람도 있고, 보통으로 평범하게 온 사람도 있을 뿐이다.

깨우침을 얻고 깨우침의 지식에 지혜를 통달해야만 부의 삶으로 이어진다. 공부하는 방법의 깨우침을 얻고, 운동 잘하는 깨우침을 얻고, 장사 잘할 수 있는 깨우침을 얻고, 투자를 잘하는 깨우침을 얻고, 사업을 잘하는 깨우침을 얻어야 하며, 사람과 사람 사이의 깨우침도 얻어야 한다. 깨우침은 알아감의 시작이다. 깨우치고 실행하고 통달할 때까지 시련과 고통은 계속될 수밖에는 없는 것이 인간의 숙명이다. 인간 육은 실행과 경험과 실패와 성공을 하면서 깨우침을 터득해간다. 알아가는 과정에서 시련도 있고 고통도 있다. 깨우침을 알고 통달해야만 벗어날 수 있도록 인간의 육은 구조적으로 설계되어 있다.

내 자신의 본성이 깨우침을 얻을 때까지 고통과 시련의 윤회는 계속된다는 얘기다. 죽음의 본질에서 벗어날 수 있는 것은 인간이 신의 본질을 깨달을 때 벗어날 수 있는 길이며, 예수님과 부처님 같은 삶을 살았을 때 깨달음에 다달은 것으로 그만큼의 경지에 진입해야만 생의 삶과 죽음으로부터 해방될 수 있다는 것이다. 지금 이승에서의 날들이

보다 희망이 보이는 곳에 눈을 뜨고, 외부에서 하늘을 우러러 신을 찾고 있다면 내면에서 자신의 자에 무게를 두는 것이 신을 찾는 길이 될 수 있다. 인간이 현세에서 업을 씻고 복을 쌓는 것이 인간의 근본 깨달음을 얻고, 깨우침을 주기 위한 목적일 것이다. 소운이 들어올 때도 그렇고, 대운이 들어올 때도 그런 현상으로 누구나 감으로 촉감으로 감지가 되는 상황이다. 그런 경우에 감지를 못했다고 한다면 자기 자를 잃고 살고 있는 삶일 것이다.

　성실함과 근면함만으로 부자가 될 수 있다고 생각한다면 큰 착각 속에서 아직 벗어나지 못하고 있다. 성실함과 근면만으로 부가 이루어진다면 누구나 가난하게 살아가지 않을 것이다. 그 이면 속에는 보이지 않는 내면의 마음과 서로 합치되어 삶의 질을 높이는 옳은 방법이 있다. 이를 터득하고 인생 공부가 중요함을 얻고 이해하는 단계에서 한 차원 더 업그레이드된 내면의 나를 찾는 방법일 것이다. 자신의 마음을 두 눈으로 볼 수는 없다. 하지만 감정과 직감으로 촉으로 느낌으로 기의 흐름을 감지하고 운이 들어옴을 느낄 수는 있다. 내 생명은 눈으로 볼 수는 없어도 내가 살아가는 모습을 보고 생의 본질인 영혼이 함께함을 알 수 있다.

40

주세요, 는 결핍을 끌어당긴다

우리 일상에서 흔하게 자주 쓰는 말 중에 주세요, 가 있다. 주세요, 는 내가 필요하니 무엇을 주세요, 를 의미한다. 복을 주세요. 건강하게 해주세요, 부자 되게 해주세요. 새해 첫날에 동해안 해돋이를 보면서 올해도 돈 많이 벌고 가족 모두 건강하게 해주세요. 라고 한다. 우리의 일상이 빌고 사는 인생이라고 해야 할 것이다. 우리 조상부터 부모님으로부터 배우고 스스로 터득해서 따라하는 자연스런 풍습의 행위이다. 우리 자식들도 그렇게 하면서 살아가게 될 것이다. 위로부터 부모로부터 물려받고 내려온 정신적 유산이기 때문이다. 주세요, 라는 것이 부족함과 결핍이라는 것을 모르고 하는 일일 것이다.

주세요, 는 내가 무엇이 부족해서 달라는 의미를 가지고 있다. 주세요, 라고 하면 우주는 자꾸 주세요, 를 준다. 주세요, 기를 받고 산다는 것은 부족함을 계속 받고 살고 있다는 것이다. 우주에는 여러 기의 파장들이 존재한다. 모든 사물, 동식물들도 고유 기의 파장이 존재한다. 기의 파장은 에너지이다. 사람의 세포도 고유 파장 에너지를 가지며, 우리 세포도 미세 떨림 현상의 파장 에너지의 진동을 보인다. 내가 말하는 말 속에도 에너지 파장이 존재한다. 이런 파장들은 우주공간에 여러 파장들과 만나면 공진을 하게 된다. 공진이란 증폭한다는 것이다.

 우주에 공존하는 여러 파장 속에는 부의 파장도, 가난의 파장도, 결핍의 파장도, 질병의 파장도 수많은 파장으로 존재하며, 그 파장들이 나를 만들어간다. 부족함과 결핍으로도 만들고, 부자로도 만들고, 넉넉함과 가난으로도 만든다. 내가 원하고 바라는 것을 주는 것이 우주이다. 내가 한 말이, 행동이 나를 부자가 되게도 만들고 가난하게도 만든다. 이런 파장들은 영혼아이를 성장시키며 아이가 성장할 때 만들어내며, 그때 끌어당김이 생기는 현상이다. 끌어당기는 파장 속에는 귀인도 들어 있고, 부자도 결핍도 내가 부르고 원하는 바램의 결과값이 들어 있다.

 도와주세요, 는 결핍의 근원을 가지고 있다. 주세요, 를 자주 하게 되면 결핍의 근원이기 때문에 결핍의 부족함이 나에게 들어올 수 있도록 문을 열어주는 현상이 되므로 결핍이 들어온다. 진정한 도움을 받고 싶다면 내가 할 수 있게 해주셔서 감사합니다, 라고 해야 한다. 감사는 또 다른 감사를 끌어당겨 주는 감사가 들어 있다. 감사는 자의 마음이며 하늘의 신선과 연결되어 있기 때문이다.

41

건강 유지

세계보건기구 헌장에서

　건강이란 세계보건기구의 헌장에는 질병이 없거나 허약하지 않은 것만 말하는 것이 아니라 신체적, 정신적, 사회적으로 완전히 안녕한 상태에 놓인 것이라고 정의하고 있다. 사람은 인종, 종교, 정치, 경제, 사회의 상태 여하를 불문하고 고도의 건강을 누릴 권리를 가지고 있다.

　건강은 건강할 때 지키라는 말이 있다. 건강이 무너지면 삶이 같이 무너진다는 것을 의미한다. 인간은 육을 가지고 있기 때문에 희로애락과 생로병사를 경험하는 숙명을 가지고 살아가며, 사람에 따라서 더 아프고 덜 아픔의 차이일 뿐, 다 같은 고통을 느끼며 살아가는 것이 육을 가진 숙명적인 존재자들이다. 우리 몸은 두 가지 효소를 가지고 있다고 한다. 한 가지는 소화를 시키는 효소이고, 또 하나는 몸을 유지 지탱시키는 역할의 효소라고 한다. 몸을 유지시켜

주는 효소에는 분해배출, 세포부활, 해독살균, 혈액정화, 항균작용 등의 우리 몸을 지탱해주는 역할을 하며, 우리 몸을 위해서 일하는 일꾼이 효소다.

꿀벌이 일을 하듯 우리 몸에서 꾸준하게 꿀벌처럼 일을 하는 것이 효소이다. 저녁에 밥을 너무 많이 먹고 자면 몸이 붓고 일어나기 힘들고 피곤함을 느낀다. 그것은 소화 효소가 밤을 새며 일을 했기 때문에 몸을 지탱하는 여력이 떨어져서 생기는 현상으로 위에 음식물이 있으면 소화 효소는 자연스럽게 소화를 시키기 위해서 일을 하는 습성을 가지고 있다고 한다. 그래서 몸을 지탱하고 유지하는 것에는 작용이 저하되는 현상이라고 한다. 소식하면 장수한다는 말이 있듯이 효소가 소화를 시키는 곳에 너무 많은 시간을 할애하지 않도록 적당하게 음식을 먹어야 한다는 의미이다. 동물들은 아프면 음식을 굶지만 사람들은 더 많이 먹는다고 한다. 동물들이 음식을 굶는 이유는 효소를 몸의 치료하는 곳에 쓰기 위함이라고 한다. 운은 음식의 조절에서부터 온다. 지나친 과식과 음식을 버리는 것은 운을 버리는 것과 같다. 음식이 생명이기 때문이며, 음식은 서로 나누어 먹는 복의 근원이기 때문이다. 운도 행복도 나누면 두 배가 된다는 말이 있듯이 예로부터 우리 조상들은 음식을 나누어 먹는 옛 풍속의 문화를 가지고 있는 민족이다.

우리는 스스로부터 자신의 몸을 지키기 위해서 꾸준하게 비타민을 잘 챙겨 먹고 좋다고 하면 찾아다니면서 먹는 즐거움도 있다. 비타민보다 더 중요한 것이 소금 잘 먹기라고 한다. 응급환자가 병원에 들어오면 제일 먼저 응급처치로 해주는 것이 수액을 맞게 되는데 수액은 식염의 질 좋은 소금물 나트륨이라 한다. 면역력 저하 만성질환 염증은 소금이 부족해서 온다고 한다. 피와 눈물, 땀 등 맛을 보면 다 짜다. 건강한 음식을 잘 챙겨 먹는 것보다 중요한 것이 소금 잘 먹기라고 한다. 염증은 만병의 근원이기 때문에 염증을 다스리는 방법에는 소금물 잘 먹는 방법이라고 한다. 기본적으로 반찬, 국 등으로 취식하고도 하루에 티스푼 1개 정도는 인위적으로 챙겨 먹는 습관이 필요하다고 한다.

나이가 들어가면서 몸에서 냄새가 나는 현상을 경험하게 되는데 이것도 또한 소금 부족으로부터 오는 현상이라고 한다. 생선을 손질해서 보관할 때 소금을 뿌려 보관하듯이 우리 몸도 소금기가 없으면 부패되는 현상으로 땀샘의 피지에서부터 부패가 일어나는 현상이라고 한다. 나이가 들어갈수록 잘 씻는 것도 중요하지만 더 중요한 것은 적절한 소금양과 부패된 피지를 땀으로 배출해줄 수 있도록 땀을 빼는 사우나나 운동과 활동으로 충분하게 땀을 배출시켜 줘야 한다고 한다.

건강을 유지하는 말

1. 마음공부로 마음을 다스린다.
2. 명상을 한다.
3. 스트레스에서 자유로워진다.
4. 매일 적당한 운동을 한다.
5. 적당히 즐기며 산다.
6. 11시 전에 자고 6시 전에 일어난다.
7. 매일 감사를 1,000번 이상 한다.

42

결혼이란

　내가 변하면 간단하게 해결될 것을 세상이 변하고 남이 변해주기를 바란다. 남은 절대로 내가 원하는 대로 변해주지 않는다. 내가 변해야 내가 살고, 변화에 깨우치는 사람과 깨우치지 못한 사람과는 삶의 질이 달라진다. 세상 살아가면서 우연하게 또는 필연으로 사람을 만나게 되고, 인연으로 연결되며, 서로의 마음에서 동의를 하게 되면 연인으로 발전하게 된다. 사람의 마음과 감정과 실행하는 행동과 말하는 언행에서 그 사람의 됨됨이가 묻어 있는 것은 그 사람이 가지고 있는 인성이며, 부모님의 영향도 크며, 피는 못 속인다는 말이 있듯이 그 나무 밑에 자라는 나무는 그 나무일 확률이 높다는 얘기다.

　연애할 때는 좋은 것만 보이게 되고 좋은 것만 보려고 한다. 사람 심리가 편중적인 쏠림 현상 때문이다. 결혼이라는 것을 하고 나면 눈에 좋지 않은 것들이 하나둘씩 보이기 시작한다. 결혼이란 생활이기 때문이다. 연애할 때는 같이하는 생활이 아니기 때문에 좋은 면만 보여지며, 좋게 생각하려는 마음이 우선하기 때문이다. 결혼이란 소유하고 가지는 것이 아니다. 소유하려 하고 이기려고 하면 더 큰 문제가 생긴다. 개인 개인의 인격을 그대로 존중해주고 상대방이 깨우침을 얻을 때까지 기다려줘야 한다. 내가 화를 내고 있다면 육이 화를 내고 있구나, 라고 생각을 하며 영혼의 마음을 들여다볼 수 있는 마음 자세가 필요하다. 결혼이란 사랑이 시작될 때는 서로 마주 보며 얘기하고 눈빛을 교환하며 마주 보고 서 있지만 결혼은 둘이서 같은 방향을 보면서 한 목표를 향해서 가는 것이 결혼이다. 결혼은 서로의 관계가 형성되고 서로의 유대관계가 유지되어야 아름다운 결혼 생활이 지속되어질 수 있다.

내 삶의 방향을 내가 원하고 소망하고 바라는 대로 접근해가야 하며, 목표에 근접해가고 둘이서 만들어가는 것이 결혼이다. 결혼은 참고 인내하고 끈기를 가져야 하며, 서로의 나쁜 점을 보고 얘기하기 시작하면 나쁜 것만 보이게 된다. 인생은 미완성이란 말이 있듯이 결혼 또한 미완성이다. 삶의 바램을 완성해가는 진행형으로 죽을 때까지 완성해가는 것이 삶이고 결혼 생활이고 인생이다.

반드시 결혼이라는 것을 결심하고 선택할 때는 상대방이

나를 위해서 맞춰주기를 바라면 그 결혼 생활은 삐그덕거린다. 본인 스스로 먼저 상대방에게 내가 맞춰 살 수 없다면 그 결혼은 다시 한번 더 생각해볼 필요가 있다. 결혼은 서로 맞춰서 사는 것이다, 라고 단정하게 되면 어느 한쪽에서든 맞춰주지 않으면 힘들어진다. 어느 쪽이 아니라 상대방에게 내가 맞춰주는 것이다. 내가 상대방에게 맞춰주는 마음이 깨질 때, 서로 다툼이 일기 시작하고 의견 충돌이 생기고 불신이 쌓인다. 상대방이 변해주기를 바라고 있다는 것이다. 상대는 절대로 변해주지 않는다. 그래서 남을 탓하게 된다. 너 때문이야, 라고 한다면 자신의 흐르는 기를 막으며 들어오려는 운을 막는 행위가 되며, 운으로부터 멀어져 가며, 서서히 결혼생활에 지쳐가게 된다. 내가 변해야 살 수 있다. 내가 변하는 것이 가장 쉽고 빠르고 내 마음이 편해지기 위해서는 내가 변하지 않으면 내가 스스로 힘들어하며 살아갈 수밖에 없다. 내가 변하는 것이 자기 자신을 사랑하는 일이다. 나를 사랑할 줄 아는 사람은 이웃도 사랑으로 대한다. 내가 스스로 상대방에게 모든 것을 맞추지 못하면 결혼을 해서는 안 됨을 인지해야 한다.

결혼 생활은 육이 하는 결혼 생활이 아니며, 천상에서부터 부부의 인연으로 맺어진 영혼의 결혼이며, 결혼이라는 생활에 깨우침을 얻어내지 못하면 깨우칠 때까지 시련과 고통은 지속된다. 육인 육이 서로의 이해관계를 깨우침으로 극복해야 하며, 깨우침은 육이 달성해야 할 목표이며, 육이 깨우침을 얻고 거듭날 수 있다면 결혼 생활은 평온할 것이다.

결혼하기 전 다짐 후 결혼을 해야 한다.
매일 10일간 10번씩 쓴 후 결정한다.

나는 내가 상대방에게 모든 것을 맞추어줄 수 있다.
나는 내가 상대방에게 모든 것을 맞추어준다.

43

진정한 자유란

　인간은 살아가면서 생각에 구속되어 살아간다. 오늘도 생각에 구속되어 살아가고 있다. 생각에 구속되면 생각하는 대로 행동으로 이어지기도 한다. 무엇을 하던 생각을 먼저 하고 실행하는 육이다. 우리 세포조직은 생각에 반응하려고 한다. 인간은 살아가면서 질병으로부터 신체를 구속당한다. 어떤 곳이 아프면 그곳으로 마음이 구속된다. 하루 종일 그곳으로 생각이 집중되고 상상을 하며 상상 속으로 빠져들어 구속된다. 생활을 하다 보면 어떤 뜻하지 않게 일이 생기며 마음을 그곳에 빼앗긴다. 그것을 풀어내기 위해 마음이 그곳으로 구속된다. 사람과의 이해관계에서도 구속되며, 내 견해에 동조할 수 있도록 타인의 생각을 구속하려 설득하기 시작한다. 세상으로부터 사회로부터 주변 환경으로부터 내 몸 신체의 자유를 얻고자 하는 것은, 세상이 주는 누구나 누릴 수 있는 기본적인 권리를 사람으로서 가지는 도이며 권리이며 자유이다.

일상의 일로부터 생활로부터 물질로부터 그들의 조건들로부터 구속되어 살아가는 것이 인생이다. 이와 같은 자유는 사회의 테두리가 주는 구속된 삶에서의 자유이다. 그 자유로부터 더 자유로운 자유는 의식의 정신적 자유를 찾아야만 진정한 자유라고 할 수 있다. 인간이 기본적인 자유를 찾는 것은 사회가 주는 테두리 안에서 기본권적인 기본 자유이다. 우주신으로부터 태초로부터 부여해준 특권적인 자유의지인 정신적 깨어남의 자유가 있다. 인간 누구에게나 태어나면서부터 기본적으로 주어진 자유의지는 인간이 누려야 할 마땅한 권리이고 특권이고 인간으로서 당연하게 누려야 하는 자유다. 눈에 보이는 시각적인 생각으로부터 벗어날 수 있는 정신적 내면 의식으로부터의 자유가 진정한 가치가 있는 자유임을 알 수 있는 계기가 마련되어야 한다.

내 생각이 편안해질 수 있는 깨우침의 의식에 접근하는 구속되지 않는 자유이다. 이러한 자유는 생각에 구속되지 않고 정신적 의식 속 깨우침에서 얻어지는 편안함에서 얻어지는 진정한 자유이다. 깨우침으로부터 자유를 찾을 때까지는 생각이 복잡해지고 모든 생각들을 내려놓을 수가 없는 생각의 지배에서 오는 사회가 주는 법적 테두리 속의 자유에서 살아갈 수밖에는 없다. 그 생각에 구속에서 벗어나고 정신적 의식 속에서 자유를 찾아야만 심상의 근원이 편안해지고 가벼워지며 생각으로부터 자유로워짐이 진정한 자유임을 알 수 있다. 그 자유는 생각의 의식에서 자신을 내려놓을 수 있을 때만 가능하다.

구속된 사회의 자유에서 벗어나지 못하고 살아가고 있는 것이 우리가 가지고 있는 고민하고 번뇌하고 복잡한 마음을 가지게 되는 현실에 내 생각을 두고 있기 때문이다. 비록 몸의 육신은 자유를 찾았지만 인간의 또 다른 내면 속 자 속에는 더 깊은 목마름의 갈증의 자유가 욕망하고, 무언중에 그것을 찾고자 하는 마음의 갈망이 의식을 지배하는 목마름이 계속되는 것은 태초에 신으로부터 깊숙하게 숨겨진 자의 신이 만들어 놓은 숙명의 구조 속에서 벗어날 수 없음을 의미하고 있다. 신으로부터 받은 의식 속의 자유는 의식이 정신적으로 깨어나 그 의식에서 벗어나야만 가능하다. 인간은 더 깊은 자유를 갈망하고 목말라 하기 때문에 육으로부터 자유로워질 수가 없다. 신을 의지하고 신으로부터 무엇을 받고 싶어 하는 것은 인간의 본능이고, 부족함을 느끼고 욕망을 계속 갈구하는 육이기 때문이다. 육은 과욕하며 욕망으로 나가도록 부채질하며, 유혹에 쉽게 빠져들 수 있는 악의 존재를 한 면에 숨겨서 가지고 있기 때문이며, 그래서 육은 반복되는 교육이 필요하고, 습관화된 습관화가 몸에 배어 있어야 하며, 항상 암시적인 암시를 주입시켜 줘야만 한다. 육은 교육에서 멀어지면 육의 본질로 가려는 습성을 가지고 있다. 젊음의 나이로 무엇이든 할 수 있다는 자세로 살아가다가 어떤 계기로 내가 잘 살고 있는가를 어느 시점에서는 반드시 의문점으로 삶을 돌아보게 되어 있다. 세월이 덧없이 흘러갔다는 것을 알 때다. 지금 현재의 나의 위치를 찾고 나면 그때서야 내가 지금까지 돈의 노예로 돈의 뒤를 쫓고 따라갔지만 무엇 하나 아직 근거로 보여줄 내세울 것이 없음을 안다.

 지금까지 살아온 생에 내가 무엇을 추구하고 추구한 결과물에 대해서 나에게 남은 것은 무엇이 있는가를 확인되는 시점이 반드시 오게 된다. 인생의 허망함과 정신적인 스트레스를 받게 된다. 사람의 운명은 정해진 대로 살아가지만 어떤 사람을 만나느냐에 따라서 미래의 나가 결정되어지기도 한다. 그 만남은 우연한 만남보다 내가 끌어당기는 곳으로 이동되며, 직감으로 알 수 있는 인연의 만남이 이루어진다. 서로의 만남이 어떠한 끌어당김으로 이루어졌는가가 중요하다. 나의 끌어당김의 마음이 어떤 것을 취향하고 추구하고 있었는지가 그런 사람으로 만남이 이어진다. 내 주위를 보면 내가 어떤 삶을 살고 있는지를 알 수 있듯이 내가 추구하고 있는 생각을 알면 그런 방향으로 끌어당김은 일어난다. 혼자 있기를 갈구하면 혼자 있을 것이고, 둘이 있기를 원하면 둘이 되고, 어떤 무리에 속하기를 원하면 그 무리 속에 나는 반드시 그곳에 있게 되어 있다. 내 삶은 내가 생각하는 대로 결국에는 살아가고 있음을 알게 된다. 생각이 나를 지배한다. 생각하는 대로 나는 오늘도 움직이고 있다. 나를 보호하는 생각을 하면 나를 보호하게 되고, 나를 자책하면 나는 자책하게 된다. 후회하면 나는 후회하게 된다. 무엇이든 찾게 되면 찾게 된다. 결과를 떠나서 반드시 내가 생각하고 행동하는 대로 반응하게 되는 것이 인간 신의 섭리다.

내가 나를 보호할 줄 알아야만이 남으로부터 신으로부터 보호를 받을 수 있는 계기가 마련되며, 보호되는 울타리가 먼저 우선적으로 만들어지는 것이다. 누군가가 나를 도울 수 있는 계기가 마련되어 있지 않으면 도와주고 싶어도 도와줄 수 없다. 복권을 사지도 않고 당첨되는 것을 기대하는 것과 마찬가지다. 내가 하지 않으면 아무것도 되지 않는 현실적인 자연의 법칙이다. 인간의 생의 삶의 법칙은 반드시 나로부터 시작된다. 내가 없으면 아무것도 없다. 내가 있어야만, 내가 존재해야만 성립되는 신의 조화이며, 신이 존재한다는 원리이다.

신은 존재한다. 존재한 신은 어디에 있을까? 모든 이의 내 마음에 있으며, 우주공간에 내가 있다고 하는 어디에나, 어느 곳에나 있다고 생각하는 곳에는 반드시 존재하고 있다. 신은 스스로 있는 자이며, 스스로 있다고 믿는 자는 스스로부터 신의 기를 받는다. 내가 나를 사랑하지 않는데 누가 나를 사랑해줄 것이며, 내가 나를 보호하지 않는데 누가 나를 보호해줄 것이며, 내가 나를 높여주지 않는데 누가 나를 높여줄 것이며, 나를 사랑하고 나를 보호해주고 나를 높여주면 누군가도 나를 사랑해주고 보호해주고 높여주는 원리다. 내가 무엇이든 해야만 성공이든 실패든 결과가 있다. 하고자 하는 마음 자세가, 할 수 있다는 긍정의 마음이 나를 믿음 속에 내가 있게 인도해주며, 내 곁에는 항상 나 자신의 신이 함께함을 믿음으로 이어진다. 마음 의식 속 정신적 자유와 몸 신체의 자유로 분류되며, 신체의 자유가 얻어지면 또 다른 의식 속 자유를 갈망하는 것은 의식 속 내면은 신이 함께하는 성전이기 때문이며, 신의 정신이며, 의식 속 자유로움을 찾는 도구가 되어주는 신의 정신에 근거를 두는 신의 정신으로부터 진정한 자유는 나오게 된다.

44

인생 덧없다

　인간의 육은 반드시 죽으며 자연으로 돌아간다. 육은 자연으로부터 부모님에 의해서 태어났으며, 자연에 살고 자연의 흙으로 돌아가는 것은 자연의 섭리이고 순리이다. 인생은 한낱 꿈이었다. 인생무상 남가일몽 일장춘몽 인생은 한낱 꿈이었다. 죽음 앞에서는 아무것도 할 수 없는 인생 덧없음을 말한다. 인생은 한편으로 즐겁고 희로애락을 함께하고 소중한 시간들과 잊고 싶지 않은 젊은 날의 추억을 부귀영화를 꿈꾸며 앞만 보고 살아온 세월이 어느 순간부터 허망함을 느끼며 한바탕 꿈인 것을 알게 되며, 누구나 생로병사 앞에서 고통으로 죽어간다. 한바탕 큰소리로 우렁찬 울음소리로 왔다가 쓸쓸하게 혼자만이 죽음과 고독함과 싸우며 떠나가는 것이 인생사다.

성경중문 요약에서 – 인생 무상함

전도자가 이르되 헛되고 헛되며 헛되고 헛되니 모든 것이 헛되도다. 해 아래 수고하는 모든 수고가 사람에게 무엇이 유익한가. 한 세대는 가고 한 세대는 오되 땅은 영원히 있도다. 해는 뜨고 해는 지되 그 떴던 곳으로 돌아가고, 바람은 남으로 불다가 북으로 돌아가며, 이리 돌며 저리 돌아 바람은 그 불던 곳으로 돌아가고, 모든 강물은 다 바다로 흐르되 바다를 채우지 못하며, 강물은 어느 곳으로 흐르든지 그리로 인하여 흐르느니라. 모든 만물이 피곤하다는 것을 사람의 말로 다할 수 없나니 눈은 보아도 족함이 없고 귀는 들어도 가득 차지 아니하도다. 이미 있던 것이 후에 다시 있겠고 이미 한 일을 후에 다시 할지라. 해 아래에는 새것이 없나니, 무엇을 가리켜 이르기를, 보라 이것이 새것이라 할 것이 있으랴. 우리가 있기 오래 전 세대들에도 이미 있었느니라. 이전 세대들이 기억됨이 없으니 장래 세대도 그 후 세대들과 함께 기억됨이 없으리라. 마음을 다하여 지혜를 써서 하늘 아래에서 행하는 모든 일을 연구하고 살핀즉 이는 괴로운 것이니.

지금 하고 있는 일이 후세에서도 다시 반복된다는 의미로 해 아래 새것이 없고 무엇을 가리켜 새것이라고 할 수 있겠는가. 인간의 삶은 윤회되어 그 삶이 이어져 또 살고 또 오고 또 가고 해 아래 새것이 없지만 똑같은 삶이 이어져 계속되지만 기억됨이 없는 것은 육의 옷을 입고 있기 때문이며, 망각의 동물로 옛것을 기억할 수 없게 함은 신의 조화이시다.

　우리가 살고 있는 세상은 순탄하게 순조롭게 매끈하게 만사형통하게 지나갈 수 없다. 때로는 풍랑이 일고 비바람이 불고 눈을 맞으며 긴 세월 살면서 그 속에서 때가 있고 때가 아님을 알아야 한다. 나이도 먹어가면서 나이에 맞게 행동해야 하며, 그 세월에 부딪혀가면서 피해 갈 때가 있고, 온몸으로 막고 가야 할 때도 있다. 가서는 안 될 때와 서로가 서로를 피해 줄 때가 있다. 피하지 않고 부딪치면 사고로 연결되어 후회를 두고두고 할 때도 있다. 인생은 반드시 피할 때는 피해 줄줄 아는 지혜가 있어야 생이 순탄하게 흘러갈 수 있다. 인생은 자연의 순리 앞에 순응해야 하며, 육은 숙명 앞에서 숙명으로 받아들이는 것이 숙명이며 자연의 이치다.

45

운칠기삼

운칠기삼이란 말이 있다. 운칠기삼은 예로부터 운은 하늘이 내린다는 말이다. 우리 주위를 보면 저 사람은 노력도 별로 안 하는데 일이 잘 풀리고 잘 되는 사람을 볼 수 있다. 운이 내가 노력하는 것보다 앞선다는 얘기이다. 아무리 노력을 해도 안 되는 경우를 경험했을 것이다. 사람의 힘으로 안 되는 것을 말한다. 노력하는 것은 기본이고, 운이 있어야 하는 일이 술술 잘 풀린다. 그러면 과연 운은 어디에서 오는 것일까? 어떻게 해야 운이 있는 사람이 될까? 우리는 무엇을 하던 운을 탓하고 운에 얽매여 산다. 누구나 운 있는 사람이 되길 원하고 바라며 기대를 가지고 살아간다. 운은 하늘의 기이며 하늘에서 내려온 에너지가 운이다. 하늘의 마음이 노하면 운이 들어올 수 없듯이 내 마음이 노하면 운이 들어올 수 없다.

운은 마음가짐에서부터 들어오기도 나가기도 한다. 착하다고 부자로 살 수 없으며, 착하게만 산다고 부자로 살 수 없다. 착하다는 것은 여리다는 얘기다. 여리게 산다는 것을 내가 할 수 있을까? 자신감이 없는 마음으로 가득 차 있다면 그 마음이 항상 가난을 부르고 있다는 것이다. 부자로 가는 첫 번째 조건은 마음이 부자여야 한다는 것이다. 좀 더 내면으로 들어가 보면 영혼의 마음이 부자의 씨앗으로 충만하게 심어 있어야 한다는 것이다. 영혼의 마음이 부자가 되기 위해서는 먼저 외면인 육의 마음에서부터 시작된다. 육의 마음이 부자로 가기 위해서는 지금까지 부정의 세포로 포장되어 있는 세포들을 긍정의 세포로 바꿔주어야 한다. 부정을 긍정으로 바꿔주는 행위로는 감사가 있다. 감사는 부정을 희석시켜 주는 마법을 가지고 있다.

육의 마음이 감사로 열려 있으면 내면의 소리를 들을 수 있다. 어떤 마음을 가지고 사느냐에 따라서 그 기운이 내면의 마음에 심어진다. 세월이 흘러 그 씨앗이 자라서 가득 차면 밖으로 나타낸다. 그것이 운이다. 내가 운을 받고 있다는 것을 감지할 수 있다. 영혼의 사랑은 육의 사랑보다 훨씬 크고 더 사랑의 깊이가 깊다. 영혼으로부터 느낌을 받으면 그것을 꼭 실행으로 연결시켜 주어야 한다. 생각하고 고민하고 상상하고 설계하고 실행하고 그것을 몸소 몸으로 체험하고 실행해 나아가야 결과물을 보상받을 수 있다. 운이 있다고 해서 그냥 결과물이 하늘에서 떨어지는 것은 아니다. 운이 있을 때 노력하는 것은 결과물을 더 쉽게 가져올 수 있는 현상을 말한다.

그 결과물이 실패여도 좋고 성공으로 연결되어도 좋다. 실패는 실패의 요인을 찾아서 줄이고 그것을 바탕으로 수정 보완해서 다시 도전하는 것이 운을 더욱 좋게 만들어가며 살아가는 방법이 인생 공부이다. 영혼은 육이 바로 성공하는 것을 바라지 않는다. 그 이유가 있기 때문이다. 단계, 단계 과정을 걸쳐서 어렵게 이루어낸 성공을 값지고 고귀하고 중요하게 받아들인다. 이런 과정은 육도 성장하지만 영혼도 성장하는 과정이다. 야곱, 요셉, 바로 왕, 모세도 실행의 단계를 거쳐서 좋은 결실로 연결시켰다. 우리는 그들의 교훈에서 지혜를 배우고 지식을 쌓아서 내 인생에 보탬이 되는 삶으로 연결시킬 의무감을 가지고 살아야 한다.

신은 인간을 도구로 쓰기 위함이시고, 인간은 그 도구를 이용해서 지구에 있는 모든 사물들을 창조해내고 있는 장본인들이다. 영혼은 내 삶의 70%의 영향을 가지고 있으며, 그 역할을 담당하고 있는 시스템 속에서 살아간다. 그 시스템 속에서 30%는 본인 자기 노력으로 구성되어 있다. 처음에는 외면의 나의 생각과 의지로 몸을 움직이는 에너지를 가지며, 나중에는 영혼의 에너지로 움직여 30%의 노력으로 70%의 성과를 만들어낼 수 있는 인체구조의 리듬으로 내 삶의 발전이 부로 전개됨을 알 수 있을 것이다.

인생은 70%의 영혼의 시스템 속에서 30%의 본인 자구노력으로 구성되어 있다는 것을 안다면 영혼을 잊고 산다는 것은 30%의 육의 인생만으로 살겠다는 것과 같은 것이다. 30%만의 인생을 살 것인지 100% 인생으로 전환해서 살 것인지는 본인 스스로 선택에 달려 있다. 사람 속에 사람이 있는 것을 모르고 사는 사람들이다. 70%의 영혼의 삶을 무시하고 30%만의 인생을 살려 하면 고통의 시련으로 힘든 삶을 살게 될 것이다. 나를 모르고 산다는 것은 육의 무지에서 나오는 행위이며, 고집이며, 무얼 몰라서 하는 삶의 결과값은 항상 힘든 생이 된다. 지금까지 살아온 고정관념에서 깨어 벗어나야만 어려운 삶에서 벗어날 수 있지만 육이 깨어나지 못하면 벗어날 수 없다. 엄마 아버지도 그렇게 살아왔기 때문에 나도 자식도 그렇게 사는 것에 아무 부담 없이 받아들이고 당연시 여기며 지금까지 이어져 왔다면 앞으로도 그렇게 살아가게 되겠지만 고정관념에서 탈피해야 하며, 자식에게 이런 유산을 물려주어서는 안 될 것이다.

우리 일상생활에 적용받으며 그 틀 안에서 발전하고 자

기계발로 이어져 살아가는 것이 인생길이다. 우리 삶은 영혼의 성장 속에 묻혀 사는 인생이다. 육의 생은 70~100년의 짧은 삶으로 생을 마감한다. 우리 삶은 7 : 3 속에 살아가는 운칠기삼의 운의 비율을 적용받으며 자신의 가치관이 뚜렷하게 살아갈 수 있는 구조를 가진 신으로부터 부여받은 구조적 선물을 받고 그 선물을 잘 활용하며 살아가야 할 사람들이다. 우리 인체의 생체 구성이 나만의 노력만으로는 절대 불가능한 일이라는 것을 알아야 한다는 것이다. 어떤 다른 큰 기의 힘이 작용한다는 얘기다.

육의 에너지에는 말과 생각과 상상으로 구성되며, 우리 몸을 어떤 방향으로 이동시킨다. 우리 몸이 움직일 때는 반드시 생각이 먼저 생기며, 후에 몸은 그대로 행동한다. 가끔은 순간적으로 몸이 반사적으로 움직일 때도 있지만, 대부분 생각 후에 움직인다. 우리는 아침에 나오면서 핸드폰 충전을 충만하게 채워서 출근한다. 집에 들어갈 때면 충전 상태가 반 이상 소멸되어 있음을 알고 다시 충전을 한다. 마찬가지로 우리 몸도 매일 충전을 받아야만 살 수 있다. 음식으로 충전하고 잠으로 충전을 하지만 더 큰 충전은 마음을 충전하는 것이다. 마음의 충전이 보약이며, 마음의 충전이 부를 끌어당긴다는 비밀이며, 그 비밀 속에 영혼의 마음이 충만함으로 가득 충전되면 그 삶이 현실에 창조물로 나타난다.

　마음이 힘들 때나 고민거리가 생겼을 때 마음을 받아줄 수 있는 친구에게 얘기하면 마음이 후련해지는 것을 느꼈을 것이다. 하지만 더 큰 마음의 해소는 해주지 못한다. 나머지 해소는 스스로 마음이 편안해지고 그 고민이 해결되어야 해소가 될 것이다. 그 해소가 되는 과정에서 직접적으로 나에게 위안을 주고 마음을 편안하게 할 수 있는 것은 마음의 충전이다. 인간 생체구조를 알면 인생 아주 쉽게 살아갈 수 있는 조건의 도구를 취득하는 조건이 될 수 있다. 주위에 너는 잘할 수 있어, 라고 그렇게 말해줄 사람이 있다면 참 좋은 친구를 둔 것이다.

　그보다 더 좋은 친구가 내면에 있음을 우리는 모르고 산다. 그 친구는 항상 나를 응원하며 지지해주며 참 잘한다고 말해주는 진정한 친구이자 동반자이다. 내 그릇은 내가 키워간다. 영혼과 함께 키워가는 그릇은 많은 것을 채워 담을 수 있는 그릇이 될 수 있다. 인생은 어차피 경험과 실패를 바탕으로 또 다른 기회를 터득해가는 것이 인생이다. 단지 누가 더 빨리 터득하고 깨우침을 얻어 찾아가는 것이 우선일 뿐이다. 하늘의 에너지장은 외면인 나와 내면의 나가 함께 영혼인 자를 큰 자로 키워가는 실습 현장의 에너지를 제공하는 곳이다. 곧 나를 키우는 것이며, 큰 자와 작은 자가 합심하면 하늘의 문은 열리게 된다는 것이다.

그동안 열심히 살아왔다고는 하지만 무엇이 손에 잡히지 않고 내가 무엇을 해야 할지 길을 잃어버리면 몸이 아프기 시작한다. 내가 앞으로 갈 길이 희망이 안 보이거나 무엇을 할지 모르게 될 경우 부주의로 사고가 나게 되고, 심신이 지치고 의욕이 없고 우울해지며 정신적인 우울증이 찾아 올 수 있다. 몸이 진정이 안 되고 가슴이 두근거리며 심신 불안증이 찾아온다. 나를 잃어버리고 있다는 증거이다. 나를 찾는 자세가 필요하며 근원인 뿌리를 찾아서 믿음을 키우는 것에 마음의 문을 열고 감사하는 마음으로 마음을 치유로 다스려줘야 한다. 근면 성실하게 산다고 부자가 되는 것도 아니며, 착하고 선하게 산다고 부자로 사는 것도 아니다.

시스템 속에서 열심히 사는 것과 모르고 열심히 사는 것은 분명하게 차이가 있다. 시스템 속에서 사는 것은 날개가 있을 것이고, 모르고 사는 것은 날개가 없을 것이다. 열심히만 살려고 발버둥치지 말고 어떻게 살아야 하는 시스템 속에서 열심히 사는 방법을 배워야 한다. 권투선수가 링 안에서 마음껏 자신의 실력을 발휘해야 승리를 할 수 있다.

링에서 벗어나 아무리 열심히 해도 인정받을 수 없듯이 인생도 인생의 룰 안으로 끌고 들어가 그 룰 안에서 알고 열심히 노력을 해야 한다. 기가 흘러가도록 길을 열어주어야 하며, 물이 고여 있으면 썩듯이 물이 흘러가야 또 다른 물이 들어와 새 물로 맑아지듯이 기가 흐르도록 기의 물고를 터주어야 한다. 무엇을 배운다는 것은 기의 흐름의 길을 열어준다는 의미를 가진다.

영혼은 때가 되면 그 실행으로 인간의 육을 도구로 활용할 것이며, 육도 영혼을 도구로 사용한다. 둘은 지구상에서 없어서는 안 될 필수불가결의 존재의 관계를 가지고 있으며, 육은 영혼아이를 감사함으로 성장시키면 영혼은 육을 부로 인도할 것이다. 영혼은 천상에서 지상에서 경험한 모든 지혜의 지성을 가지고 있으며, 열쇠 키를 가질 수 있는 정보를 제공해준다. 우리는 이런 영혼과 날마다 같이 살고 있으며, 우리 자신의 육이 축복받고 있음을 알아야 한다. 세상의 모든 진실은 나를 통해서 본인을 통해서만 세상 밖으로 나타나게 된다.

46

인간은 두 번 나야 한다

　인간은 두 번 태어나야 한다. 첫 번째의 태어낳음은 운명적 태어남으로 부모로부터 잉태되며 큰소리로 우는 것이다. 내가 이렇게 씩씩하게 세상에 왔음을 알리는 소리다. 첫 번째 태어남은 자기 의지와는 관계없이 숙명적으로 생각할 수 있지만 더 한 차원의 높은 곳 천상의 세상으로 들어가 보면 자기 스스로부터 자기가 스스로 선택해서 왔으며, 자유의지의 결과물이다. 자유의지란 무엇이든 할 수 있는 기본적 자유이며, 자유 뒤에는 반드시 책임이 같이 동반한다. 그 결과물을 잊어버리고 기억할 수 없이 살아갈 수밖에 없는 것은 사람의 시종을 알 수 없게 만들어 놓은 신의 조화이기 때문이다. 시종은 사람의 시작과 끝을 모르게 했다는 것이다. 태어낳음의 시작과 죽음의 끝은 서로 연결되어 있다. 우리가 모르고 살아가는 것은 내면의 나는 외면의 나로부터 지배를 받기 때문이다. 하지만 지배를 받지만 결국에는 그 결과물은 내 현실의 현주소는 내면의 자의 삶이 된다. 결국에는 큰 자가 작은 자를 섬기리라 하는 말이 있듯이 여기서 큰 자는 외면의 자이다. 큰 자는 장자의 자리를 어린 자에게 팔았기 때문에 어린 자가 내면의 나의 실제 모습이며 현주소가 된다. 모든 부의 삶은 아우로부터 나온다. 외면의 눈에 보이는 현상은 영화 화면처럼 TV 화면처럼 스쳐 지나가는 스크린처럼 보이는 현상이다. 이 스크린 현상들이 내면의 자에게 미치는 영향은 스쳐가는 형상으로만 볼 때는 매우 작다.

내면의 자는 외면의 나로의 사고로부터 성장해간다. 외면의 나가 어떤 사고를 가지고 살아가고 있는지가 매우 중요하다. 그래서 무엇으로 성장을 하던 성장은 해간다. 좋은 씨앗으로 심고 자라게 할 수 있는 것은 큰 자의 몫이 된다. 큰 자의 마음가짐이 그만큼 중요하다는 얘기다. 운이 들어오고 나가게 하는 것도 큰 자의 책임이며, 내가 잘 살고 못 살아가는 것도 큰 자의 역할이 크다. 큰 자는 땅에서 태어났으며, 작은 자는 하늘로부터 왔다. 어린 자가 입궁하지 않으면 임신이란 될 수가 없다. 그래서 자식은 하늘이 주는 선물이라고 한다. 우리는 그 선물을 귀하게 여기며 살아가지만 때로는 그렇지 못하는 경우도 있다. 세상의 위치를 모르는 행위이다. 세상의 나의 삶은 어느 정도 정해진 라인에서 삶을 살아가는 것이 원칙이지만 큰 자의 육이 얼마나 깨우침을 얻고 지식과 지혜를 겸하고 있는가가 관건이 될 것이다. 첫 번째는 큰 울음으로 세상에 태어남을 알렸다면 두 번째는 육이 정신적 깨우침에서 거듭남의 깨어남의 소리이며, 또 다른 새로운 삶이 전개될 수 있다는 것이다.

두 번째 태어남은 자기 의지로 자기 스스로부터 깨어 낳음이다. 대부분 사람들은 한 번의 태어남으로 생을 마감하는 경우이다. 10% 정도는 두 번 태어낳음을 알고 깨우쳐 가는 경우가 있으나 고지에 닿기까지는 극소수의 사람들만이 두 번째 태어남의 깨우침의 고지에 도달하는 사람들이다. 우리는 극소수의 사람들보다는 10% 정도에 사람 속에 속해서 그것을 향해 가는 경우가 될 것이고, 깨어남은 모든 사물들이 감사의 마음으로 지향하는 마음가짐을 가지게 되며, 일상이 감사로 우러나는 경우이다. 어떤 것으로부터 내 몸으로부터 감사함을 느끼거나 감동을 받고 깨우침을 얻었을 때 스스로가 필요한 상황에서 일의 일어남을 알았을 때 속에서부터 올라오는 것을 감지하며 느낌을 가진다.

감사는 하늘에서 왔기 때문에 감사를 하면 하늘의 기를 받으며, 땅에서의 최적 조건이 형성되면 그 조건에 부합한 기를 받으며, 내면의 자가 생동하게 되면 자연스럽게 끌어당김이 일어나며 운이 들어왔다고 한다. 우리는 학교 다닐 때 자아실현에 대해서 배웠다. 그때는 그 자아실현이 무엇인지 몰랐지만 깨우침에 다가감으로 자아실현의 실체를 경험할 수 있었다. 자아실현을 위해서는 자기실현이 먼저 선행되어야 하며, 자기실현은 제1의 외면의 나이고 자기실현의 나가 실행을 해야만 자아실현을 경험할 수 있다.

자아실현의 나는 제2의 나로서 내면의 나이다. 내면의 자는 100년의 성장만으로 모든 지적 능력을 가질 수는 없었을 것이다. 반복되는 성장을 거듭하여 왔기 때문에 무한한 지적 능력을 가질 수 있었다. 외면의 나는 깨어낳음의 나이며 거듭낳음의 나이며 그것이 목적이 된다. 내면의 자는 성장하는 자이며 성장하는 것이 목적이 된다. 외면의 나가 깨어나지 못하면 내면의 자가 가지고 있는 지적 능력을 가질 수 없다 지적 능력을 가질 수 있는 열쇠의 키는 외면의 나가 가지고 있다. 누구나 가지고 있지만 쓸 수 있는 사람들은 거듭낳음으로 지혜를 가지는 자일 것이다. 독수리의 삶에서 우리는 배웠다. 독수리의 삶처럼 반드시 인간은 두 번 낳음을 언젠가는 반드시 겪어야 한다. 죽음 직전에 가질 수도 있다면 허망할 것이다. 알고 공부하는 것은 지식이 되고, 그 지식은 지혜를 가져다준다. 물고기가 물을 떠나면 죽은 목숨이듯이 사람도 배움이라는 배움의 물을 떠나면 눈만 뜨고 깜박거리는 숨만 쉬는 형상이고, 도구일 뿐이다.

47

부의 근원

 부자가 되고 싶다면 먼저 몸이 부자 몸이 되어야 한다. 부자 몸이 아직 아닌데 부자가 되려고 힘만 쓰면 힘쓴 만큼 더 힘들어진다. 밭이 씨앗이 잘 자랄 밭이 되어야 한다는 것이다. 우리의 삶은 부를 추구하는 우선시되는 삶을 산다. 먹고 살기 위해서 일하며 노동의 댓가로 돈을 받는다. 세상은 물질 만능주의로 돈 걱정 없는 세상에서 벗어나기 위해서 일을 하며, 직장 생활에 장사에 알바에 일일배달을 하며 언젠가는 나도 부자의 꿈을 꾸며 기대를 가지고 일일 하루하루에 얽매어 살아가고 있다. 어떻게 부가 형성되는가? 부의 근원은 어디일까? 근원을 알아야 부자가 돼도 될 것이다. 무엇이든 시작을 알면 시작을 할 수 있다. 시작을 모르면 할 수 없을 것이다. 부의 근원을 풀어보면 부의 근원은 우주이다, 라고 정의를 내려볼 수 있다.

 부의 근원 뿌리는 마음에 있다. 마음이 우주이기 때문이다. 먼저 마음이 부자 되어야 부자가 될 수 있다, 라는 말이 있다. 성경에 보면 부를 하늘에 쌓아라, 하는 말이 있다. 진짜 부는 하늘에 있다. 부는 마음에서 나온다, 라는 말을 많이 들어보고 살아왔다. 마음을 더 나누어 보면 외면의 마음과 내면의 마음과 보낸 이의 마음이 있다. 부의 시작은 외면의 마음부터 시작한다. 외면의 마음을 인위적으로 부자의 마음을 가지면 그 마음은 씨앗이 되어 내면의 마음에 심어져 싹을 틔며 자라게 된다. 그 씨앗이 자라면서 생기는 파장은 보낸 이의 마음으로 전달되어 끌어당김의 도움을 받게 된다. 끌어당김의 부는 외면의 나의 현실에 현주소로 나타나게 되는 현상이 부이다. 모든 사물이 우주만물의 삼라만상이 우주와 서로 연결되어 모두가 다 한 개체로 연결되어 있다는 것이다. 그래서 우주는 하나이며, 모든 것의 근원은 우주가 근원이며, 우주로부터 시작된다.

 부의 근원은 우주이다. 우주는 내 몸이다. 부는 나의 마음에서부터 시작된다. 우리 모두는 부자가 될 수 있는 근원을 가지고 있다. 그 근원의 부를 어떻게 끌어당기는지를 모를 뿐이다. 정신일도 하사불성이란 말이 있다. 어떤 일을 한 곳으로 집중시키면 이루어진다는 의미를 가지고 있다. 내 마음 안에서 바닷길도 열리게 할 수 있으며, 내 마음 안에서 하늘길도 열리게 할 수 있다. 내 몸의 근원에 집중해야 한다는 것이다. 나의 근원에 접근해가야 한다는 것이다.

내면의 근원이 자이다. 내가 가는 길에 등불이 되어주는 것은 자를 찾는 일이다. 자는 나를 인도하는 빛이 되어주며, 존재자로 가는 길이 되어준다. 나를 당당한 위치에 서게 해주며, 우주 삼라만상이 나를 중심으로 펼쳐지며, 내 존재가치가 나를 스스로부터 있게 해주며, 정신적 기의 흐름을 맑게 해준다. 모든 근원은 우주이며, 우주는 내 몸이며, 부는 내 몸의 근원에서 나오며 근원은 자이며 우주이다.

원칙

1. 몸이 부자 될 몸이 되어야 한다.
2. 마음이 부자 될 마음이여야 한다.
3. 지식이 있고 기술이 있어야 한다.
4. 나를 알고 자를 찾아야 한다.

48

외로움을 즐겨라

　어린 시절에는 부모로부터 배우고 학교 다니면서는 학우로부터 그를 보고 부러움도 시기하는 것도 반 친구를 좋아하는 사랑의 마음도 감정으로 느끼며 배우게 된다. 선생님으로부터 방정식을 풀고 공식을 알고 문제를 풀어가는 과정을 배운다. 국어 시간에는 수필을 배우고 시를 배우고 글짓기를 배운다. 영어 단어를 외우고 초등학교, 고등학교, 대학시절을 보낸다. 학교 다니는 시절의 배움으로 배움이 끝인 줄 아는 사람들이 많다. 대학을 졸업하고 취업 후에는 선배로부터 상사로부터 회사 일을 배우며 익히고, 퇴근 후에는 서로 마음이 맞는 동료끼리 술 한 잔을 하면서 사회 생활을 배워간다. 배움은 항상 어디에서나 누구한테나 배울 수 있는 점이 있다. 못된 사람을 만나면 나는 저렇게 하지 말아야지 하면서 그 사람을 보고 배운다. 모든 삶이 내 뜻대로 되지 않는다는 것도 배운다. 배움은 끝이 없으며 죽을 때까지 배우는 것이 삶이다. 배우지 않는 것은 물고기가 물을 떠나는 것과 같다, 라고 했다.

나이가 들어갈수록 혼자 되는 것을 즐기며 고독을 배워야 한다. 고독으로 즐길 줄 아는 것이 고독을 즐길 줄 아는 사람일 것이다. 누구에게 의지하려 하면 나도 힘들어지고 옆에 있는 사람도 가족도 힘들어진다. 삼식이가 되어가서는 안 된다. 의지한다는 것은 나약함이고 고독을 피하려는 것으로 고독을 피하려다 더 고독해질 수 있다. 혼자 보내는 것을 배우고, 자신의 내면과 대화를 나누고 혼자 할 일을 찾으며, 노후를 즐기는 내면의 힘을 키우고 마음공부를 하며, 즐거움을 내면에서 찾아 즐기는 것이 지혜 있는 사람이다. 마음에 행복은 마음에서 찾아야 하며, 아무리 좋은 순간도 나쁜 순간도 세월이 지우개가 되어주고 안아준다. 세월이 흐르면서 이슬비에 젖어들듯 조금씩 조금씩 세월과 함께 스며들어 가는 것이 행복을 찾아주는 교훈이 되어준다.

마음공부는 나를 찾아가는 길이며, 본향으로 돌아가는 훈련을 준비하는 것이다. 갑자기 찾아오는 몸의 변화에 당황하게 되며, 질병이라는 낯선 환경에 부딪치면 놀라고 패닉상태에 빠진다. 우울증, 상실감, 불안, 초조, 근심, 불면으로 힘들어한다. 무엇이든 알아야 준비할 수 있다. 지식의 부족에서 오는 심적 불안이다. 충격으로 한탄하게 되고 공포에 휩싸이고 위기의식을 느끼게 된다. 또 다른 면으로는 정신적인 깨어낳음의 계기가 마련되기도 하며, 방어능력이 생기며, 그 상황을 인지하고 적응해가기 시작한다. 이런 모든 상황들이 펼쳐지는 것은 또 다른 삶을 살라는 깨우침을 주기 위한 정신적 성장의 깨우침이 될 계기가 마련되며, 그것을 감지하고 마음공부를 시작하게 되면 심적으로 불안에서 점차 벗어날 수 있어진다. 사람은 죽음 앞에서는 숙연해진다. 죽음을 슬퍼할 것이 아니라 또 다른 세상의 시작이라고 생각할 수 있는 믿음을 가진 사람만이 진정한 삶을 아는 위인이 될 수 있다. 그것을 안다는 것은 다음 생에 대한 믿음이 있다는 얘기로 믿음은 실체가 있어야 그 믿음은 더 강해지고 믿음이 믿음을 더 깊게 만들어준다. 공부하고 마음을 다스리고 깨우침을 얻어야만 시련에서 고통에서 죽음에서 더 자유로워질 수 있다.

누구에게나 찾아오는 생로병사의 자연의 이치이며 우주의 마음이다. 육의 죽음은 정해져 있는 명제다. 세월이 흘러갈수록 날이 갈수록 죽음에 가까워가고 있다. 하늘의 명으로 받아들여야 죽음 앞에서 의연해지고 죽음 자체를 감사로 받아들여지는 자세가 믿음일 것이다. 믿음은 인간 기본의 마음이고, 믿음은 감사로 이어져 감사의 마음이 크면 그만큼 의연해진다는 얘기다. 감사는 우리가 평생 가져가야 할 영혼의 마음이다.

내 삶을 어떤 곳, 어떤 것, 어떤 누구에게 의지한다는 것은 지식에서 오는 부족함이다. 내 삶은 내가 스스로부터 이겨내는 것이 내 삶이지 어떤 곳에 의지한다는 것은 내 삶을 그곳에 맡기는 피동적인 삶을 살게 된다. 이런 상황들을 극복하기 위해서는 정신적 깨어남과 지식을 가지는 지혜의 자로 거듭나는 탈바꿈이 되어야 한다. 나이가 들어가면 눈이 어두워지고 귀가 멀어진다. 모든 세상이 어두워 보이고 앞이 침침해 보이는 것은 나이가 들어갈수록 말수를 줄이고, 들려온 말도 못 들은 척하라는 신의 섭리로 감사로 받아들일 때 진정한 감사가 마음으로부터 나오게 된다.

마음을 비우는 것은 걱정을 비우는 것이다. 우리 위를 비워보면 속이 편안하다. 착하게만 사는 거하고 영리하게 사는 거는 다르다. 지혜에 눈을 떠야 한다. 착하게만 사는 사람들은 대부분 가난하게 사는 경향이 많다. 왜냐하면 남에게는 한없이 좋지만 자기 자신을 한없이 괴롭히는 경향이 많다. 자신을 자책하고 후회를 많이 한다는 것으로 자신을 못 살게 하고, 술로 그 상황을 벗어나려고 한다. 나를 괴롭히는 일은 신께 죄를 짓는 것이다. 내가 내 자신을 괴롭히는 것은 나와 같이한 내 자를 혹사시키는 것과 같아서 자의 신에게 죄를 아주 많이 짓는 일이 된다.

모든 우주만물의 공간은 비어 있는 구조이다. 하늘이 비어 있으며 땅이 비어 있다. 내가 살고 있는 공간으로 집도 방도 사무실도 비어 있다. 인간과 더불어 모든 사물의 구조인 원자도 텅 비어 있는 구조이다. 우주만물은 똑같은 원리로 비어 있으며, 비어 있는 것은 채우기 위함이며, 또한 편안함을 주기 위한 우주 원리이기 때문이다. 속을 비우고 밥 한 끼 정도 굶어보면 속이 너무 편안하다는 것을 느낄 것이다. 모든 사물이 비어 있으면 편안함을 주는 것은 우주의 원리구조이다. 작은 다락방이지만 혼자 들어가 있으면 편안함을 안겨준다. 그릇도 비어 있고 컵도 비어 있고 손바닥도 비어 있다. 무엇을 잡기 위함이다. 모든 것들이 비어 있는 것은 채우기 위함이다. 마음도 비우고 속도 비우고 머리도 비우고, 비어 있는 공간을 만들어가는 지혜가 필요하며, 마음도 머리도 편안한 감사로 다시 채워가야 한다.

49

인간은 자수성가형

　인간은 자수성가형이다. 자수성가는 혼자 힘으로 개척해 가며 성공하는 것을 말한다. 지금 내가 현 처지에 있는 것이 중요하지 않다. 어떻게 성장해갈 것인지, 성장해갈 방향성이 보이는지가 더 중요하다. 인간은 태초부터 자수성가형으로 지구에 태어났다. 내가 가고 있는 방향을 알고 가고 있는 자체가 더 중요하다. 알고 가는 것과 모르고 가는 것은 큰 차이가 있다. 내가 알고 가는 것은 미래의 희망이 보이지만, 막연하게 간다면 희망이 보이지 않으며, 여기도 들리고 저기도 들리고 들리다 보면 하 세월이 지나서 반 세월이 넘어가고 있을 것이다.

　인간은 태초부터 자수성가형이었기 때문에 지금 아무것도 없다고 실망하거나 좌절하거나 괴로워할 필요도 슬퍼할 필요도 없다. 그보다 더 슬프고 힘든 것은 갈 방향을 모른다는 것이다. 희미한 불빛이라도 보고 따라가는 것과 불빛 없는 밤거리를 걷는 것은 다르다. 인간은 무엇을 하든

한 번으로 할 수는 없지만 알고 도전하고 있는 것과는 다를 것이다. 실수도 하고 경험도 하고 실패로 깨우침을 얻고 작은 성공도 해보고 쓴맛 단맛을 겪고 살아가는 것이 경력이 되고 가는 방향의 밑거름이 되어준다. 갈 방향을 알고 신의 정신으로 살아간다면 성공은 반드시 나를 외면하지 않을 것이다. 신은 반드시 나를 도와주기 위해서 존재하는 것이다. 나를 돕기 위해서 있기 때문이다. 알고 스스로 희망으로 가고 있는 육은 자를 만날 것이며, 반드시 신으로부터 스스로 도움을 받는다. 스스로로부터 자를 돕는 자가 나의 신이기 때문이다.

내가 지구에 있는 것은 있게 하기 위해서이다. 지구 또한 있게 하기 위해서 있으며, 나 또한 있게 하기 위해서 존재하는 자이기 때문에 지금 없는 것은 당연한 것이며, 지금부터 시작하면 되는 것이다. 없기 때문에 있게 하기 위해서 내가 있다고 생각하면 도전할 정신이 살아난다. 내가 있는 이유를 알게 되면 내가 할 사명이 보인다. 지금 당장 한 줌을 집어준다고 해서 살아남을 수 없다. 어떻게 살아야 할 방향성이 더 중요하며, 지식을 알아가는 것이 더 중요하며, 내가 있는 이유를 아는 것은 더 중요하다.

인간은 자수성가형이다. 방향만 알게 되면 스스로 내 성향과 어느 것이 맞고 안 맞고를 알며, 지금까지 살아온 실패도 성공도 경험도 내가 가지고 있는 성향을 비교해보면서 하나씩 찾아가야 내 것이 된다. 이런 일들이 씨앗을 뿌리는 과정이다. 내가 생각하고 상상하고 노력하고 몰입하게 되면 자는 명확하게 분명하게 답을 주는 비밀이 숨어 있는 원리이다.

50

인생 그림

　인생은 미완성이다. 인생을 완벽하게 완성시켜 가는 사람은 지금 가는 과정에 서 있는 사람이다. 각기 타고난 그릇대로 다양하게 삶의 그림을 그려가는 것이 인생이며, 완벽한 듯해도 부족한 것이 인생 그림이다. 인생은 어떤 삶을 살아도 미완성이다. 인생은 그려가는 그림과 같다. 하얀 도화지에 하나씩 그려가는 것이 인생 그림이며, 처음부터 잘 그려질 수 없다. 그리다 잘못 그려지는 그림도 있을 것이고, 마음에 들지 않아서 지워버리고 싶은 그림도 있을 것이다. 한 번 그려진 그림은 지워낼 수 없는 것이 인생 그림이며, 잘못 그려진 그림 위에 다시 잘 그리려고 노력하는 것이 인생 그림이다. 잘못 그려진 그림은 세월이 흔적을 흐리게 해줄 뿐이다. 지워지지 않는 흐려진 흔적의 자리에 또 새로 그려가야 하는 것이며, 반복되는 것이 인생 그림이다. 인생 그림은 내가 그리는 것이며, 누가 그려주지 않으며, 반드시 내가 그려야만 하는 그림이다. 못 그려도 내가 그리는 그림이 내 인생 그림으로 내가 스스로 그려가는 것이 내 그림이 된다.

  인생 그림은 판소리와 같아서 판소리 속에 들어 있는 목소리에는 우리 조상의 애달픔이 들어 있으며, 살아온 얼이 들어 있으며, 한의 깊이가 들어 있는 소리 그림이다. 인생 그림은 써가는 수필이며 써가는 편지이다. 편지를 쓰다가 지워버리고 또 쓰고 보낼까 말까 하는 속타는 애타는 심리가 들어 있는 그림이다. 인생 그림은 흘러가는 세월이다. 세월의 흔적 속에는 나이의 흔적이 들어 있으며, 나이 흔적은 지울 수 없는 흔적이다. 누구나 나이를 먹으면 흔적이 피부로 나타나며, 나이 흔적을 알고 자연의 순리에 따름을 알아가는 인생 나이 흔적 그림이다. 인생 그림을 누구나 처음부터 잘 그릴 수 없지만 그래도 그려야 하는 것이 인생 그림이다. 흐려진 흔적의 자리에 또 새로 그려가야 하며, 좋은 그림으로 다시 그려갈 수 있도록 새로운 그림으로 다시 잘 그려질 수 있게 마음의 빈자리를 채워주는 깨우침이 있어야 하는 인생 제2의 삶의 존재의 자를 알아야만 내 그림이 완성도에 더 접근해갈 수 있음을 알아야 한다. 점차 그림은 천연색 색동물감으로 돋아날 것이며, 그림은 훗날에 색동저고리 옷으로 창조된 색감으로 그림이 되어 나타나게 된다. 그 그림이 잘 그려져 마음에 들 수도 안 들 수도 있겠지만 그것은 다시 교훈이 되어 나를 한 차원 더 성장시켜 주게 해주며, 좀 더 나은 인생 화가가 되게 만들어줄 것이다.

　인생은 미완성 그림이다.
　인생은 그려가는 그림이다.
　인생은 그리다 마는 그림이다.
　인생은 각기 다른 그림으로 그려간다.
　인생 그림은 항상 아쉬움이 남는 그림을 그린다.
　인생 그림은 정답이 없다.

51

내 삶은 내가 끌어당긴 삶이다

    내 생은 내가 끌어당긴 인생이다. 내가 하는 생각 속에 들어 있는 생각이 사주이다. 노력하는 것도 사주에 있는 만큼만 노력하게 된다. 내가 생각하는 대로 내 생은 흘러간다. 내 삶에서 어려운 일이 있다면 그것 또한 내가 끌어당기고 있다는 것이다. 내 삶에서 좋은 일이 있다면 그것 또한 내가 끌어당기고 있다는 것이다. 내가 끌어당기고 있는지도 모르고 살아가는 것이 끌어당김이다. 대부분 사람들이 그러하다. 10% 정도의 사람들만이 알고 있는 비밀 적인 삶을 산다. 알고 있는 것과 모르고 있는 차이가 내 삶을 바꾼다. 실천하고 살아가는 사람과 실천하지 않고 살아가는 사람들의 차이일 것이다. 대부분 사람들은 알고 있으며, 어떤 경로든 한 번쯤은 들었을 것이지만 듣고 나와는 상관없는 것으로 흘려보내는 경우이다.

    소리는 소리로 들어왔다가 소리로 나가 버린다. 그 말이 마음에 담아지지 않았으며, 씨앗으로 키우지 못했다는 것이다. 들에 곡식이 그냥 자랄 수는 없다. 풍년은 그냥 이루어지는 것이 아니다. 농부가 마음으로 키워내지 않으면 풍년으로 수확을 할 수 없다는 말과 같을 것이다. 좋은 씨앗을 심고 내 마음의 밭에서 정성스럽게 키워내야 한다는 의미이다. 감사를 모른다는 것은 하늘의 뜻의 의미를 모르는 행위이다. 모든 내 삶이 감사로 이루어져 있다. 감사의 참뜻을 모를 뿐이다. 감사는 하늘에서 왔기 때문이다. 왜 감사가 하늘에서 왔을까? 인간은 타고난 숙명대로 사주대로 음양오행의 기를 받고 살아가며 내 생각 속의 생각이 사주이며 생각대로 내 삶을 끌어당기고 있는 삶이다. 내가 살아온 뒤를 돌아보면 내가 어떤 생각으로 살아왔는지를 알 수 있다. 나를 찾고 자를 찾게 되면 숙명보다 진보적이고 더 나은 삶을 살게 되며, 감사가 보이기 시작한다. 감사는 하늘에 신으로부터 왔기 때문이다. 자아실현의 자를 실현하기 위해서는 반드시 자기실현의 내가 깨우치며 나가 거듭나야만 가능하다.

52

이순신 장군의 후예

이순신 장군은 싸움에서 이길 수 있는 곳에서만 싸움을 해서 승리를 했다. 이순신 장군의 3대 대첩은 한산도대첩, 명량해전, 노량해전을 말하고 있다. 울돌목은 해남군 화원반도 지역으로 적을 유인해서 필요조건이 맞아떨어지는 곳에서만 싸움을 했다. 울돌목은 병 주둥이처럼 생겼으며, 큰 물과 커다란 파도가 좁은 협곡과 만나 배가 지날 때 위로 솟구쳤다가 바다 속으로 빠지는 듯하여 이 지형을 이용해서 큰 승리를 거두었다는 기록이 있다. 바다의 수조의 차를 이용한 물이 빠르고 소리가 요란하여 바닷물이 운다고 해서 인용된 지명 이름으로 바닷물이 암초에 부딪혀 나는 소리로 바위가 운다고 해서 전해지는 울돌목이라고 한다. 우리는 자랑스러운 이순신 장군의 후예들이다. 싸워서 이길 수 있는 곳에서만 싸움을 해서 승리를 해야 한다.

인생은 기다림이다. 낳을 때도 기다림이었고 죽을 때도 기다림이다. 무엇을 하든 기다리지 않는 기다림은 없다. 좋은 자리가 나올 때를 기다려야 하고, 좋은 때를 기다려야 한다. 좋은 때를 아는 것은 좋은 기다림이 되고, 좋은 때를 알고 있는 기다림은 지혜로운 자다. 내가 지금까지 살아온 세월이 다 기다림이라는 기다림에 근거를 둔 기다림의 생이었다. 기회를 알고 기다림하고, 기회를 모르고 기다림은 지혜의 차이가 크다. 운이 들어올 때 기다리며, 지혜는 운이 들어올 문을 열어준다. 지혜로운 자에게 지혜를 더하면 그가 더 지혜로워진다.

우리는 돈의 물질이라는 굴레 속에서 살아간다. 돈이라는 것은 모든 것을 막아주는 울타리 역할을 해주며, 그 둘레 속으로 들어오게 하는 구조적인 구조물을 가지고 있는 것이 우리가 살고 있는 물질의 사회적 자의 내면의 메커니즘에 적응받으며 살고 있는 인생이다. 메커니즘이란 작동 사용원리의 뜻을 가진다.

무엇이든 때가 있는 법이다. 할 때는 하고 쉴 때는 쉬어야 한다. 때를 알고 쉬는 것과 모르고 쉬는 것은 차이가 있을 수밖에는 없다. 쉴 때를 모르고 하면 힘든 상황을 맞을 수 있고, 할 때에 못하면 기회를 놓치는 경우일 것이다. 투자를 할 때가 있고, 하지 말아야 할 때가 있다는 것이다.

53

인생 역학과 사주

　사주는 받은 선물 상자와 같다. 선물 상자 속에 무엇이 들어 있는지 열어보지 않은 상태에서는 첫사랑의 설레임과 같다고 할 수 있다. 열어보지 않은 상태에서는 알 수 없듯이 인생 미래도 무엇이 들어 있는지 살아보지 않고서는 알 수 없다. 인생 삶은 정답이 없다. 살아본 후에 그 길의 옳고 그름을 알 수 있듯이 살아보지 않고는 그 누구도 말할 수 없는 것이 인생이며 삶이다. 양파는 벗기면 끝이 있지만 인생은 벗겨도 벗겨도 그 끝은 죽음과 또 다른 시작이다. 삶은 타인으로부터 벗겨지는 것이 아니라 내 스스로로부터 천천히 벗겨가는 매미가 허물을 벗는 것과 같다.

　인간은 자연이다. 자연이기 때문에 자연의 무상 변화 속에 서 있는 한 자연이며 인간이다. 한 자연의 일원으로 사람은 하루에도 수십 번, 수백 번의 심적 번뇌 속에서 대인관계로 얽히고 설키기 때문에 심적 변화 속에서 나를 잊고 나가 아닌 나에게 종속되어 살아가게 된다. 소나무 열매가 땅에 떨어져서 흙 속에 묻히고 다음해 봄이 되면 땅에 지열과 에너지의 기운을 받고 씨앗의 발화를 돕고 새싹으로 돋아나고 개화기를 걸쳐서 꽃을 피우고 열매로 수확을 하고 다시 씨앗은 땅 속에서 겨울의 휴면기로 들어가 다시 자연의 섭리대로 윤회의 법칙대로 다음해에 다시 싹을 틔고 새 봄을 맞이하는 것이 자연이다. 운에는 초년 운이 있고, 중년 운이 있고, 말년 운이 있다. 초년 운에는 씨를 뿌리는 단계이며, 중년 운에는 성장과 개화를 하며, 말년 운에는 열매로 수확을 하는 이치로 자연의 법칙대로 운도 흘러간다. 사주는 내가 겪어내야 하며 이겨내야 하는 지침서다. 사주 속에는 정신적 깨어 있음 즉 정신적 깨어남의 부활의 정신이 반드시 내포되어 있어야 견디며 이겨낼 수 있어진다.

　지침서는 어떻게 생겨나며 어떻게 형성되어 우리 삶에 관여하게 될까? 지침서는 무엇을 하라는 의미를 담고 있으며 이미지를 주고 있다. 부족하면 채워주고 보충해주고 개선해서 더 나은 삶으로 살아가라는 의미의 뜻으로 받아들여야 발전적이고 내 삶이 개선될 것이며, 깨우칠 때까지 어려움과 힘든 과정은 계속될 수밖에는 없다는 원초적 원리이다. 지침서는 육의 부모님으로부터 받으며, 그 깊은 속으로는 조상으로부터 받으며, 더 큰 뜻으로는 하늘의 나의 존재의 혼백의 신으로부터 받는다. 혼백은 조상의 업을 받고 그 업이 나와 후대에 후손에까지 이어진다. 모든 자연에서 열매를 맺고 씨앗이 되어 땅에 떨어져 다시 자라듯이 혼백도 인간의 씨앗으로 윤회를 하는 것이며 우주의 법칙이다. 내가 지금 힘든 삶을 살아가고 있다면 업을 씻는 과정이라고 할 수 있으며, 전생의 내 업을 씻고 있다고 할 수 있을 것이다. 내가 죽게 되면 혼백은 육신으로부터 분리되어 다음 생으로 떠나간다. 내가 지금까지 살아온 모든 삶들을 감정의 기로 함축시켜 그 기를 가지고 육신을 떠나며 다음 후세대에 나와 연관되어 있는 후손에게 인연과 악연으로 혼백이 다시 들어오며 지상으로 찾아와 그 삶을 바탕으로 다시 100여 년의 인생 삶을 살아가게 된다.

사주가 유전된다는 말이 있듯이 그 삶이 사주로 나타나며 그것이 지침서이다. 조상을 잘 모시면 복을 받고 자식과 후손이 잘 된다는 말이 있듯이 내가 항상 감사하고 사랑하고 잘 모셔야 하는 것이 혼백이다. 1년에 1번의 조상을 모시는 것으로 차례를 지내고 절을 하는 것으로 만족을 해서는 안 되며, 매일 하루같이 수천 번의 감사와 사랑으로 내면의 자와 함께하는 것이 후손에게 자식에게 나에게 복을 받는 진정한 길일 것이다. 지침서는 개선하기 위한 지침서이다. 지침서대로만 얽매이며 살아가게 되면 발전성이 없을 것이며 성장을 할 수 없을 것이다. 그것을 바탕으로 개선하고 노력하고 실천해가는 것이 혼백이 성장해가는 단계이다. 혼백은 육신의 몸을 기반으로만 성장이 가능하기 때문에 우리 스스로가 살아가는 것으로 보여지지만 정확하게 확연하게 느낌으로 와닿지는 않을지라도 조금씩 조금씩 미세하게 혼백의 삶은 내 생활에 영향을 미치고 있음을 알아차려야 한다. 그것이 알아차림이다. 남에게 인정받기보다 내 자신에게 스스로 더 인정받을 수 있는 알아차림이 더 중요하다. 왜냐하면 남이 알아주는 것보다 내가 내 생각이 혼백에 미치는 영향이 더 크기 때문이다. 남에게 베풀게 되면 감사합니다, 라는 말이 돌아오겠지만 그것보다 내 스스로가 베풀었다는 위안감의 느낌이 더 크기 때문에 받는 기쁨보다 주는 기쁨이 더 커서 혼백에 전해지는 감정의 기가 더 크게 와닿기 때문이다.

  사주가 나쁘다고 해서 나쁘다고 할 수 없으며, 좋다고 해서 좋다고 할 수 없다. 운은 때에 따라서 들어오고 나가는 것이 운이기 때문이다. 나쁘다고 낙심하고 아무것도 하지 않고 노력하지 않고 한탄만 하게 되면 한탄하는 대로 전개되어 갈 것이고, 좋다고 아무것도 하지 않으면 좋게 흘러가지 않을 것이다. 노력하고 하고자 하는 심적 마음상태가 더 중요하다는 것이다. 나쁜 것을 더 좋게 만들어가는 것도 마음상태의 심리상태에서 결정된다고 할 수 있기 때문이다.

같은 쌍둥이라고 할지라도 운이 다르게 펼쳐지는 것은 혼백의 씨앗이 다르기 때문이며, 밭은 같더라도 씨앗의 튼실함이 다르며, 자라는 환경과 어떤 마음상태로 살았는지가 더 중요하게 영향을 미치기 때문이다.

인간의 삶은 처음부터 힘든 삶으로 살아갈 수밖에는 없는 구조적인 요인을 가지고 있다. 힘든 것을 힘든 대로 이겨내는 것을 즐기며 살아가는 것을 즐겨야 한다는 마음상태에서부터 시작된다. 나는 할 수 있다. 해결된다는 마음상태로 고생을 낙으로 깨우쳐가면 더 내성이 생기며 더 단단해지며 그것이 내가 살아가는 밑거름이 되며 더 좋은 쪽으로 발전해가는 것이 되며 아무 곳에서나 힘을 쓰지 말아야 하며 써야 할 곳에 제대로 알고 정확하게 써야 한다. 과거의 나로부터 전생의 나로부터 현재의 나로 미래의 나로 점점 더 성장해가는 것이 자이다. 나를 찾아야만 앞이 보인다. 지나고 나서야 그때가 기회였음을 알 수 있듯이 모든 인생의 삶은 지나봐야 그때가 좋았다는 것을 알 수 있게 된다.

미래의 내 삶을 알 수 없지만 우리는 기대감을 가지고 살아간다. 적당하게 고생하고 적당하게 힘들고 적당하게 고민하는 것들은 견딜 정도의 담금질이 되며, 이 모든 고생들이 나를 더 나은 발전으로 이끌어가는 것이다. 고생스럽다고 너무 자책하지 말며, 고생이 담금질이며, 더 발전된 삶을 주기 위한 디딤돌이 되어준다. 인생을 즐기며 살아야 하며, 나름대로 본인의 철학이 있으며, 남을 보고 부러워하지 말고 나에게 주어진 삶의 그 자체를 즐기며 살다 보면 더 나은 또 다른 나를 발견하게 된다.

54

사주가 주는 의미

처음에 사주에 접하게 되면 멘붕에 빠진다. 자기가 원하는 사주가 아니기 때문이다. 사주대로 정확하게 맞아떨어져 살아가는 사람은 없으며, 자기가 원하는 사주를 가진 사람도 없다. 사주의 글자의 의미에서 벗어나 나는 반드시 할 수 있다는 마음상태의 정신적 깨어낳음으로부터 거듭 태어나야만 사주의 4개의 글자로부터 자유로워질 수 있다. 더 발전적으로 개선되게 활용할 수 있으며, 사주에서 벗어나며 자유로워진 삶이 전개될 수 있어진다. 사주팔자에 8개의 글자로 정해져 있지 않으며, 년이 바뀌면서 1년마다 들어오는 2개의 운과 10년마다 들어오는 2개의 대운과 30년에 들어오는 30년 운이 종합적으로 적용을 받으면서 운은 변하기 때문에 운을 잘 기회로 활용하고 잘 타고 넘어갈 수 있는 마음의 자세가 필요하다. 기회가 나쁘다고 항상 나쁜 것도 아니며, 좋다고 계속 좋을 수가 없으며, 하늘은 공평하게 운을 나누어주고 있다. 대운이 들어온다고 해도 크게 변하는 경우는 없다. 좀 더 좋아지는 정도에서 좀 나은 상태이며, 그냥 모르고 지나가는 사람도 많다. 대운을 특별하게 기다리는 경우도 있겠지만 지나고 나서 그때가 대운이었다는 것을 아는 경우가 대부분이다.

인생은 항상 굴곡이 있는 것이 당연한 자연의 이치다. 마음상태가 더 중요하다. 좋아진다는 마음가짐이 나를 그 방향으로 갈 수 있도록 지지해준다. 사주는 내가 가야 할 방향의 나침반 역할을 해주는 것으로 방향성만 제시해준다고 볼 수 있다. 부모로부터 태어날 때 12지지 중 4개의 땅의 기운을 받으며, 하늘로부터 천간의 운을 받고 세상의 빛을 보게 된다. 육신은 땅에 아버지로부터 지지운을 받으며 조상의 운도 함께 받는다. 자는 하늘에 아버지로부터 천간의 운을 받는다. 지지운은 천간운의 영향을 받지만 지지운이 움직여야만 천간의 운을 받을 수 있다. 즉 내가 움직이지 않으면 아무것도 될 수 없다는 의미를 가진다.

천간운의 자는 때때로 신호를 주지만 그 신호를 지지운의 육신이 잘 받아들이지 못하면 자가 성장을 해갈 수가 없다. 하늘에서 온 자의 운은 성장을 하기 위해서 온 자이며, 특별한 사명을 가지고 내려오는 경우도 있고 평범하게 오는 경우도 있다. 지지운은 육이 움직이는 운으로 육이 깨어나야 하며, 거듭나야 하는 과제를 가지고 있다. 그렇지 않으면 천간의 운의 자가 실행하고자 하는 사명을 이루어내기가 힘들어진다. 사주에서 내 자의 소양을 찾아야 하며, 내 자를 찾아야만 내가 어느 방향으로 갈지 결정이 되고, 방향성이 생기며, 어떤 삶을 살아야 하는지가 보이기 시작한다. 사주가 선명하게 잘 보이는 사주가 있으며, 잘 보이지 않는 사주가 있다. 그것은 세상에 드러날 때가 아직 안 된 사주와 때가 된 사주의 차이이다. 육인 나는 자의 일부분으로 자를 성장시키는 의무감과 목적을 가지고 있다.

천간운의 자가 가지고 온 사명과 모든 일들이 그 속에 함축되어 있으며, 무엇을 하기 위해서 왔는지를 파악하고 분석하고 육인 나와 하늘인 자가 서로 공통점과 추구하는 성향과 어떤 면에서 합을 이루는가를 통찰력 있게 분석해서 그 방향을 잡고 추진해 나아가야 좋은 결과를 돌출해낼 수 있다. 첫째도 둘째도 자를 찾는 것에는 반드시 정신적 깨어낳음과 거듭낳음이 있어야 한다. 많은 시간과 체험과 경험이 필요하다. 내 삶의 7은 자로부터 이루어지며, 육신의 노력의 3을 더한 것이 내 삶이 되고 내 현실이 된다.

내가 지금 무엇을 하고 있는지보다 더 중요한 것은 내 자를 찾는 것이 무엇보다 중요하다. 내 운명은 자로부터 시작되며 보이지 않게 반응하기 때문이다. 사주란 내 자를 찾기 위한 사주로 활용되며, 타고난 사주대로 살아가지지 않는 것처럼 보이지만 과거의 내 삶을 돌아보면 또한 사주대로 살아오고 있었음을 알게 된다. 사주는 해석하는 사람에 따라서 천차만별로 여러 가지 근거를 둔 확률게임에 가깝다고 할 수 있다. 사람의 심리상태가 작용하고 주변의 많은 환경들이 작용하면서 많은 기의 변화를 받기 때문일 것이다. 천상의 자와 땅에 있는 육으로 나는 두 개의 인격체이면서 한 육의 몸을 가지며, 두 개의 인격체로 분류해주는 고정관념에서 벗어나야만 풀어지기 시작한다. 세상이 힘든 것은 나 따로 자 따로 아니면 모르고 살아가고 있기 때문이다. 하늘의 자는 무한한 지적 능력을 가지는 자이다. 그 지혜를 땅에 육인 내가 지식을 가지게 되면 더 지혜로운 내가 되며, 그 지혜를 가져다 쓸 수 있는 육인 나 자신이 된다.

  자식은 하늘이 준다는 말이 있다. 하늘에서 자식을 주지 않으면 임신이 되지 않는다. 임신이라는 과정에서 땅에 아버지와 하늘에 아버지의 조화로서 창조물이 인간이다. 두 인격체가 만나서 한 몸으로 지상에서 살아간다. 육은 하늘의 자의 존속물이며, 하늘의 자를 성장시키기 위한 구조물이다. 하늘의 자는 천상의 사주를 받고 땅에 내려온다. 하늘의 자의 천운에 맞게 육이 살아갈 수 있도록 노력을 해야만 하는 구조적인 숙명을 가지고 있다. 결국 내 삶은 천간의 운을 따라가기 때문이며, 지지운의 나는 천간의 자를 위한 삶이 되기 때문이다. 지지(땅)는 천간을 지지하는 뿌리이며 주춧돌 역할을 한다.

참 나는 천간의 운을 따르며 천간이 우선시되며 천간의 운으로 가기 위한 무한한 노력이 필요하다. 천간의 운이 내 삶이 될 수 있도록 무한한 노력을 해야 하는 것이 인간이다. 사람의 사주는 노력 여하에 따라서 좋은 쪽으로 바뀌어 간다. 노력하지 않는 삶은 사주보다 못한 삶을 살 수 있으며, 사주가 좋은 사람은 사주에 맞는 이상으로 노력을 한 사람이고, 사주가 안 좋은 사람은 사주에 맞게 노력하지 않는 사람이다.

성경에 보면 구하라. 그리하면 구할 것이고, 찾으라. 그리하면 찾을 것이고. 두드려라. 그리면 열릴 것이다. 구하고 찾고 두드리면 반드시 열리게 되어 있다. 그만큼 피나는 노력이 필요하다는 의미를 주고 있다. 문은 열라는 문이며 문은 두드리라는 문이다. 열릴 때까지 두드리면 열리게 되어 있는 것이 문이다. 고생 끝에 낙이 온다는 말이 있듯이 사주도 노력 앞에서는 비켜갈 수 있다. 노력을 해도 더딘 것은 노력할 것이 더 남아 있기 때문이며, 깨우쳐야 할 것이 더 남아 있기 때문이다.

알고 가면 짧게 가지만 모르고 가면 길어질 수밖에는 없다. 목표가 뚜렷하게 보인다면 가는 방향도 뚜렷하게 보이며, 살아가면서 헛발질을 덜할 수 있는 계기가 마련된다. 소양을 계발하고 발전해가면 목표에 도달할 수 있게 된다. 땅에 있는 사람과 하늘에 있는 사람이 합심하면 하늘에 문이 열린다고 했다. 땅에 있는 사람은 하늘의 사람으로의 삶이 될 수 있도록 부단히 노력을 해야 한다. 그것이 내가 육이 가야 하는 숙명이며, 내가 살아가야 하는 이유가 되며, 천간지지의 하늘의 기운으로 상생의 기를 받고 하늘로부터 태어나 사주의 삶을 완성시켜 꽃을 피우고 열매를 맺은 삶을 살고 육은 자연의 흙으로 돌아가게 된다.

55

인간은 반복적인 실수를 한다

인간은 반복적인 실수를 할 수밖에 없는 구조적인 메커니즘을 가지고 있다. 메커니즘이란 사물의 구조적 작용과 원리를 말하며, 인간이 생존을 위해서 환경에 맞게 균형과 적응을 이루며 살아간다는 의미이다. 인간은 왜 반복적인 실수를 하게 될까? 될 것 같은 착각과 안 될 것 같은 착각 속에서 살아가고 있기 때문이며, 착각의 동물적 본능을 가지는 것이 인간이기 때문이다. 있다 없다, 있고 없음을 반복적 경험에 의해서 자의 마음에 자의 의식을 깊게 사무치게 새겨주므로 자가 더 깊게 새겨질 수 있어야 성장으로 발전되어 가며, 자가 성장하는 조건이 되기 때문이다. 자가 더 큰 성장을 하기 위해서는 반복적인 학습효과가 필요하다는 것을 내포하고 있다.

인간은 반복적 실수를 해야만 한다. 같은 실수를 반복적으로 하게 되면 반복적인 실수는 반복적으로 뇌에 답습하게 되어 그것을 인지하는 능력이 생기며, 습관화가 되어 실수를 줄일 수 있는 단계에 이르게 된다. 누구라 할 것 없이 이런 경험들을 많이 해봤을 것이다. 인간은 구조적인 반복 실수를 할 수밖에 없는 구조적인 리듬에 놓여 있다는 것이다. 인간이 반복적인 실수를 할 수밖에 없다는 의미를 알고 모든 일에 도전하게 되면 마음이 편안해지며, 실수를 줄일 수 있는 계기가 마련되어 마음도 편안해진다. 한 번 실수하고 두 번 실수하고 세 번 실수를 해도 또 하게 되어 있지만 반복적인 학습효과는 개선을 가져온다는 것이다. 실패를 하고 또 실패를 하고 여러 번의 반복적인 실패는 결국에는 성공으로 연결된다. 인간은 반복적인 실수를 해야만 더 단단해지고 강해진다. 인간 인체 구조학적으로 자의 마음에 새겨지기 위해서는 반복적인 실수와 힘든 과정들이 뼈에 사무쳐야만 자의 마음에 깊게 새겨질 수 있다는 의미를 가지는 구조이다. 그만큼 깊게 새겨지기 위한 신의 배려이시다. 자가 육신을 떠날 때 마음에 깊게 새겨 남겨서 가지고 갈 수 있는 성장의 효과를 가진다는 것을 의미한다. 그래서 반복적인 실수를 너무 탓하지 말아야 하며, 자책하지도 말며, 당연하고 의연하게 좋은 현상으로 받아들이면 마음도 가벼우며 입가에 미소를 지을 수 있게 된다.

나는 할 수 있다, 라는 반복학습으로 심어주는 반복적인 학습이 필요하다는 것이다. 자는 그렇게 반복적인 인지학습을 받으면 그렇게 하려는 기를 가지게 되며, 그렇게 되기 위한 에너지를 가지게 된다. 그 방향으로 에너지를 확장시켜 간다는 것을 의미하며, 그 에너지는 하늘에 신선과 연결되며, 우주와 연결될 수 있는 것은 내 몸이 우주이기 때문이며, 내 안에 자가 있기 때문이다. 자서전을 읽고 자기계발서를 읽어도 방향성이 안 잡힌다면 사주공부를 해보라고 권유하고 싶다. 자기계발서는 허공에 손을 뻗치어 허공에 손을 휘젓는 현상의 상태라면 사주공부를 하게 되면 손을 뻗으면 손에 곧 닿는 곳에 있음을 알게 된다. 자를 알아야만 내가 갈 길의 방향성이 보이기 때문이다.

56

자 찾기

내 근원을 알기 위해서는 자를 찾아야 한다. 시작을 알아야 시작할 수 있다. 폰 PLAY 스토어에서 만세력을 검색하면 만세력 사이트가 나온다. 만세력 사이트에서 생년월일시를 입력하면 본인 사주 8글자를 볼 수 있다.

	시지	일지	월지	연지
천간	A 庚	B 壬 자	C	D
지지	E 子	F 寅 나	G	H
	창조물 결실 열매 말년	개화기 성장 꽃 중년	씨앗 생각 상상 체험 실행 초년	

사주 구성에는 4개의 연월일시가 있으며, 4개의 기둥에 8글자로 구성되며, 위에 글자는 천간 하늘의 글자 4개가

있으며, 아래는 지지 땅을 의미하는 글자 4개로 구성되어 있으며, 10년마다 들어오는 대운의 2개의 글자와 매년 들어오는 2개의 글자가 우리 삶에 내 인생에 영향을 미치는 경우가 사주운이라고 말하며 인생 지침서이다.

자란 또 다른 사람의 나를 찾는 것을 말한다. 앞의 그림에서 B의 자리가 하늘에서 온 자이다. 자를 찾지 못하고 살고 있는 삶은 내가 아닌 다른 사람으로 살고 있다고 할 수 있다. 내가 나를 바로 보고 살아야 하지만 그렇게 살아가지 못한 삶을 살면서 나는 왜 이래, 라고 한다면 우물가에서 숭늉을 찾고 있는 경우일 것이다. 진짜 나인 자의 삶을 살지 못하고 있기 때문에 힘든 삶을 살아간다. 자는 나의 7할을 차지하고 있으며, 육이 하나를 깨우치면 자는 열 가지를 알려줄 수 있는 지적 잠재 능력을 가지고 있기 때문이다.

인생은 앞으로 나아가는 것이지 뒤로 가는 것이 아니다. 목표가 앞에 있지 뒤에 있는 것이 아니다. 출발을 했으면 도착할 곳이 있으며, 시작을 했으면 마무리할 때가 있으며, 싹이 틔기 시작했으면 꽃을 피우고, 꽃이 피었으면 열매가 있는 법. 사람도 태어나면 죽음이 있듯이 사람이 시작을 했으면 목표에 근접해가야 하며, 목표가 없는 시작은 있을 수 없다. 자가 세상에 온 것은 추구하는 목적이 반드시 있기 때문이다. 자가 추구하는 사명을 찾아 실행해가는 것이 현상의 나이고 내가 할 임무이다. 또한 자가 추구하는 목표에 정확하게 찾아갈 수 있도록 노력하는 것은 내 목표가 된다. 목표를 알고 출발해야만 헛발질의 횟수를 줄일 수 있다. 자는 성장하는 자이기 때문에 어떻게 자의 성장을 키우느냐는 다 본인 자신에 달려 있다. 모든 것에 키는 나 자신에게 있기 때문이다.

  자가 추구하고 있는 것에 소프트 지지 보조 역할을 해주는 것이 나라면, 진짜 나는 자가 진짜 나이기 때문이다. 지금 내가 힘들다면 참 나가 지금 무엇으로 왔으며, 무엇을 추구하고 있는지 자를 모르고 있기 때문이다. 운을 내가 리더해가려면 자가 가지고 온 메시지를 알아야 하며, 이유와 목적을 알아야만 내가 어떻게 살아야 하는지를 알 수 있어진다. 자를 찾는 또 다른 이유는 자로부터 답을 듣고 싶기 때문이다. 가장 듣고 싶은 말이 아닐까 싶다. 답은 내 안에서 찾아야만 한다. 밖에서 답을 찾으려고 하면 힘만 들고 어려운 시련만 가중된다. 다른 사람을 통해서는 절대로 들을 수가 없는 말이기 때문이다. 자는 내면의 소리로 준다. 나 자신만 들을 수 있으며 예지몽 다른 환경 변화를 통해서 자신에게만 답을 준다. 자는 반드시 답을 주지만 알아차림을 못하고 있을 뿐이다.

사주풀이 판을 보면 내가 무엇으로 왔는지를 바로 알 수 있다. 일간의 B의 자리에 무슨 글자가 들어 있는지를 알 수 있을 것이다.

B, F를 보면
B는 하늘에서 내려온 자이며
F는 땅에 있는 현상의 나이다.
F는 땅의 아버지로부터 육신을 받았다면
B는 하늘에 아버지로부터 혼백을 받는 것이다.
혼백은 육의 근본이며 생명의 본질이며 씨앗이다.

F의 사람은 현재의 나의 모습이며, 내가 살고 있는 놀이터이다. 나의 현 위치를 보며 주위를 그림으로 표현해볼 줄 알아야 한다. 나는 내가 나를 더 잘 알고 있다. 현재 내가 지금까지 살아온 생활을 바탕으로 근거를 두고 F의 글자를 확인하면 범이며, 범(寅)을 해석해보면 범은 호랑이를 상징한다. 호랑이가 가지고 있는 습성과 성격과 어스렁거리며 혼자서 깊은 산속에 있는 신령을 상징한다. 일상에서 직업과 하고 있는 일들과 서로 비교해보면 일치하는 것과 비슷하게 연관성이 있다는 것을 확인할 수 있다. 여기까지는 땅에 있는 나였다면 진짜인 자를 같은 방법으로 찾아보면 내 자가 어떤 소유의 성격과 어떤 성향과 어떤 것을 목적으로

하고 천상에서 어떤 메시지를 가지고 왔는지를 찾아가는 것이 땅에 있는 내가 할 임무이다.

　천상에서 가져온 메시지가 임수⒝이므로 임수라고 검색해보면 많은 자료들을 볼 수 있다. 임⒜은 임수로 검색하면 큰 바다, 큰 강물이다. 물은 힘이며 유연하다. 어느 그릇에 담아도 모양대로 변화를 추구하며 유연성을 가지고 갈 길을 찾아간다. 앞으로 나가는 힘이 강하다. 사람을 끌어당긴다. 인기를 몰고 다니며 바다의 낭만을 즐기는 사람들이 자연스럽게 찾아오며 좋아하게 된다. 물 위 수면상태에는 잔잔해 보이지만 물속 내면에는 물의 깊이도 물의 속도도 수많은 인고의 시간들을 겪어왔다는 것을 의미하고 있다.

　인간이 살아가면서 가장 원하고 추구하고 삶의 기본이 되는 것은 부이다. 누구나 부를 위해서 부를 갖기 위해서 공부를 하고 직장을 다니고 사회생활을 하고 노력하고 부의 실체를 찾아가기 위해서 무한하게 도전하고 실패를 하며 막연한 기대감과 희망을 가지고 살아가는 것이 인간관계의 현실에 살고 있다. 배우는 것도 일하는 것도 인간관계에서 얽히고설키는 것도 다 따져보면 부를 위함이다. 사주에 보면 부가 들어오는 시기가 있다. 나를 알면 부가 들어오는 시기를 대략적으로 알 수 있다. 그 시기를 위해서 씨를 뿌리고 기다리고 노력하고 인내하는 자세가 필요하다.

　木(목)의 부는 土(토)이며
　火(화)의 부는 金(금)이며
　土(토)의 부는 水(수)이며
　金(금)의 부는 木(목)이며
　水(수)의 부는 火(화)이다.

　앞에 그림 일지 B에서 무엇을 가지고 있느냐에 따라서 내가 어떤 부를 가지고 있으며, 언제 어느 때에 부라는 글자가 들어오는지를 알 수 있다. 대운은 10년마다 천간에 1개의 글자와 지지에 1개가 글자가 들어온다. 년운에는 1년마다 천간에 1개의 글자와 지지에 1개의 글자가 들어온다. 단 부의 글자가 들어오면 그 글자가 나에게 어떤 영향을 끼치는지가 중요하며, 반드시 그 글자를 막연하게 기다린다고 부를 주지 않는다. 그 글자를 기다리면서 반드시 씨를 뿌리고 있어야만 그때 결실로 돌아오게 된다.

　필자는 글을 쓰면서 마무리하는 과정에서 사주공부를 하게 된다. 나를 알아야 하기 때문이다. 사주공부를 하면서 지금까지 내가 살아온 세월이 왜 이렇게 살아왔는지가 손에 잡혀지는 현상과 사주대로 살아가고 있음이 보이는 것을 느낀다. 필자는 현재 갑(甲) 대운으로 갑신의 가을목이 들어오면서 신이 인을 흔들어 깨우는 격으로 충을 맞으면서 총 맞은 것처럼 깨어남이 시작된다. 인 속에 들어 있는 달란트의 갑목이 천간으로 돌출되면서 식신의 기를 세게 받는다(식신은 도구다). 같은 시각 호랑이가 깊은 밤에서 깨어나며 또 다른 세상이 있다는 것을 알게 되면서 깨우침을 얻게 되며, 다른 세계의 세상을 배워가기 시작한다. 나에게 충은 또 다른 세상이 있음을 알리는 새북 종소리였다.

 2024년에 갑진(甲辰)년 진(辰)의 해에는 큰 나무가 진토(辰)에 뿌리를 깊게 내리는 것은 부의 지식을 상징하며, 지금까지 해왔던 일들이 마무리할 때가 왔음을 말해주며, 불(火)의 글자가 들어오는 25년 을사(乙巳)년에 사화의 꽃이 피며, 寅申巳(인신사) 소식이 들어오며 26년 병오(丙午)년에는 경금(庚)이 병(丙)화를 보게 되며, 27년 정미(丁未)년에는 정임(丁壬)합을 하며, 28년 무신(戊申)년에는 큰 콘크리트 댐이 만들어진다. 또한 세상에 알려질 절(絶)의 세계에 집필을 보이며, 말년에 책(도장)이 들어 있으며 깜깜한 밤 11~1시 사이를 의미하는 자(子)음 속에 한 점의 희미한 불빛 하나가 무엇을 의미하고 있는지를 알게 된다. 그때의 과정을 지켜보면서 어느 쯤에서 이 내용을 바탕으로 내 사주책을 또다시 쓰게 될 것으로 보인다.

하늘은 누구에게나 공평하게 운의 글자를 주고 있다. 운의 글자를 내 것으로 잘 활용하고 싶다면 자의 성향과 하늘에서 가져온 사명을 잘 발굴해내야 한다. 내 것으로 취할 수 있느냐, 못 취하느냐는 다 본인에게 달려 있다. 미리 잘 준비하고 기다리는 사람과 준비하지 못하고 그냥 흘려보내는 차이일 뿐이다. 사주는 정확하게 정답은 주지 않는다. 인생 살아가는 방향성을 재시해주는 큰 그림으로 봐야 한다는 생각이다. 인생은 살아봐야 알며, 하나씩 찾아가는 것이 인생 맛이다.

부의 글자를 찾았다면 예를 들어, 금(金)에 부는 목(木)이라면 목으로 할 수 있는 일이 무엇이 있는지를 계속 묻고 따져보고 생각하고 내가 하고 있는 일과 연관성을 결합해보고 목의 의미와 내가 지금 지향하고 있는 생각과 성향을 바탕으로 목은 성장하는 것이다, 라고 계속적인 반문과 의문을 내면에 주입하고 요청을 하게 되면 내면의 자로부터 요구하는 답을 듣게 된다. 내면으로부터 소리를 들을 수 있다는 것이다. 그것이 내면의 소리이다. 내면의 소리를 들으면 보물찾기하듯 하나 하나 찾아가는 것이 맛이고 묘미이며 인생 삶이다. B의 자는 이런 과정들이 마음 깊이 새겨지는 것을 원하며, 떠날 때 깊은 감정에 싣고 가져갈 수 있기 때문이다. 한 번으로 되면 누구나 인생 살아가기 쉬울 것이다. 3개월, 6개월, 1년, 3년, 5년, 10년, 20년을 두고 길을 찾아간다면 그 사람은 반드시 성공이라는 단어 앞에 설 수가 있을 것이다. 알고 가는 길은 힘들어도 견디어낼 수 있지만 모르고 가는 길은 힘만 들고 지치고 나를 한탄하며 살게 된다. 길이 있는 곳으로 방향성을 보고 찾아가는 길모퉁이에 서 있어야만 그 길을 같이 동행하여 찾아갈 수 있게 될 것이다.

 깨어 있으라, 깨어 있으라. 어느 봄날에 내 주인이 나를 찾아올지 모르니 항상 깨어 있으라. 밤에 올지 낮에 올지 새벽녘에 올지 그 누구도 알 수 없다는 것을 성서에서 말해주고 있듯이 내면의 소리에 귀를 닫고 살아간다면 내 자를 잃고 육의 생으로만 살아가는 삶은 시련과 힘든 고통으로 살아가는 인생이 될 수 있음을 명심해야 할 것이다.

57

어느 동화 속 그림 이야기

　어느 동화 속 동화 나라에 큰 산지 농장을 관리하는 주인이 있었다. 이곳에는 큰 산과 큰 나무도 작은 나무도 질서 있게 잘 자라고 관리되어 있음을 알 수 있다. 주위의 푸른 들판에는 꽃이 피어 있으며, 푸른 잎들이 한들 바람에 춤을 추며 푸르름을 만끽하며 푸른 소나무가 우뚝 서 있으며 자태를 뽐내며, 오솔 바람에 풀 냄새의 공기가 코끝에 스며들어 마음을 상쾌하게 해준다. 큰 나무 사이로 호랑이 한 마리가 주위를 두리번거리며 무엇을 찾으며 한쪽 귀를 좌우로 쫑긋 쫑긋 세우며 기분 좋은 벌판을 만끽하고 있다. 동화 나라 주인이 천상에서 단비를 주며 살아갈 수 있는 환경을 만들어주며 지혜를 갖게 해주며 정성껏 보살펴주고 있는 덕분이었다.

　주인님이 호랑이에게 속삭여 보지만 호랑이는 잘 알아차리지 못한다. 주인님이 괘씸해서 가뭄도 주고 태풍과 비바람을 주며 풍난과 고난과 시련의 고통의 길을 주게 된다.

호랑이는 예사롭지 않은 깊은 꿈에서 깨어나며 그때서야 깨우침을 얻으며 주인의 말에 귀를 쫑긋 세우고 듣게 된다. 주인님이 하는 말, 지금까지 내 덕분에 잘 살아왔으니 지금부터는 내가 추구하는 길을 갈 수 있도록 해야 할 것이다. 호랑이는 생각하고 상상해본다. 저 건너편 큰 금속에는 무엇이 들어 있을까? 금은보화가 들어 있다면 어떻게 저것을 요리할 수 있을까 지혜를 돌출해내며 깨우침을 통해서 빛이 되어 그 풍경을 한 포기 그림으로 그려내면 바다를 좋아하는 많은 사람들에게 즐거움을 주고 인기가 되어 마음껏 즐길 수 있을 것이다, 라고…

58

운 좋은 사람 되기

 나는 얼마나 운이 좋은 사람일까? 인간 누구나 운 좋은 사람이 되고 싶어 한다. 아무리 열심히 해도 운 좋은 사람을 못 따라간다는 말이 있다. 아무리 열심히 해도 안 되는 사람과 열심히 안 해도 되는 사람이 있다. 열심히 안 해도 되는 사람은 운에서 오는 운의 차이일 것이다. 운은 인생 삶의 7할을 차지하고 있다. 몸이 부정의 몸으로 되어 있는 경우와 몸이 긍정의 몸으로 되어 있는 차이이다. 몸이 부정의 기를 품고 있다면 부정의 몸은 부정으로 반응하게 되고, 긍정의 몸의 기를 품고 있다면 긍정으로 몸은 반응한다는 원리이다.

 운 좋은 사람은 스스로 자기 삶을 만들어간다. 아무리 열심히 해도 운 좋은 사람을 따라갈 수 없다는 말을 우리는 자주 듣고 운이 좋은 사람이 되기를 원한다. 운 좋은 사람은 그냥 만들어지는 것이 아니다. 운 좋은 사람으로 스스로 만들어가야 운 좋은 사람이 될 수 있다. 하늘은 스스로 돕는 자를 돕는다. 누가 해줄 수도 누가 알려줄 수도 없다. 본인 스스로 만들어가는 것이 운이다. 운은 항상 내 곁에서 대기하고 있으며, 언제 들어갈까를 기다리고 있는 에너지다. 좋은 에너지도 나쁜 에너지도 다 운이다. 좋은 에너지도 나쁜 에너지도 항상 내 곁에서 대기하며 기다리고 있다는 것을 알아차려야 한다. 잘 되면 운이 좋았어, 안 되면 운이 나빴어, 라고 말한다. 우리는 운이라는 에너지의 지배 속에서 살아간다. 좋은 운과 함께할 수 있는 길은 내면의 나를 알고 내면의 나를 사랑하고 감사하고 자를 상상하고 자를 느끼며 나를 내맡기는 삶을 살아야 한다. 그것이 나를 운 좋은 사람으로 만들어가는 길이다.

사람이 악한 역할을 하게 되면 그곳으로 빠져 들어가게 된다. 사람을 미워하게 되면 미워하는 감정이 더 커진다는 것을 경험으로 알게 되며, 드라마 속에서 악역을 맡게 되면 그 사람의 눈빛 색깔이 변해가는 것을 알 수 있듯이 심신이 악령으로 물들어가면 진짜로 악령이 들어오는 현상을 느끼게 된다. 모든 인생은 선택이다. 선택에서부터 시작된다. 선택은 스스로 책임을 지며 스스로 해결해가야 한다. 힘들게 사는 것도 고뇌하고 번뇌하는 것도 잘 살고 못 사는 것도 모든 현실은 내가 스스로 선택하고 그에 따른 책임은 반드시 지게 되어 있다. 그 상황에서 회피하려 하거나 외면하게 되면 더 발전된 삶으로 더 앞으로 나아갈 수 없게 된다. 감사는 에너지다. 우주는 에너지로 구성되어 있다. 모든 현실적인 상황들을 그 자체를 감사로 받아들일 때 진정한 감사는 내부로부터 드러난다. 머리로는 감사를 알지만 마음으로 받아들이지 못한다면 아직 그 힘든 길이 더 남아 있다는 것이다.

우주의 원리는 다 내 마음에 들어 있다. 세상 모든 일들은 다 내 마음에서부터 시작되기 때문이다. 인간은 누구나 한 번 왔다가 가는 것이며, 지구에서 꿈을 이루고 하고 싶은 것은 반드시 해보는 것이며, 즐겁게 살다 가는 것이 인생이라고 하지만 그렇게 만만하게 살아지지 않는 것이 인생임을 알게 된다. 이 땅을 밟고, 있고 없음을 경험하고, 가고 있음을 알고, 오고 있음을 아는 것은 알아차림이며, 이 땅은 모든 생명체를 품고 끌어안으며 모든 생명체를 탄생시키고 있다.

사람으로 육신을 받고 지구에 온 것은 아주 큰 행운아이다. 육신을 가졌다는 것은 있고 없음을 경험할 수 있는 최고의 가치를 가졌다고 할 수 있다. 하고 싶은 것이나 성취하고 싶은 것은 반드시 도전해보고 성공시키는 성취감의 맛을 봐봐야 한다. 숨겨진 나의 존재를 모르고 살아간다는 것은 내 존재 가치와 존재의 의미를 모르고 살아가는 꼴이 된다. 과거에 내가 무엇으로든 살아왔기 때문에 현재의 내가 있는 것이다. 과거에 어떤 목표를 가지고 노력해왔기 때문에 현재의 내가 있는 것이다. 과거에 내가 무엇을 할 수 있었고 지금까지 왔다는 것은 내면의 자의 기의 에너지가 나를 움직였기 때문이다. 내가 그냥 무엇을 한 것처럼 느껴지지만 곰곰이 생각해보면 무엇이 나를 이곳으로 이끌었는지를 알아차림으로 알아차려야 한다.

우리는 하루에도 수십 번 수백 번 수천 번의 에고 속에 묻혀서 살아간다. 수많은 생각들이 나를 지배하고 억제하고 혼돈 속으로 빠져들게 한다. 환상의 착각 속으로 빠져들게 하고, 그 속에서 허우적거리며 한참 만에 늪 속에서 빠져나오곤 한다. 에고를 잠재우며 희석시켜 줄 수 있는 것은 감사이다. 에고를 억압해서 눌러서는 안 되며, 올라올 때마다 감사로 답을 하게 되면 자연스럽게 올라오는 횟수는 줄어 들어감을 스스로 느끼게 된다. 감사를 반복하게 되면 변화가 생기기 시작한다. 감사는 우주로부터 오는 에너지이기 때문에 에너지가 증폭되는 현상을 가져오게 한다. 에너지가 증폭되면 변화가 생기며, 일이 잘 풀어짐을 느끼게 된다. 사람을 대하고 세상의 사물이 바르게 보이며, 예전과 다른 작은 성과가 하나씩 결과물로 나타남을 감지하게 된다. 운이 좋은 사람이 되어가고 있는 증거이며, 판단력이 좋아지고 있다는 의미를 가진다.

사람을 대할 때도 자세가 달라짐을 스스로 알게 된다. 에고의 생각이 올라오는 횟수가 현저하게 줄어든다. 내 자신 나 자체가 종교임을 느끼게 된다. 변화를 일으키는 것은 나 자신의 내면의 세상이 있기 때문이다. 우리는 눈에 보이는 겉으로 드러나는 변화를 바라고 보고 싶어 하며 보이는 쪽으로 중심의 무게를 두고 있기 때문이다. 그 자체를 알아차림으로 알아차림이 필요하다.

감사의 에너지는 기쁨으로 넘치는 세상을 경험하게 한다. 에너지가 충만하게 되면 몸의 기가 열리는 현상으로 차크라 현상이라고 한다. 차크라란 기의 순환을 말하며, 우주에 태양이 있다면 우리 몸에는 태양과 같은 신경총이 존재한다. 태양신경총은 몸을 회복시켜 주고 치유 에너지를 발산시키며, 몸의 치유를 돕는 역할을 한다. 명상을 하고 감사를 하면 몸을 개운하게 해주는 에너지가 발산되며 운 좋은 사람이 될 수 있다. 사람은 행동하는 에너지이기 때문에 그 존재의 가치를 가진다. 에너지가 큰 사람이 성공할 수 있는 가능성이 더 높다. 감사의 에너지는 기분을 업시켜 주는 상태의 지속성을 가지며, 판단력을 더 명석하게 해주는 기의 에너지를 가지고 있기 때문이다.

　내면의 또 다른 나는 기의 에너지로 형성되어 있다. 삶은 흐르는 기 에너지이기 때문이다. 감사를 자주 하게 되면 기의 확장성을 가져온다. 감사를 많이 한다는 것은 진동 에너지를 확장시킨다는 의미를 가진다. 진동 에너지가 확장되면 판단력이 뚜렷해지며, 운 좋은 사람으로 거듭날 수 있다. 운 좋은 사람은 누가 만들어주는 것이 아니라 내가 스스로 만들며, 에너지의 확장성이 충만해지면 내면의 나와 접속하는 단계에 이르게 된다. 내면의 나는 신의 에너지와 연결되어 있다. 우주가 에너지이기 때문이며, 내 몸 자체가 우주이기 때문이다. 운동선수가 링에 들어갈 때 그 시합을 이길 것인가, 질 것인가를 바로 알게 된다. 그것은 내면의 기로부터 답을 받기 때문이다.

　세상이 죽을 만큼 힘들고 지칠 때면 이제는 다 끝이라는 생각을 하게 된다. 끝은 또 다른 시작이 있음을 알아차림으로 깨어 있는 자는, 보이는 나라는 존재는 사라질지라도 내면에 존재했던 기 에너지는 다른 차원으로 이동하게 된다. 그 기 에너지는 영적 공간에서 머물다가 때가 되면 나와 인연이 깊은 육신으로 이동하게 되는데 그것이 우리가 말하는 윤회이며, 모태로 혼백이 들어옴을 말한다. 보이는 육체는 사라져 보이지 않지만 내면의 나라는 기운은 사라지지 않는다는 얘기이다. 그 기는 전생에서 살았던 선조의 조상으로부터 기의 운의 감정의 상태를 간직하고 인연에 맞는 육을 찾아서 다음 세상으로 다시 오게 된다.

  육신은 전생의 그 기를 받고 전생에서 살았던 감정으로 살아가게 된다. 그래서 전생의 업이 이승에서 다시 시작되기 때문에 힘든 삶을 살아가며 업을 씻은 시련을 겪어야 한다. 그래서 조상님께 잘하라는 말의 근원이 여기에 있으며 감사를 하는 이유이다. 감사는 이미 받았음을 받는 기 에너지이다. 우리는 생각하고 말하고 실행하면 결과물을 만들어내는 삼일치의 구조를 가지며 명석하게 판단해낼 수 있는 지혜를 가지는 기의 에너지를 가지게 된다. 소소하게 끈기 있게 차분하게 세상이 끝날 때까지 해야 하는 것이 감사이다. 그 길은 내면의 나로 향하는 길이며, 쉬운 일은 아니며, 잠깐 하다 지쳐서 그만두는 일이 될 수도 있다. 그 길이 쉬운 일이면 누구나 할 수 있었을 것이며, 세상살이가 이렇게 고달프고 힘들지 않았을 것이다. 외면의 나와 내면의 나가 하나의 몸이 될 때까지 포기하지 않고 생이 마감될 때까지 해야 하는 것이며, 감사만이 우리의 삶을 더 질 좋은 삶으로 변화시켜 줄 수 있으며, 육신이 종교이며 교주이며 성전이다. 생각이 내면의 나를 아주 천천히 생각하는 방향으로 스며들어 가게 하며, 그 결과값은 아주 나중에 내 앞에 현실이 되어 나타나게 된다.

　삶을 바꾸는 길은 생각에서부터 시작되며, 타인의 생각에 내 생각을 지배당하지 않도록 해야 하며, 그것은 내 생각과 판단력을 흐리게 하며, 그 결과값으로 처음에는 좋은 결과값으로 보일 수 있을지라도 나중에는 다시 새로 시작해야 하는 결과를 초래할 수 있어진다. 내가 좋은 결과값을 돌출해내기 위해서는 나와 내면의 나가 혼합일치되는 길을 선택해야만 하는 길이며, 반드시 인간으로서 가야 할 길이며, 포기하지 말아야 하는 인간의 숙명이고, 참 나로 가는 길이며, 두 사람이 아닌 한 사람으로 혼합일치가 될 수 있도록 만들어가야 하는 숙명 같은 길이다. 무엇을 하든 좋은 결과값을 얻어내기 위해서는 반드시 그만한 댓가의 값을 치러야 한다는 것은 인생의 진리이다. 어렵고 힘든 일은 더 단단하게 만들기 위한 과정이며 순리로 받아들여야 한다.

　인생 파도에 순응해야 하며, 파도를 이기려 하지 말아야 하며, 파도에 순응하며, 고생을 낙으로 몸을 싣고 즐기려는 마음 자세와 모든 조건들을 감사로 받아들이며 감사로 충만함으로 채워야만 우주의 기와 연결될 수 있다. 우리는 서로 기로 연결되어 있기 때문이다. 우리의 활동은 기의 움직이기 때문이다. 모든 것들이 에너지이다. 생각하는 것도 에너지이며, 말하는 것도 행동하는 것도 상상하는 것도 모든 것이 에너지이며, 내가 존재하는 것도 에너지이며, 우주는 에너지로 이루어져 있으며, 내가 글을 쓰는 것도 에너지로 연결되어 있는 구조적인 기의 움직임으로 연결되어 있다는 것을 의미하며, 우주신의 창조물이다. 태초부터 나의 시작은 혼백의 에너지로부터 탄생했으며, 나는 그 에너지와 함께 생존하며 호흡하고 있다. 혼백의 에너지는 육의 생명이며, 원천구조이며, 본질이며, 하늘의 근원이며, 씨앗이다. 내가 지금까지 살아온 삶을 가만히 뒤돌아보면 내가 왜 이렇게 살아왔는지를 다 그 삶이 내가 성장해가는 과정이었으며, 혼백이 성장하기 위한 과정이었다는 것을 알게 되며, 진짜 나를 존중하며 내맡기면 자의 삶이 나와 교감되며 아주 천천히 보이지 않게 스며들어 보이지 않는 위안감의 변화를 가져온다.

59

큰 그림의 방향성을
보고 가라

좋은 운이 들어왔는지도, 나쁜 운이 들어왔는지도 모르고 힘만 쓰게 되면 힘쓴 만큼 더 힘들어진다. 바로 알고 힘을 써야 하며, 정확하게 힘을 모아서 써야 할 때 써야 한다. 내 운을 모르고 산다는 것은 내비 없이 운전을 하고 있다고 할 수 있다. 힘든 일을 이겨내면 더 단단해진다. 정신적으로 더 성숙해진다. 인생길은 처음부터 어려움이 동반되는 구조적인 메커니즘을 가지고 있었다. 그런 메커니즘을 이해했다면 그 힘든 삶의 자체를 즐겁게 받아들이는 자세가 되어 있어야 한다. 성장을 위해서는 반드시 고통과 시련과 힘든 과정을 걸쳐가야 하는 자의 성장조건 중 하나이기 때문이다. 성장하기 위한 조건이 성립되려면 반드시 시련 즉 사주에서 말하는 관이 있어야 한다는 조건이 성립된다. 그래서 인간은 힘들어야 한다는 것이며, 적당하게 힘들어야 하며, 힘든 시련을 즐길 줄 알아야 하며, 그 관을 이겨내면 내가 다스릴 수 있는 관이 될 수 있다.

자가 가지고 온 소양을 바탕으로 더 좋은 그림으로 그림을 그려가야 한다. 자가 추구하지 않는 것에 매달리는 삶은 좋은 결과를 돌출해내기 힘들다. 자의 소양을 얼마나 빨리 발견해, 내 도구로 활용할 줄 알아야 내 삶의 질이 바뀐다. 문제를 풀어갈 때는 항상 자연과 비교해서 내 삶에 적용시켜 보면 풀어지게 되어 있다. 사람이 자연이기 때문에 거의 일치함을 알게 된다. 자는 순수성 자체이다. 천간은 천상의 세상이며 하늘이다. 천상의 세상에는 바늘이 있다. 그 바늘은 순수성 자체로만 존재하게 된다. 순수성 자체인 그 바늘에 인간 스스로 찔러놓고는 아프다며 힘들어하고 있다.

예사롭지 않은 꿈은 5수 배열의 법칙에 의해서 최소한의 5년의 시련과 고통과 번뇌의 고민 속에서 이겨내야 결실로 보여진다는 법칙이다. 신은 인간에게 희로애락은 주었지만 시종 즉 시작과 끝은 주지 않는 이유이다. 인간이 시종을 안다면 자의 성장조건에 합당하지 못한다는 의미를 내포하고 있기 때문이다. 꿈이나 내면의 소리나 직감은 정확하게 딱 떨어지는 숫자로 정답을 주지 않는다. 이유는 자의 성장 때문이다. 자는 성장을 해야 하는데 정답을 알려주면 성장을 할 수 없는 조건이 되기 때문이다. 자가 성장을 위해서는 반드시 육을 가진 내가 반드시 움직이고, 무엇을 해야만 자는 성장할 수 있는 조건을 가지게 되어 있다. 마찬가지로 수호천사는 무엇을 하라는 이미지를 보여줄 뿐 정답을 주지 않는다. 이미지의 그것을 바탕으로 의미를 가지고 찾아가며, 나에게 주어지는 모든 것들을 이겨내야만 자의 성장이 일어나기 때문이다. 자의 성장은 육을 통해서만 일어나며, 자가 성장하는 것은 지구를 위한 일이며 하늘의 뜻이다. 하늘은 모든 사람이 잘 되기를 바라고 원한다. 모든 사람은 하늘의 자식이며, 하늘에서 내려온 자가 신의 아들이기 때문이다.

하늘 성서와 사주는 하나로 연결되어 있으며 하나의 뿌리를 갖고 있다. 필자는 계발서를 읽을 때는 큰 우주의 공간임을 느끼며, 우주 허공에 손을 뻗고 무엇이 잡힐 것 같지만 잡히지 않는 허공을 휘젓고 있는 손의 상태의 진행형의 느낌이었다. 마음이 허전하며 집히지 않는 것이 더 큰 허전함과 항상 진행형의 상태로 멈출 수 없는 공허함 그 자체이었다. 사주공부를 할 때는 우주공간에 휘젓고 있는 손이 어느 한 자리에 멈춰지는 느낌이었으며, 펴고 있던 손바닥이 주먹을 쥐는 상태가 됨을 느낌으로 받았다. 그것은 손에 무엇이 잡히고 있다는 것을 의미하고 있었다. 하늘 성서와 사주는 하나로 연결되어 있음을 알게 되었으며, 뿌리의 정체성이 같다는 것을 의미하고 있었다. 자의 실체가 하늘이었기 때문이며, 자의 실체가 하늘의 신으로부터 시작되

없기 때문이었다. 우리는 신과 함께 살고 있기 때문이다.

자가 추구하는 목적을 몰라도 자가 추구하는 목적을 잘 알고 가는 것처럼 삶을 잘 살아가는 사람들도 있다. 그 사람들은 부를 이루며 잘 살아간다. 하지만 일이 잘 풀리지 않고 꼬인 인생을 고난 속에서 허우적거리며 살아가는 사람도 많다. 자가 추구하는 목적의 방향성과 다른 방향으로 가고 있기 때문이다. 자가 가지고 온 사명이 사주에 나타나며, 이번 생은 이렇게 살아야 하는 임무이면서 사명이고 숙명이다. 전생에서 살아온 업이 들어 있는 지침서를 미물인 사람이 인위적으로 바꾸려고 조정하려는 행위는 신으로부터 받고 태어난 사명을 거역하는 행위로 스스로에 의해서 스스로부터 책임을 져야 하는 상황이 발생하며, 하늘의 운을 내 것으로 제대로 받지 못하고 태어난 일이 일어나서는 안 된다.

사주는 지침서이면서 내비게이션이다. 인간은 누구나 내비를 가지고 있다. 잘 활용하며 살아가는 사람들도 있지만 잘 활용하지 못하거나 방치된 상태로 살아가는 사람들도 많다. 본인은 내비가 잘 작동된 차를 운전하고 싶은가? 내비가 잘 작동되지 않는 차를 운전하고 싶은가? 내비가 없어도 목적지를 잘 찾아가는 사람도 있다. 하지만 가면서 다시 돌아 나오고 다시 가고 다시 출발하고 많은 세월의 시간을 흘려보내고 도착하게 될 것이며, 도착하지 못할 경우도 있을 것이다. 힘든 지침서를 받았다면 그 지침서는 잘못된 것이 아니라 정신적 깨어남으로 극복하고 인내로 다시 고치고 인내로 받아들이고 인내로 견디어내며 개선해가는 것이 나의 발전이고 성장해가는 것이 자가 성장해가는 일이기 때문으로 의미를 함축하고 있다.

어느 한쪽만 보게 되면 뒷면에 진짜의 진실이 무엇이 있는지를 알 수 없게 된다. 편중된 지식만 고집하면 아집을 불러오며, 끝없는 논쟁이 마음으로부터 발생하게 되며, 배가 산으로 가게 되면 다시 물이 있는 곳으로 나올 때까지 고통은 계속될 것이다. 성공이란 자가 추구하는 목적에 계속 도전하는 것이며, 금전운은 자동적으로 따라 들어온다.

자를 멀리하면 자도 멀리한다.
그를 사랑해라.
그가 나를 더 사랑해줄 것이다.
그를 높여줘라.
그가 나를 더 높여줄 것이다.
그를 지켜줘라.
그가 나를 지켜줄 것이다.

그를 품에 안고 사랑해줘라.
그가 나를 월계관을 쓰게 해줄 것이다.

60

부와 관운 찾아보기

우리는 세상을 살아가면서 무엇을 해도 돈이 있어야 할 수 있다는 것을 안다. 그래서 돈을 벌기 위해서 공부를 하고 직장을 다니고 알바를 하지만 돈으로부터 자유로울 수 없다는 것을 잘 안다. 돈돈 한다고 하지만 지상에 살아가기 위해서는 기본적인 돈이라는 물질이 반드시 필요하고 사람을 지배하고 있다는 것을 부인할 수 있는 사람은 없을 것이다. 운이 좋은 사람이 되기 위해서 무엇을 해보고 노력해본 적이 있는가? 운은 돈과 직접적으로 연결되어 있는 기의 흐름이다. 기가 잘 흐른다는 것은 운이 좋은 사람이다. 운은 누구도 빗겨갈 수 없다. 운 좋은 사람은 무엇을 해도 잘 된다.

내 운은 어디에 있을까?
내 운은 언제쯤 올까?
내 운은 어디쯤 오고 있을까?

사람이면 누구나 자기만의 부를 찾기 위해서 노력한다. 오늘도 노력하고 내일도 노력하고 모레도 노력하고 그 모레도 노력하고 계속 노력하고 희망하고 기대하는 것이 인간이다.

이런 것이 다 꿈이다.
이런 것들이 다 목표이다.
이런 것들이 다 소원이다.

대부분 사람들은 운을 기다리며 그냥 막연하게 살아간다. 젊었을 때는 패기로 살아가고 나이가 들어가면서 노련미로 살아간다. 내가 하는 만큼 좋은 결과도 같이 주지만 그렇지 못하는 경우도 많다. 때를 알고 노력하면 받을 운을 더 몇 배로 받을 수 있다. 그것은 운이 함께했기 때문이다. 운은 기이며 자이다. 자가 함께했기 때문에 우리는 운을 받을 수 있다. 운은 하늘에서 준다. 내 마음이 노하면 하늘도 노한다. 하늘이 노하면 하늘이 주어도 운을 받을 수 없다. 운을 기다리며 씨를 부려야 하며, 운이 들어왔다고 감나무 밑에서 입만 벌리고 있으면 감은 떨어지지만 다른 곳으로 떨어진다.

간단하고 아주 쉬운 방법으로 부가 들어오는 운을 알아

보자. 다음 글에서 부의 운이 들어오는 글자를 익히도록 해보자. 폰 PLAY 스토어에서 만세력 검색하면 만세력 사이트가 나온다. 만세력 사이트에서 생년월일시를 입력하면 본인 사주 8글자를 볼 수 있다.

부의 운
木(목)의 부는 土(토)이며
火(화)의 부는 金(금)이며
土(토)의 부는 水(수)이며
金(금)의 부는 木(목)이며
水(수)의 부는 火(화)이다.

부의 글자가 사주원국에 있는 경우는 잘 살 수도 있고 못 살 수도 있다. 그것은 부의 글자가 힘이 없을 때와 힘이 강할 때의 차이가 있으므로 좀 더 따져봐야 하며, 부의 글자에 힘을 실어주는 글자가 언제 들어오는지를 찾아볼 수 있다. 木(목)의 부는 土(토)이지만 토가 힘을 못 받고 있다면 토에 힘을 실어줄 수 있는 火(화)가 들어와야 한다.

土(토)에 힘이 되어주는 글자는 火(화)이며
火(화)에 힘이 되어주는 글자는 木(목)이며
木(목)에 힘이 되어주는 글자는 水(수)이며

水(수)에 힘을 실어주는 글자는 金(금)이며
金(금)에 힘을 실어주는 글자는 土(토)이다.

관운
木(목)의 관운은 金(금)이며
火(화)의 관운은 水(수)이며
土(토)의 관운은 木(목)이며
金(금)의 관운은 火(화)이다
水(수)의 관운은 土(토)이다.

木(목)은 천간에 두 글자 甲乙(갑을)이 있으며
지지에는 3글자 寅卯辰(인묘진) 진은 목기운의 토이다.

水(수)는 천간에 두 글자 壬癸(임계)가 있으며
지지에는 3글자 亥子丑(해자축) 축은 수기운의 토이다.

土(토)는 천간에 두 글자 戊己(무기)가 있으며
지지에는 4글자 辰戌丑未(진술축미)가 있다.

火(화)는 천간에 두 글자 丙丁(병정)이 있으며
지지에는 3글자 巳午未(사오미) 미는 화기운의 토이다.

金(금)은 천간에 두 글자 庚辛(경신)이 있으며
지지에는 3글자 申酉戌(신유술) 술은 금기운의 토이다.

예로) 壬(임수) 일간의 경우 운의 글자가 火(화)이다. 대운은 사주원국 바로 밑에 표시해주고 있다. 대운의 글자가 무엇인지 확인해보면 천간甲(갑) 지지에 申(신)이 있음을 알 수 있다. 사주원국 대운에서 부의 글자가 몇 살 때 들어왔으며 앞으로 언제 들어올지 확인할 수 있다.(대운은 10년 단위 나이로 표시됨) 2024년에 운의 글자를 보면 甲辰(갑진)으로 木(목)은 辰(진토)가 부의 운이라는 것을 알 수 있다. 목에 부는 토이기 때문이다.

부의 운과 관운이 언제 들어오는지 확인할 수 있다.
2025년부터 火(화) 불의 기운이 들어옴을 알 수 있다. 25년 사 26년 오 27년 미 불의 운으로 가고 있음을 알 수 있다. 천간의 운과 지지운이 같은 불의 글자로 구성된 경우는 하늘과 땅의 기운이 통했다고 한다. 사주원국에 부의 글자가 있다고 부자가 되었다는 완료형은 아니다. 부를 이룰 수 있는 기반이 되어 있다는 조건을 가지지만 일간의 자가 힘이 있어야 하며, 그 부를 내 것으로 만들어내야 진짜 내 것으로 존재한다는 것이다.

〈부운과 관운표〉

천간 지지									
	1984 甲子 2044	1985 乙丑 2045	1986 丙寅 2046	1987 丁卯 2047	1988 戊辰 2048	1989 己巳 2049	1990 庚午 2050	1991 辛未 2051	1992 壬申 2052	1993 癸酉 2053
	1934 甲戌 1994	1935 乙亥 1995	1936 丙子 1996	1937 丁丑 1997	1938 戊寅 1998	1939 己卯 1999	1940 庚辰 2000	1941 辛巳 2001	1942 壬午 2002	1943 癸未 2003
	1944 甲申 2004	1945 乙酉 2005	1946 丙戌 2006	1947 丁亥 2007	1948 戊子 2008	1949 己丑 2009	1950 庚寅 2010	1951 辛卯 2011	1952 壬辰 2012	1953 癸巳 2013
	1954 甲午 2014	1955 乙未 2015	1956 丙申 2016	1957 丁酉 2017	1958 戊戌 2018	1959 己亥 2019	1960 庚子 2020	1961 辛丑 2021	1962 壬寅 2022	1963 癸卯 2023
	1964 甲辰 2024	1965 乙巳 2025	1966 丙午 2026	1967 丁未 2027	1968 戊申 2028	1969 己酉 2029	1970 庚戌 2030	1971 辛亥 2031	1972 壬子 2032	1973 癸丑 2033
	1974 甲寅 2034	1975 乙卯 2035	1976 丙辰 2036	1977 丁巳 2037	1978 戊午 2038	1979 己未 2039	1980 庚申 2040	1981 辛酉 2041	1982 壬戌 2042	1983 癸亥 2043

60 부와 관운 찾아보기

61

성공이란 자가 추구하는
목적에 계속 도전하는 것

　세상은 좋고 안 좋음을 스스로 만들어가거나 주위 사람들로 하여금 더 안 좋은 방향으로 만들어갈 수도 있다. 나쁜 것도 좋게 해석하면 좋은 것이고, 좋은 것도 나쁘게 해석하면 좋지 않은 것이다. 우리 세포는 말에 반응하기 때문에 좋은 친구, 좋은 사람이 옆에 있으면 좋게 반응한다. 친구를 생각한답시고 너 얼굴이 너무 안 좋다고 하며 어디 아프냐고 심기를 건들어 놓으면 우리 세포는 안 좋은 쪽으로 반응한다. 이해해주는 것처럼 하면서 가슴을 꼭꼭 찌르는 말을 하는 친구가 있다. 우리 뇌는 말에 반응하기 때문에 좋은 말을 듣는 것이 좋고 안 좋은 말을 들으면 안 좋은 쪽으로 반응한다. 동아리 모임에서 친구 모임에서 내심 그 날에 기분이 별로 안 좋은 경험을 하게 되는 경우이며, 모임에 나가서 기분 상해서 돌아오는 경우를 말한다. 말을 하면서 상대방이 어떠할 것인지에 상관없이 자기주관적으로 말을 하는 사람들이다. 이런 사람은 사주에 자기만을 우선시하는 사주를 가진 소유자이며 남이 들어 있지 않으며 배려심이 부족한 경우이다. 사주공부를 하면 상대방의 의중을 파악할 수 있는 식견이 생긴다. 사주는 정답이 없다. 살아봐야 안다. 큰 그림으로 방향성을 제시해주는 것이며, 그 그림을 바탕으로 내가 조밀하고 섬세하게 하나하나 그려가며 채워가는 것이다. 사주 속에서 정답을 얻어내려고 하지 마라. 정답은 절대로 찾지 못할 것이며, 주지도 않는다. 큰 그림을 보고 가라는 이유는 자가 성장해야 하는 조건이 들어 있기 때문이며, 전생에서 살아왔던 자의 성장 과정들이 다시 나와 나로 변화시켜 가는 과정이 되며, 더 큰 뜻의 성장은 천사의 존재자로 지향해가는 과정들이다.

 자가 무엇으로 왔으며 무엇을 추구하고 있는지 캐치해서 함께 도전해가는 것이다. 이런 과정 속에서 자로부터 응답을 받게 된다. 그 답은 내가 헤쳐가라는 의중의 해답으로 받아들여야 한다. 그 속에서 내가 찾아가는 것이며, 도전해야 하는 조건이 들어 있다. 이것이 정답이라고 누구도 얘기해줄 수 없다. 오로지 자로부터 듣는 메시지를 가지고 하나하나 실천해가면 자의 방향성과 나의 방향성이 같아질 때 좋은 결과물로 창조물을 만들어내며 더 발전해갈 수 있다. 안 좋은 일은 정신적으로 깨우쳐가는 것이며, 좋은 것은 더 좋게 더 크게 키워가는 것이다.

왜 힘든지를 알고 가면 힘든 것은 견디어낼 수 있다. 왜 힘든지도 모르고 가면 힘든 것은 더 나를 힘들게 한다. 가는 길이 힘들어도 가야 할 길이 보인다면 웃으며 인내하며 이겨내며 앞으로 전진해 나아갈 수 있다. 운은 내가 리더해 가는 것이며, 육은 자의 삶을 바탕으로 자가 추구하는 목표의 방향성을 향해서 나아가는 것이다. 육이 추구하는 방향으로 선회하게 되면 힘든 과정을 거치고 다시 되돌아오는 경우가 생긴다.

좋은 운은 크게 받아들이고 좋지 않은 운은 정신적 깨어남으로 이겨내어야 한다. 인생은 당연하게 굴곡이 있게 마련이며, 받아들여야 하는 지침서가 사주이다. 사주는 이겨내라는 지침서다. 생선 가시에 붙어 있는 살을 발라먹는 것과 같은 것이 인생이며, 발라먹는 과정에서 가시에 찔릴 수도 있고 삼킬 수 있다.

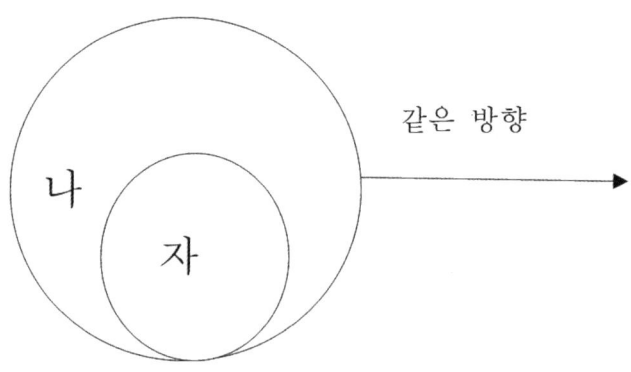

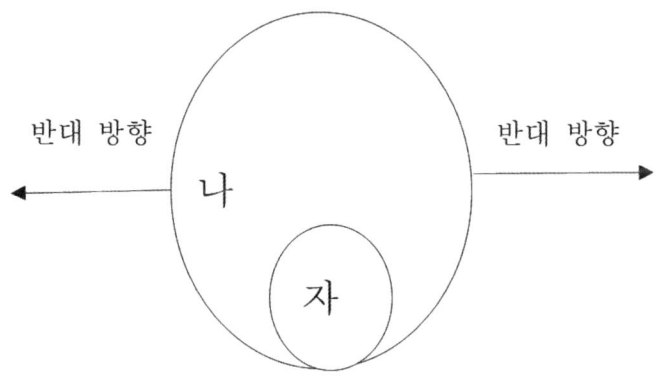

너는 눈앞에 보이는 것을 쫓을 것이며, 보이는 것에 환호할 것이며, 보이는 것에 사리사욕을 취할 것이다. 눈앞에 보이는 것만 따라가는 것은 봄날에 아지랑이를 따라가는 것과 같으며, 하늘에 내리는 이슬과 기름진 땅에도 멀 것이며, 얼굴에 구슬땀을 흘려야 먹고 살 것이며, 보이는 것에 의지하며 네 자인 아우를 섬기게 될 것이며, 너희가 너희 매임에서 벗을 때 그 멍에가 매임으로부터 벗을 수 있음을 말해주고 있다.

62

혼백 자 영혼 = 뿌리 씨앗 근원

　성서와 역학은 서로 연결되어 있으며, 같은 길로 통하며, 하나로 연결되어 있는 뿌리가 하나인 우주의 근원이시다. 인문학에서 말하는 자가 하늘의 자이시며, 하늘에 근원을 둔 혼백이 씨앗이며, 자의 혼백의 영혼을 통해서만 신선과 연결되며, 한 뿌리의 근원이 같기 때문이다. 역학공부를 하지 않고서는 이삭의 성서 글귀가 귀에 닿지 않을 것이며, 역학공부를 하지 않고서는 자의 뿌리를 논할 수 없으며, 역학공부를 하지 않고서는 하늘의 기와 땅의 기의 통함을 얘기한다는 것은 어려운 일일 것이다. 자와 혼백과 영혼은 같은 하늘에 근원의 뿌리를 둔 신의 아들이며, 하늘에서 사명과 뜻이 있고, 할 임무가 있어서 지구에 오게 되며, 지구의 발전을 위한 일이며, 하나님 사업을 위해서 내려온 자이시며, 사람으로 하여금 사람이 하나님 사업을 하게 하시며, 사람이 사람으로 하여금 선행을 행하는 그가 존재자이시다. 자의 근원이 강한 사람이며, 자의 근원이 강한 사람은 스스로가 스스로에 의한 존재자이며, 신은 스스로 있는 자이며 원초적인 근원이시다.

63

우주는 인간이 원하면
모두 들어준다

　우주에는 보이지 않는 우주 마법의 법칙이 존재한다. 모든 만물의 에너지 근원이며, 만물을 소생시키는 기를 가지고 있으며, 모든 사물들과 연결시켜 주며, 생물체의 근원이 되며, 사람과 사람을 연결시켜 주는 빛에너지의 기의 흐름으로 인하여 인간들이 달라고 원하고 소원하는 모든 것들을 들어주시는 우주신인 하나님이 존재한다. 아주 쉽게 주는 경우도 있으며, 아주 어렵게 주는 경우도 있다. 포기해서 못 받은 경우는 없다. 포기하면 포기를 주는 것이 우주신이시기 때문이다.

　우주는 거대한 영적 공간으로 에너지원을 만들어내는 보물 창고이다. 이 보물 창고 속에는 인간이 원하는 무엇이든 다 있으며, 스스로 만들어내는 에너지의 기가 존재한다. 어떤 사람은 부를 원해서 부를 받고 행복한 삶을 살며, 어떤 사람은 가난을 원해서 가난을 받고 힘들어하며 살아간다.

인간이 원하면 원하는 대로 그대로 되게 해주는 것이 우주신이시다. 우리가 생각하는 생각도 에너지원이며, 말하고 행동하고 실천하는 것도 모두 에너지원이다. 에너지는 힘을 말하며 흐르는 기를 말한다.

 우주는 쉽게 해주기도 하며 아주 어렵게 해주기도 하며 아무리 노력해도 주지 않는 경우는 없다. 주지 않는 것을 주는 것이 우주신이기 때문이다. 포기하는 사람에게는 포기를 주고 성공하는 사람에게는 성공을 준다. 내가 무엇을 하든 그것은 에너지원을 가진다. 그 에너지원의 기는 우주신에게 전달된다. 우주신께서는 그것을 찾아서 주는 것이 우주신이신 우주 법칙이다. 모든 시작은 내 생각에서부터 시작된다. 생각은 무엇을 할까를 주는 최초 시작의 근원이며 에너지원이다. 인간은 생각을 하면 생각대로 움직이려는 동물적 본능을 가지고 있다. 우리가 살고 있는 모든 사물들은 우주신으로부터 인간으로 하여금 인간인 사람이 창조물을 만들어내는 장본인이며 주인공들이다. 우주신께서는 내가 좋아하면 좋은 것을, 내가 싫어하면 싫어하는 것을 만들어낸다. 개개인에 차이만 있을 뿐 우주신은 원하는 무엇이든 만들어주시는 신이시다. 바로 우리가 우주이기 때문이다.

64

한목(翰睦)

1. 성공은 자가 추구하는 목적에 계속 도전하는 것이다.
2. 자가 추구하는 목적지와 내가 추구하는 목적지의 방향성이 같아야 한다.
3. 남을 탓하는 것은 기의 흐름을 막고 운을 막는 행위이다.
4. 인생을 완성시킨 사람은 지금 가는 과정에 서 있는 사람이다.
5. 내면의 힘은 강하다. 그것은 신의 아들이 함께하고 있기 때문이다.
6. 하늘에 부를 쌓는 것은 지식이고 지혜이며 깨어남이다.
7. 자를 찾아야만 하나님이 보이기 시작한다.
8. 세상은 두 사람 이상이 개척해간다.
9. 사람 속에 그 사람이 참 나다.
10. 사람의 시종을 모르게 하는 것은 육의 깨우침을 얻기 위함이다.
11. 큰 자와 작은 자를 분별함은 세상의 위치를 아는 사

람이다.
12. 삶은 돈과 경주해서는 지는 게임이다.
13. 외면의 나는 깨우침이 목적이고 내면의 자는 성장하는 것이 목적이다.
14. 사람은 반드시 두 번 나야 한다. 한 번은 엄마로부터 낳음이고 또 한 번은 스스로부터 정신적인 거듭 낳음이다.
15. 첫 번째 태어남은 큰소리로 우는 것이며 두 번째 태어남은 거듭남의 정신적 소리이다.
16. 내면의 아이가 자랄 때 귀인과 부의 끌어당김이 일어난다.
17. 현재의 내 삶은 내가 끌어당긴 결과값의 진행형이다.
18. 내면의 소리는 신의 소리다.
19. 감사는 기적을 부르며 모든 사물의 위치와 연결시켜 주는 에너지를 가지고 있다.
20. 육은 또 다른 나의 자를 위해서 살아야 할 의무감을 가진다.
21. 육의 지식이 편향되면 뒤에 있는 다른 지혜를 보지 못한다.
22. 땅에서 두 마음이 합심하면 하늘의 문을 열 수 있다.
23. 눈에 보이는 것만 보고 따라가는 것은 따스한 봄날에 아지랑이를 따라가는 것과 같다.

24. 꿈은 결과값보다 무엇을 하라는 예시이다.
25. 예사로운 꿈은 5배수의 횡렬 법칙을 따른다.
26. 인간이 번뇌와 고통과 시련을 씻어내는 길은 힘들고 힘하고 그만두고 싶은 길이다. 신은 인간에게 왜 이런 길을 가도록 했을까? 그것은 인간에게 더 큰 축복과 은혜의 문으로 인도함이며, 더 큰 재목으로 쓰기 위함이며, 그 길은 자가 성장하는 조건이 되기 때문이다.
27. 육의 의지가 자의 의지를 만들어낸다.
28. 남의 말을 믿고 행하는 것은 두 번 속게 된다.
29. 인간은 신이 될 수도, 천사가 될 수도, 짐승이 될 수도, 악마가 될 수도 있는 탈을 쓰고 있다.
30. 지나가다 들은 말 한마디에 깨우침을 얻는다.
31. 삶은 내가 끌어당기는 삶이다.
32. 신의 정신력으로 살면 불가능은 없다.
33. 알고 가면 짧게 가고 모르고 가면 길어진다.
34. 시작을 알아야 시작할 수 있다.
35. 자신에게 화가 올라온다는 것은 이미 부정의 인격체에 지배당한 삶을 살고 있다는 것이다.
36. 학교공부를 할 때가 있고 마음공부를 할 때가 있다.
37. 조상님을 섬기는 것은 감사이다.
38. 어떤 일의 문제에 봉착되면 자연의 순리에 근거를 두

고 풀어가야 한다.

39. 자의 성장이 목적인 것은 천사의 삶을 지향하는 과정이다.

결론

　인생 삶은 거저 주지 않는다. 반드시 해야 할 것은 해야 하며, 죽을 만큼 해야 얻어지는 것이 삶이다. 대충 하고 안 된다고 포기한 사람은 절대로 성공할 수 없다. 인간은 태초부터 자수성가형으로 태어났기 때문이며, 있다 없다를 반복하며 생기고 사라짐을 계속 반복하는 지구라는 곳에 인간이 살고 있기 때문이다. 내 삶은 내가 생각하는 대로 실행하는 대로 흘러가며 생각이 운명이고 사주이고 숙명이다. 모든 것들이 내가 생각하고 말하고 실행하는 대로 서서히 아주 천천히 나도 모를 정도로 세월이 흘러가면서 물이 흘러가듯 진행되어 간다. 생각 속에 내 운명이 들어 있으며, 운명대로 살아가는 것이 타고난 사주이다. 타고난 사주 자체는 바꿀 수 없어도 내가 어떤 생각을 가지고 어떤 말을 하며, 어떤 실행과 행동을 하는 것에 따라서 나는 그 길을 그대로 따라가고 있다고 보면 타당할 것이다.

　내 삶을 리더해가는 것은 생각이고 말이고 실행이고 행동이다. 생각이 바뀌면 말이 바뀌고, 말이 바뀌면 행동과 실행이 긍정적이고 진취적인 실행으로 발전해간다. 내가 살아가는 세상을 내 힘으로 바꿀 수는 없어도 내가 생각하고 말하고 실행하고 행동하는 것은 내가 스스로가 바꾸어 나아갈 수 있다. 생각 속에 비밀이 숨어 있으며 말 속에 비밀이 숨어 있다. 자기 스타일대로 살아가면 자기 스타일대로 살아간다. 내 팔자는 왜 이래? 내 팔자야! 하고 사는 사람은 팔자대로 말한 대로 살게 되며, 그렇게 살아지는 것은 내가 그런 생각과 말을 하고 실행하고 행동을 하고 있기 때문이다. 생각은 말을 구속하려 한다. 말은 실행과 행동하는 것을 구속하려 한다. 생각의 중요성을 알고 말을 해야 하며, 말의 중요성을 알고 행동해야 한다. 말이 나에게 미치는 영향이 그만큼 크기 때문에 가려서 해야 하는 것이 말이다. 죽겠다고 하면 죽게 된다. 할 수 없다고 하면 할 수 없게 된다. 나는 새로운 재능을 창조해낸다, 라고 계속 말하는 사람은 새로운 재능을 분명하게 창조해낸다. 그것은 말이 나를 그쪽으로 유도해가기 때문이다. 나를 돕고 나를 사랑하고 나를 관리할 줄 알아야 방향이 보인다. 우리 뇌세포는 소리에 반응한다. 생각도 소리이고 말도 소리이고 행동도 소리이다. 마음에 담아지는 것도 소리다. 소리에 반응하는 뇌세포는 몸을 이동하게 하는 마법의 기능을 가지고 있다.

말의 중요성은 너무도 중요하다. 입이 있다고 해서 아무렇게 하라는 말의 입이 아니다. 발 없는 말이 천리 가고, 낮 말은 새가 듣고 밤말은 쥐가 듣는다. 침묵은 금이란 말이 있듯이 말을 많이 하게 되면 실수를 하게 된다. 붕어는 언제나 입으로 엮이게 되어 있듯이 사람의 입도 말에 의해서 엮이게 되어 있다. 이런 일련의 일들을 말로 말하는 것으로 끝내버리면 안 된다. 밭에다 심어서 새싹이 돋아나게 해야 한다. 생각과 상상과 말은 씨앗이다. 씨앗이 잘 자라게 마음의 밭에 심어야 한다. 그 밭이 내면의 마음의 밭이다. 밭에 씨를 심고 그냥 두면 자라지 않는다. 잘 자라게 키워내는 것이 내가 할 일이다. 감사는 모든 말의 근원이며 뿌리이다. 감사로 뿌리의 근원을 튼튼하게 자라게 해야 비람이 불고 풍랑의 태풍이 와도 견디어낼 수 있다.

우리는 우리 자신을 잘 활용하지 못하고 살아간다. 우리 몸의 자가 가지고 있는 잠재되어 있는 능력을 잘 활용하지 못하고 신체의 극소수 일부 능력만 활용할 뿐이다. 내면의 자가 가지는 잠재되어 있는 능력을 잘 활용할 줄 알아야 하며, 정신적 치유 능력과 지적 능력과 부의 잠재되어 있는 능력을 활용하는 이가 자신이 될 수 있음을 잘 모르고 눈에 보이는 것에만 마음을 두고 살아간다. 내면의 자의 능력을 잘 활용할 줄 아는 나 자신이 되어야 하며, 나와 아주 편안한 친구처럼 친구로 대화를 할 줄 아는 내 자신이 되어야 한다.

　인간은 자연이기 때문에 자연의 순리에 맞게 순리대로 살아가는 것이 마음수양이고 자연의 법칙이다. 어떤 틀에 끼워 맞추려 하면 더 힘들어진다. 세상의 변화 속에서 살아가는 것이 인간이다. 자연에 순응해가며 어떤 문제에 봉착했을 때는 반드시 자연의 순리에 비교해서 풀어가야 한다. 봄에 씨를 뿌리고 여름에 성장을 하고 가을에 열매를 수확해서 씨앗으로 어느 땅속에 남기고, 다음해에 씨앗이 다시 싹을 틔우며 자연의 순리대로 순회하듯이, 사람도 죽으면 혼백이라는 씨앗이 되어 영적 세상에서 상생의 기를 받고 키우고 준비하며 다음 생으로 다시 오게 된다. 사람도 똑같은 자연이기 때문이다.

　우리 모두는 자연이기 때문에 반드시 떠날 때가 되면 떠나게 되어 있다. 떠날 때는 모든 재산을 두고, 직위도 명예도 이승에서 이루었던 모든 유형 물질의 재산을 두고 떠나간다. 단 한 기만 가지고 떠나는 그것은 무형의 재산인 감사만 마음에 싣고 돌아간다. 현생에서 자로부터 응답을 받는 삶이 되길 기원해봅니다. 감사합니다.